Esoterik

Herausgegeben von Gerhard Riemann

Eines der ganz entscheidenden Kriterien, das den Menschen über das Tier erhebt, ist seine Fähigkeit, mit den Händen zu arbeiten. Während das Tier alle vier Extremitäten zur Fortbewegung benötigt, hat sich der Mensch im Laufe seiner Evolution teilweise vom Boden gelöst: die Beine verbinden ihn mit der Materie, die Arme/Hände verbinden ihn mit der Luft und ermöglichen ihm so ein großes Entfaltungsspektrum.

Daher braucht es nicht zu verwundern, daß in der Hand als höchst individueller Ausdrucksform auch die Individualität des einzelnen zum Ausdruck kommt und somit ablesbar wird.

Bereits zu Beginn des Embryonalzustandes, also im 4. Schwangerschaftsmonat, sind Handlinien klar erkennbar, und diese verändern sich später kaum. Damit ist der häufig zu hörende Einwand entkräftet, Handlinien würden sich durch den Gebrauch der Hände entwickeln. Nein, sie sind ebenso wie unsere geistigen Anlagen von Anfang an vorhanden und lassen Rückschlüsse zu auf unsere schicksalsmäßige Bestimmung.

Nathaniel Altman verfügt als Experte der Chiromantie über langjährige Erfahrung in der Deutung aller für die Handanalyse relevanten Elemente. Didaktisch klar führt er uns mit Hilfe zahlreicher Abbildungen in die alte Kunst des Handlesens ein.

Nathaniel Altman wurde 1948 in New York City geboren. Während seines Studiums der politischen Wissenschaften in Bogotá, Kolumbien, studierte er Handanalyse mit Teresa de Berberi. Seitdem hat er die Hände von über 6000 Menschen gelesen, unterrichtete und hielt Vorlesungen über Chiromantie in den USA. Nathaniel Altman hat bereits mehrere Bücher veröffentlicht, und als Mitglied der Theosophical Society gehörte er der Leitung der Theosophical Society of America in Wheaton/Illinois, der Theosophical Society in Madras und der Fakultät der Krotona Institute School of Theosophy in Ojai/Kalifornien an.

Deutsche Erstausgabe 1987
© 1987 Droemersche Verlagsanstalt Th. Knaur Nachf., München
Das Werk einschließlich aller seiner Teile ist urheberrechtlich geschützt.
Jede Verwertung außerhalb der engen Grenzen des Urheberrechts-
gesetzes ist ohne Zustimmung des Verlages unzulässig und strafbar.
Das gilt insbesondere für Vervielfältigungen, Übersetzungen,
Mikroverfilmungen und die Einspeicherung und Verarbeitung
in elektronischen Systemen.
Titel der Originalausgabe »The Palmistry Workbook«
Copyright © by Nathaniel Altman
Umschlaggestaltung Dieter Bonhorst, München
Satz IBV Satz- und Datentechnik GmbH, Berlin
Druck und Bindung Ebner Ulm
Printed in Germany   5   4   3
ISBN 3-426-04166-9

Nathaniel Altman:
Die Praxis des Handlesens

Ein Ratgeber zur psychologischen Handanalyse

Aus dem Englischen von Erika Ifang

Mit 145 Abbildungen

Teresa Gómez de Barberi in Dankbarkeit gewidmet.

Für ihre freundliche Mitwirkung zum Gelingen dieses Buches sei besonders Dr. med. José Alberto Rosa, Gloria A. Lanza, Sadie Altman, Robert K. Altman und Wayne Perez herzlich gedankt.

Inhalt

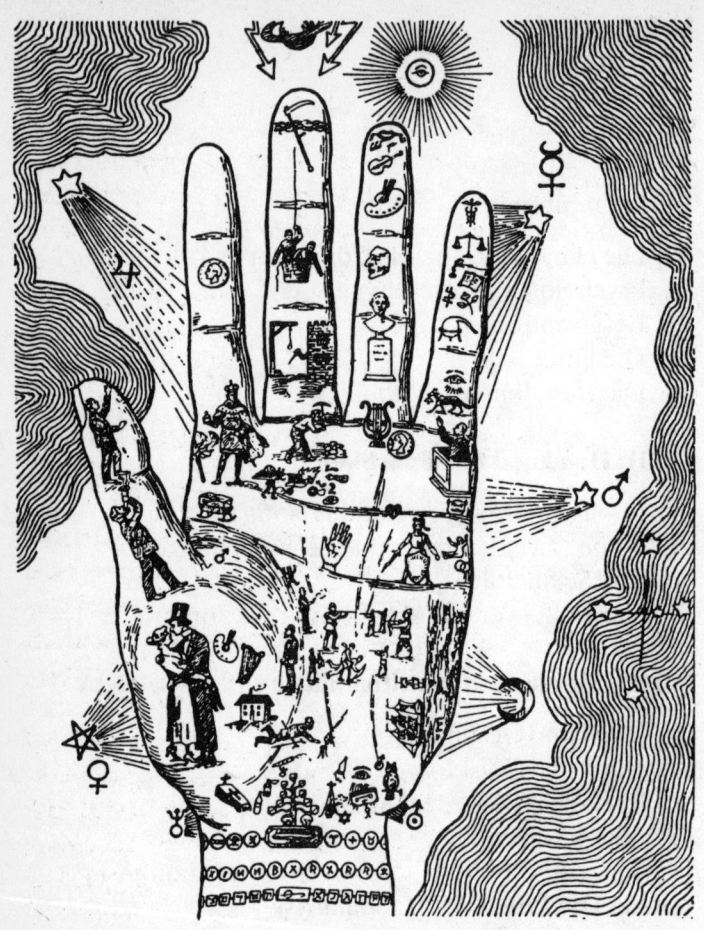

Die Hand und planetarische Einflüsse (nach Ernst Issberner-Haldane).

Vorwort

Wie die Astrologie erfreut sich auch die alte Kunst des Handlesens seit einigen Jahren wieder zunehmender Beliebtheit. Obwohl sich noch immer die Vorstellung der wahrsagenden Zigeunerin damit verbindet, ist inzwischen doch eine wachsende Zahl von Medizinern, Therapeuten, Wissenschaftlern und anderen ernst zu nehmenden Persönlichkeiten zu der Erkenntnis gekommen, daß Form, Umriß und Linien der menschlichen Hand verläßliche Hinweise auf Charakterzüge, Eigenschaften, Gesundheit, Intelligenz und schöpferische Fähigkeiten geben können.

Ich habe mich erstmalig für die Handanalyse interessiert, als ich noch in Südamerika Politologie studierte. Damals wollte eine Freundin von mir ihre Cousine besuchen, eine Handleserin, und lud mich ein, sie zu begleiten. Bei diesem Besuch las die Cousine aus meinen Händen, und ich war tief beeindruckt von ihren Einsichten und deren Genauigkeit. Nach der Analyse stellte sie fest, aus mir könnte ebenfalls ein guter Chirologe werden, sofern ich nur Zeit und Mühe daran wendete. Sie empfahl mir verschiedene Bücher, die ich lesen sollte, und erbot sich, mir vor meiner Rückkehr in die Vereinigten Staaten einige Grundkenntnisse beizubringen. Zum Zeitpunkt meiner Abreise aus Südamerika hatte ich bereits die Hände von über hundert Leuten gelesen und angefangen, eine Kartei von Handabdrücken einzurichten, um Veränderungen bei den Händen über einen längeren Zeitraum beobachten zu können.

Im Laufe der Jahre wuchs mein Interesse am Handlesen mehr und mehr. Daß Hände ausgestandene wie auch bevorstehende Krankheiten, Leiden und Erfolge aufzuzeigen vermochten, hatte mich schon immer erstaunt, aber mein Hauptinteresse galt fortan den psychologischen Aspekten der Handanalyse. Besonders beeindruckte mich die Tatsache, daß Hände manchmal in Minutenschnelle bestimmte Persönlichkeitsmerkmale enthüllen, die festzustellen ein Schulpsychologe unter Umständen Monate braucht.

Im Buchhandel sind heutzutage zwar einige populäre Bücher über das Handlesen erhältlich, aber keins davon beschäftigt sich in erster Linie mit der psychologischen Dynamik der Handanalyse. Außerdem befaßt sich kein einziges verständlich und übersichtlich mit wesentlichen Lebensinhalten wie etwa der Sexualität, dem beruflichen Werdegang, den zwischenmenschlichen Beziehungen und der Geistigkeit des Menschen. Schon lange schien mir ein Buch vonnöten zu sein, das nicht nur die verschiedenen Linien, Erhöhungen und andere Handcharakteristika eingehend behandelt, sondern das darüber hinaus die Handmerkmale in ihrem speziellen Bezug zu diesen Schlüsselgebieten menschlicher Interessen und Anliegen untersucht.

Die Praxis des Handlesens erfüllt diesen Zweck. Es ist das Ergebnis fünfzehnjähriger Forschungsarbeit und Erfahrung, und an seiner Entstehung hat ein namhafter Psychotherapeut beratend mitgewirkt. Sicher wird das Buch vielen in den helfenden Berufen sehr gelegen kommen – vor allem Ärzten, Therapeuten und Sozialarbeitern –, doch ist es vorrangig für die Allgemeinheit und alle diejenigen gedacht, die sich ernsthaft mit der Handlesekunst beschäftigen und ihr Wissen und ihre Sachkenntnis vertiefen wollen.

Ich wünsche Ihnen viel Spaß und Erfolg bei der Lektüre des Buches!

Nathaniel Altman

TEIL I: EINFÜHRUNG

1. Die Hand: der lebende Computer

Die menschliche Hand hat die gesamte Zivilisation und Kultur geschaffen. Jahrtausende hindurch hat sie unser Überleben gesichert, indem sie Werkzeuge für Jagd und Landwirtschaft herstellte. Ihr ist jedes Werkzeug vom einfachen Hammer bis hin zum höchst komplizierten digitalen Computer zu verdanken. Mit Hilfe der Hand sind großartige Ideen überliefert worden, die andernfalls der Nachwelt verlorengegangen wären. Weder die Erforschung des Weltraums noch die Entdeckungen in der Mikrobiologie wären ohne die Entwicklung handgeschliffener Linsen überhaupt möglich gewesen.

Mit dem harmonischen Zusammenspiel ihrer 27 Knochen, Dutzender von Muskeln und Millionen Nerven ist die menschliche Hand ein echtes Wunder an Form und Funktion. Sie kann Zentnerlasten bewegen oder, wenn sie einem Karate-Meister gehört, Ziegelsteine durchhauen und einen Tisch in zwei Teile schlagen. Dabei kann sie jedoch auch die schwierigste Hirnoperation durchführen, bei der es auf Fingerspitzengefühl ankommt, die feinste Petit-point-Stickerei anfertigen oder bis zu 960 Töne pro Minute auf dem Piano anschlagen. Unsere Hände bringen unsere Liebe, unsere Bedürfnisse und unsern Wunsch nach Kommunikation zum Ausdruck. Von den ersten Lebensmonaten an sind unsere Hände das grundlegende Bindeglied zur Außenwelt und helfen uns, leben zu lernen und Lebenserfahrungen zu sammeln.

Die Hand hat uns Jahrtausende fasziniert. Die ersten Untersuchungen – sowohl als Mittel des schöpferischen Ausdrucks wie auch als Spiegel des Innenlebens – datieren über fünftausend Jahre zurück. Es wird angenommen, daß die alten Chinesen bereits 3000 v. Chr. mit dem Handstudium begannen. Etwa zur gleichen Zeit entwickkelten die Weisen des alten Indiens innerhalb einer umfassenderen Wissenschaft, der *Samudrika Shastra,* das Fachgebiet der Handanalyse, *Hast Samudrika Shastra,* wonach anhand genauer Untersuchung der Stirn, des Gesichts, der Hände, der Brust und der Füße Natur und Schicksal des Menschen interpretiert und vorausgesagt wurden. In der indischen Literatur kommen Aufzeichnungen über das Studium der menschlichen Hand vor, die bis ins Jahr 2000 v. Chr. zurückgehen, und die frühesten Hinweise auf die Handlesekunst als solche sind in den wedischen *Gesetzen des Manu* zu finden.

Obgleich bei anderen Völkern keine schriftlichen Überlieferungen vorhanden sind, weiß man, daß bereits die alten Chaldäer, Tibeter, Sumerer und Babylonier wie auch die frühen Hebräer, Ägypter und Perser die Wissenschaft der Handanalyse beherrschten. Heute ist das Handlesen im gesamten Mittleren Osten, wo es *Ilm-ul-kaff* genannt wird, eine hochangesehene Wissenschaft und Kunst.

Auch die Griechen gaben sich mit wahrer Begeisterung dem Studium der Handsymbolik und -analyse hin und prägten den Begriff *Chirosophie* (von *cheir* = Hand und *sophia* = Weisheit). Aristoteles soll auf einem Hermesaltar ein altes arabisches Dokument über die Chirosophie gefunden haben. Ihm wird auch nachgesagt, der Autor mehrerer Abhandlungen über Hände zu sein, darunter einer Schrift eigens für Alexander den Großen. Er hatte ein besonderes Interesse an den Linien und Zeichen der Hand und ihrer Bedeutung für unser Leben.

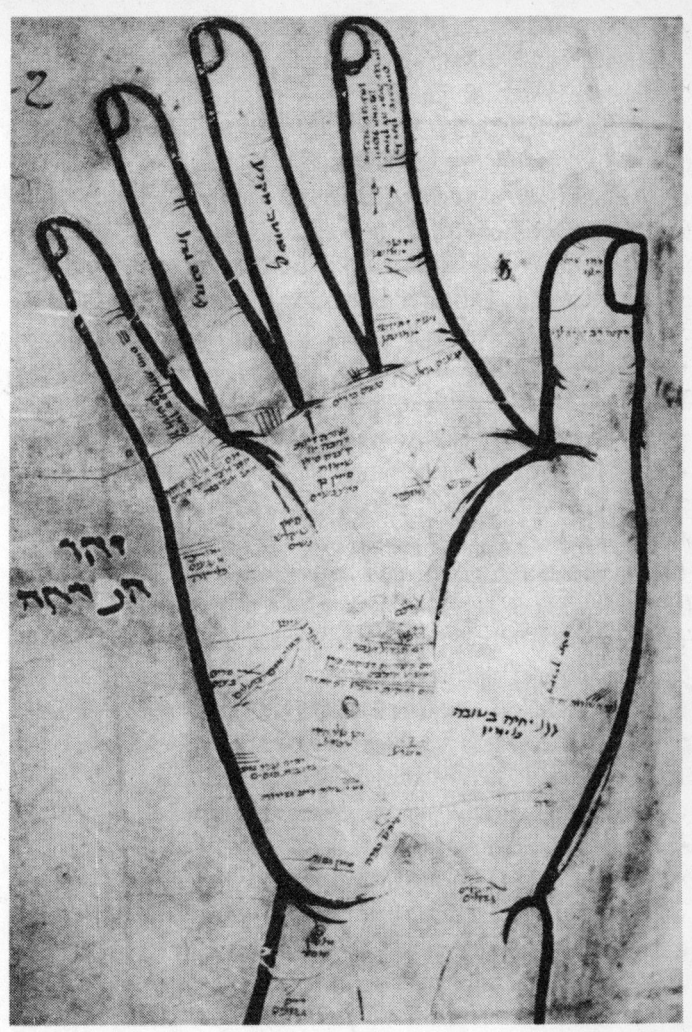

Abb. 1.1: Offene Hand mit Bemerkungen zur Handlesekunst. Aus einem Manuskript in französischer Capitalis quadrata und rabbinischer Schrift; spätes 13. Jahrhundert. (Abdruck mit freundlicher Genehmigung der British Library, London.)

Die Linien sind nicht ohne Grund in die menschlichen Hände geschrieben, sie entspringen himmlischen Einflüssen und der jeweiligen Persönlichkeit des Menschen.

Über den Himmel

Sein Buch *Chiromantia,* dem Abbildung 1.2 entnommen ist, wird als einer der frühesten überlieferten Texte zum Thema der wissenschaftlichen Handanalyse angesehen.

Außer Alexander dem Großen waren auch Claudius Galenus (Galen), Anaxagoras, Hippokrates, Artemidoros von Ephesus und Claudius Ptolemäus eifrige Schüler sowohl der medizinischen und psychologischen Chirosophie als auch der *Chiromantie,* der Kunst und Wissenschaft der Zukunftsdeutung aus den Linien der Hand.

Die *Bibel* ist ein wahrer Schatz an Angaben zur menschlichen Hand und ihrer Bedeutung. Spezielle Hinweise auf die Handlesekunst finden sich bei Hiob 37,7 (»Aller Menschen Hand hält er verschlossen, daß die Leute lernen, was er tun kann«) und in Sprüche 3,16 (»Langes Leben ist in ihrer rechten Hand, in ihrer Linken ist Reichtum und Ehre«). Im 2. Buch Mose 7,5 ist die Hand das Sinnbild für Gottes Allgegenwart und Macht, im Buch Esra 7,9 ein Zeichen seiner Güte, und Jesaja 8,11 stellt die Hand als einen Übermittler der Gedanken und Wünsche Gottes dar: »Denn so sprach der Herr zu mir, da seine Hand über mich kam, und unterwies mich, daß ich nicht sollte wandeln auf dem Wege dieses Volkes...«

Die Hand war zudem ein Symbol für das Leiden Jesu, und die Hände Christi (wie auch die Marias) sind oft mit einem von den Handflächen und Fingern ausgehenden heilkräftigen Licht abgebildet worden. Die frühen Katholiken maßen jedem Finger der Hand eine besondere Bedeutung zu. Der Daumen kennzeichnete Gottvater, während der Zeigefinger den Heiligen Geist repräsen-

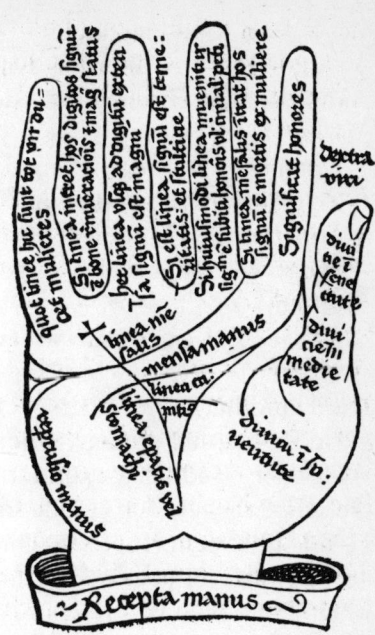

Abb. 1.2: Aus Aristoteles' *Chiromantia* (Ulm 1490 – Abdruck mit freundlicher Genehmigung der New York Public Library).

tierte. Der Mittelfinger stand für Christus, und Ring- und kleiner Finger offenbarten seine göttliche und menschliche Doppelnatur. Noch heute ist es bei Priestern gebräuchlich, die Pfarrkinder mit erhobenem Daumen, Zeige- und Mittelfinger zu segnen, womit Vater, Sohn und Heiliger Geist versinnbildlicht werden.

Bei den Moslems hat die Hand ebenfalls religiöse Bedeutung. Die Hand als solche wird als Zeichen des Schutzes betrachtet; in arabischen Ländern zieren häufig winzige, aus Kunststoff modellierte Hände die Sonnenblenden von Bussen und PKWs. Im Islam verkörpern die fünf Finger der Hand die verschiedenen Mitglieder der Heiligen Familie. Der Daumen stellt Mohammed dar, der Zeigefinger Fatima. Mit dem Mittelfinger ist ihr Gatte Ali gemeint, und Ring- und kleiner Finger repräsentieren Hassan und Hussein. Überdies symbolisieren die Finger der Hand die fünf Grundgebote des Islam:

Daumen: Halte den Ramadan ein!
Zeigefinger: Begib dich auf Pilgerreise nach Mekka!
Mittelfinger: Gib den Armen Almosen!
Ringfinger: Führe alle vorgeschriebenen Waschungen durch!
Kleiner Finger: Streite wider alle Ungläubigen!

Die Hand hat in fast allen Weltkulturen besondere religiöse Bedeutung erlangt, unter anderm bei den Hindus, Ägyptern, Buddhisten und Indianern. Gebetsformen, die das Erheben der Hände und Arme, das Halten der Hände über dem Kopf, das Händefalten und Händeklatschen einbegreifen, sind Bestandteil vieler sakraler Praktiken der großen Weltreligionen. Die *Mudras* oder Handgesten bilden in Indien und Bali den Kern bei der Aufführung heiliger Tänze. Symbolträchtige Handbewegungen von Hexern, Zauberern, Mystikern und Priestern sind in aller Welt gleichermaßen bekannt.
Seit Jesu Zeit wird auch die heilende Funktion der Hand als wichtig erachtet. In ihrer Eigenschaft als Brücke vom psychischen zum somatischen (physischen) Bereich wird die Hand als Kraftzentrum angesehen, das Energie von einer Person auf die andere überträgt. Das Handauflegen ist Grundbestandteil so verschiedenartiger Disziplinen wie der schamanistischen Medizin in Nepal, Afrika, Nordamerika und Brasilien, der Heilungszeremonien der römisch-katholischen Kirche und moderner »therapeutischer Techniken«, wie sie Ärzte, Krankenpfleger und Menschen anderer Heilberufe z. B. an der Krankenpflegeschule der New Yorker Universität lernen.

Abb. 1.3: Zwei flache, einander entgegengestreckte Hände sind bei den Sioux ein Zeichen des Friedens.

Die meisten von uns nehmen ihre Hände jedoch einfach als gegeben hin. Von den ersten Lebenstagen an ertasten und erkennen unsere Hände Oberflächenstrukturen und spielen somit eine wesentliche Rolle für unser Wachstum und unsere psychische Entwicklung. Kinder fassen alles an, um die Menschen, Gegenstände und Räume in ihrer Umgebung kennenzulernen, denn Hände registrieren Druck, Berührung, Schwingungen, Temperaturen, Schmerz und Bewegung mit äußerster Empfindlichkeit. Die Hand kann nicht nur eine Substanz oder ein Material vom andern unterscheiden (etwa Wolle, Polyester und Baumwolle), sondern auch in Sekundenschnelle feststellen, ob eine Oberfläche heiß, kalt, naß, trocken, klebrig, fettig oder feucht ist. Unser Tastsinn bildet die Grundlage für zwischenmenschliche Beziehungen. Ein einfacher Händedruck kann Bände sprechen über einen Mitmenschen und uns sagen, ob der Betreffende warmherzig, feindselig, kräftig, freundlich, von starker oder schwacher Natur ist, und das alles binnen Bruchteilen von Sekunden.

Als Werkzeug ist die Hand unübertroffen. Da bei uns, anders als bei den Affen, der Daumen den übrigen Fingern gegenüber liegt, können wir Gegenstände halten, von allen Seiten umschließen und sie sozusagen als Erweiterung der Hand benutzen, statt nur als greifbares Objekt. Die Hände sind ein höchst komplexes anpassungsfähiges Werkzeug. Ob in der Chirurgie, im Sport, bei der Massage oder in der Schreibkunst, immer hilft die Hand dem Menschen, seine kreativen Möglichkeiten voll und ganz auszuschöpfen.

Schließlich sind die Hände – in Verbindung mit dem Gehirn – auch deshalb ungemein wichtig, weil sie uns ermöglichen, zum Ausdruck zu bringen, *wer wir sind*. Nach Psychologenmeinung können wir bereits im Alter von 12 oder 14 Monaten mit unseren Händen Bedürfnisse, Freude, Kummer, Ärger, Erstaunen und Zuneigung ausdrücken. Sie begleiten mit anschaulichen Gesten unser alltägliches Reden und versetzen uns in die Lage, anderen Menschen unsere tiefinnersten Gefühle mitzuteilen.

Die Vorstellung, daß unsere Hände zum Ausdruck bringen, wer wir sind, bildet die Grundlage der psychologisch orientierten Handanalyse, der *Chirologie,* die sich dadurch von der zukunftdeutenden Handlesekunst oder *Chiromantie* entsprechend stark unterscheidet. Zwar ist auch unsere Art zu gehen, unser Gesichtsausdruck und unsere Körperhaltung bis zu einem gewissen Grad ein Spiegel unseres Innenlebens, aber mit unseren Händen drücken wir uns doch viel bildhafter und pointierter aus und lassen so viel mehr von unserem Wesen und unserer Lebensart durchscheinen als mit irgendeinem anderen Körperteil. Diese Tatsache beeindruckte C. G. Jung derart, daß er beschloß, sich selbst eingehend mit der Psycho-Chirologie zu beschäftigen. In seinem Vorwort zu dem Buch *The Hands of Children* von Julius Spier schrieb Jung:

> ... Hände, deren Form und Funktion so eng mit der Psyche verbunden sind, können ein aufschlußreicher und infolgedessen interpretierbarer Ausdruck der psychologischen Besonderheit, das heißt des menschlichen Charakters sein.

Wie kommt das? Als grundlegendes Tastinstrument spielt die Hand eine entscheidende Rolle dabei, Gehirn,

Körper und Gemüt so zu konditionieren, daß sie in einer bestimmten Weise auf die Umwelt reagieren. Unsere Hände sind nicht nur ein Spiegel unserer angeborenen Erbanlagen, sondern können auch Veränderungen unserer körperlichen und seelischen Gesundheit, die Entwicklung von Begabungen und gravierende Ereignisse aufdecken, die durch die Art und Weise beeinflußt werden, in der wir unsere Lebenserfahrungen verarbeiten.

Da die Linien der Hand sich verändern können, bieten sie uns eine echte Gelegenheit, unseren Lebensweg zu überprüfen und einen Blick in die Vergangenheit, die Gegenwart und die Zukunft zu werfen.

Obwohl schon Jahrtausende alt, ist die Handanalyse noch immer eine junge, aufstrebende Wissenschaft. Wir haben zwar keine Ahnung, *warum* und *wie* Hände solche Aufschlüsse geben, aber trotzdem hat sich über die Jahrhunderte ein komplexes System herausgebildet, das mittels des Studiums von Handform, -beschaffenheit, -umrissen und -linien wichtige Informationen über unser Leben liefert, die als Orientierungshilfe zum Selbstverständnis und zur Selbstverwirklichung dienen.

Im Gegensatz zu anderen Büchern, die vorrangig den Aspekt des Wahrsagens durch Handlesen behandeln, beschäftigt sich das vorliegende Werk vor allem mit der Handanalyse als Mittel zur Selbsterkenntnis. Diese eher psychologisch ausgerichtete Form der Handanalyse kann auf verschiedenste Art von Wert sein:

1. Die Handanalyse hilft dem Menschen dabei, tief in seinem Innern zur Selbsterkenntnis zu kommen. Sie kann Stärken und Schwächen aufzeigen, über Lektionen Aufschluß geben, die im Leben gelernt werden müssen, und die schwerwiegendsten Probleme bloß-

legen, die es zu lösen gilt. Überdies lehrt sie uns, daß Konflikte ihren Sinn haben, weil sie uns dazu bringen, Klugheit und Mut zu beweisen und Erfahrungen zu sammeln.

2. Sie vermag eine Lebensperspektive zu eröffnen, die sowohl objektiv als auch realistisch ist. Die Handanalyse beschränkt sich nicht auf unsere begrenzten Ich-strukturen und Projektionen, sondern gibt uns darüber hinaus eine Vorstellung davon, wo wir im Leben stehen und wohin wir uns bewegen. Sie öffnet uns die Augen dafür, wie unsere psychologische Grundein-stellung unsere Gesundheit, unseren Werdegang und unsere Beziehungen beeinflussen kann, und gibt Hinweise, wie wir in unserem Leben zu mehr Ausgewogenheit und Harmonie finden können.

3. Da uns das Handlesen oft in unseren Grundeinsichten und innersten Gefühlen bestätigt, können wir mehr Selbstbewußtsein und Selbstvertrauen entwickeln. Dadurch werden wir in die Lage versetzt, unser Leben leichter zu nehmen und Herausforderungen wie Hindernisse gleichermaßen optimistisch und zielstrebig anzugehen.

4. Mittels der Handanalyse kann ein Mensch in seinem Leben die Arten von Tätigkeiten bestimmen, die aufzunehmen sich für ihn lohnt und die ihm größtmögliches Vergnügen bereiten, ihn interessieren und bei denen er sich selbst verwirklichen kann.

5. Die Handanalyse kann aufdecken, wie sich unsere Erfahrungen in ein Gesamtmuster von Ereignissen einfügen, die die Grundstruktur oder Leitlinien unseres Lebens ausmachen. Sie läßt uns das Leben mehr als erlebenswertes Abenteuer betrachten statt als endlose Kette von Schwierigkeiten, Hindernissen und Strafen.

6. Mittels der Handanalyse dringen diejenigen, die wir beraten, durch ihr normales Ich-Bewußtsein hindurch in tiefinnere Wesensschichten ein. So vermögen sie aus dieser Quelle der Kraft und inneren Weisheit zu schöpfen und schwierige Lebensphasen beherzt durchzustehen.

7. Die Chirologie ist nicht nur dem Menschen eine Hilfe, aus dessen Hand gelesen wird, sondern auch dem Chirologen selbst, da sie ihn auf einer tieferen inneren Ebene auf seinen »Klienten« einstimmt, so daß er kaum irgendwelche aus seinem eigenen Unterbewußtsein aufsteigenden Vorurteile auf das Leben des Betreffenden überträgt. Vielmehr versteht er dessen wirkliche Bedürfnisse und kann schließlich eine angemessene Empfehlung für eine Therapie oder Behandlung geben.

8. Wem aufrichtig daran gelegen ist, seine Kenntnisse der Chirologie zum Wohle anderer zu vertiefen, dem verschafft die Handanalyse Zugang zu seinem eigenen Wesenskern und versetzt ihn in den Stand, sich bei seiner Arbeit mehr und mehr auf seine Intuition und innere Einsicht zu verlassen.

Dieses Buch ist in vier Teile gegliedert. Der erste Teil ist eine fundierte Einführung in die Grundlagen der Handanalyse. Hier befassen wir uns mit der Bedeutung der Handtypen, der Berge und Täler, der Finger und Handlinien.

Der zweite Teil konzentriert sich auf die psychologischen Aspekte des Handlesens und ihre Beziehung zu unserm Innenleben, zu Intelligenz, Willen und Sexualität.

Der dritte Teil behandelt die Rolle der Handanalyse als hilfreiche Möglichkeit, sich im täglichen Leben verwirklichen zu können, und bezieht sowohl den beruflichen

Werdegang als auch die Gesundheit und das geistige Wesen des Menschen mit ein.

Der letzte Teil ist ein praktischer Ratgeber für den angehenden Chirologen und erklärt Grundorientierung und Methodik, wie man Handabdrücke macht und eine Datei anlegt; ferner sind die Analysen verschiedener interessanter Hände wiedergegeben.

2. Psychologie der Handtypen

Der bekannte Autor Walter Sorell schreibt: »Form und Aussehen der Hand sind für viele von uns so ausdrucksvoll, daß wir sie unwillkürlich als Persönlichkeitsindikator betrachten.« Er fügt hinzu, wir gingen zwar fehl, wenn wir meinten, Persönlichkeit einzig nach der Handform einschätzen zu können, aber das sei immerhin ein wichtiger erster Schritt, um den Grundstein für eine vollständige Persönlichkeitsanalyse zu legen.

Im Lauf der Jahre sind viele Chirologen bemüht gewesen, Hände nach bestimmten Kriterien zu klassifizieren. Obgleich jedes System Lücken aufweist – und im Grunde nur wenige Hände wirklich einem bestimmten Handtyp entsprechen –, liefert uns die Klassifizierung der Hände doch ein allgemeines Gerüst für eine fundierte Handanalyse.

Grundsätzlich gibt es zwei Arten von Händen: *rezeptive* und *realistische*.

Die *rezeptive* oder empfängliche Hand wirkt oftmals zart und zerbrechlich, ist für gewöhnlich lang und läuft schmal zu. Ihr Träger ist meist höchst sensibel und gefühlsbetont, und sein Leben ist vielen Schwankungen unterworfen. Überwiegend liegt ein reichverzweigtes Linienmuster vor, das auf viele Interessen und Ausdrucksmöglichkeiten hindeutet.

Die *realistische* oder zupackende Hand ist durch bestimmtere, ausgeprägtere Züge gekennzeichnet. Dieser Handtyp ist im allgemeinen quadratisch und breit und macht einen energischen, ungeduldigen, wirklichkeitsbezogenen Eindruck. Ihr Träger ist meist robust und aktiv und tritt mit Bestimmtheit auf.

Das von Comte Stanislaus d'Arpentigny entwickelte System halten viele Chirologen nach wie vor für die nützlichste Richtschnur bei der Handklassifizierung, obwohl es fast anderthalb Jahrhunderte alt ist. Er stellte es erstmalig in seinem Buch *La chirognomie, ou l'art de reconnaître les tendances d'intelligence d'après les formes de la main* (Paris 1843) vor; d'Arpentigny war der Meinung, es gebe sechs Handtypen: den elementaren, spatelförmigen, quadratischen, knotigen, konischen und den »psychischen« oder sensitiven. Später fügte er noch eine siebte Kategorie hinzu, die »Mischhand«.

Das System, das wir in diesem Buch benutzen, schließt vier der Haupthandtypen d'Arpentignys mit ein, darunter den quadratischen, spatelförmigen, konischen und »psychischen« (sensitiven) Typ. Darüber hinaus findet auch die Klasse der Mischhand Beachtung, der die meisten Menschen zuzuordnen sind. Es werden die wesentlichen ausschlaggebenden Faktoren besprochen – Handgröße und -beschaffenheit sowie Oberflächenstruktur (Haut) und Flexibilität –, und wir werden überlegen, inwiefern sie eine akkurate Charakteranalyse ergeben können.

Die quadratische Hand: Planung ist alles

Zur Kategorie der realistischen Handtypen gehört die *quadratische Hand* (Abb. 2.1). Sie ist an der viereckigen Form und den stumpfen Fingerspitzen zu erkennen und bezeichnet meist die Hand eines Organisators und Planers.

Menschen mit diesen Händen sind ordnungsliebend, gehen methodisch vor und schätzen die Stabilität. Sie ordnen ihre Gefühle der praktischen Vernunft unter, und ihr Leben verläuft gleichmäßig und nach System. Verwirrun-

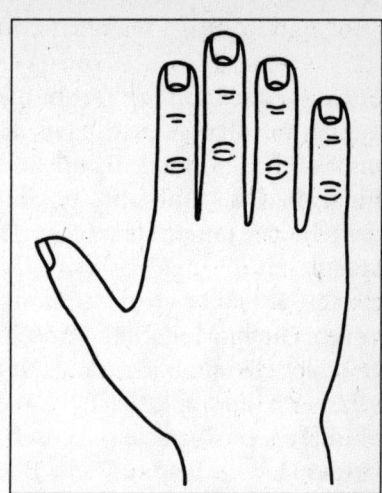

Abb. 2.1: Quadratische Hand.

gen mögen sie nicht, und oftmals haben sie Schwierigkeiten, sich neuen Verhältnissen anzupassen, besonders dann, wenn Hand und/oder Daumen unbiegsam sind. Meist sind sie gründlich und kompetent und vor allem ausgesprochen vorsichtig in Geldangelegenheiten.

Da es ihnen häufig an Spontaneität mangelt, ziehen Leute mit quadratischen Händen Regeln, Methoden und festgefügte Strukturen vor. Der deutsche Chirologe Ernst Issberner-Haldane äußerte, sie seien hervorragende Techniker, Ärzte und Bürokraten. Quadratische Hände verleihen ihrem Besitzer überdies ein außergewöhnlich starkes Beharrungsvermögen und die Fähigkeit, mit schwierigsten Situationen fertig zu werden, vorausgesetzt, daß sie ihrer Natur nach fest umrissen und vorhersehbar sind.

Die spatelförmige Hand: Aktion

Spatelförmige Hände (Abb. 2.2) gehören ebenfalls zur Kategorie der realistischen Hand. Im Erscheinungsbild sind sie oft breit und kräftig, mit leicht knotigen Fingern. Ihre markanteste und augenfälligste Eigenart sind die wie ein Spatel »fächerförmig« auslaufenden Fingerspitzen.

Am besten läßt sich dieser Handtyp mit dem Wort *Aktion* beschreiben. Menschen mit spatelförmigen Händen sind energiegeladen, hartnäckig, Neuheiten gegenüber aufgeschlossen und selbstsicher. Wie die mit quadratischen Händen sind auch sie praktisch veranlagt und stehen mit beiden Füßen fest auf dem Boden.

Wer spatelförmige Hände hat, neigt zu Kreativität und Impulsivität. Er ist im allgemeinen extravertiert und dynamisch und sorgt in seinem näheren Umkreis für Aufregung. Häufig nimmt er mit unfehlbarer Sicherheit den

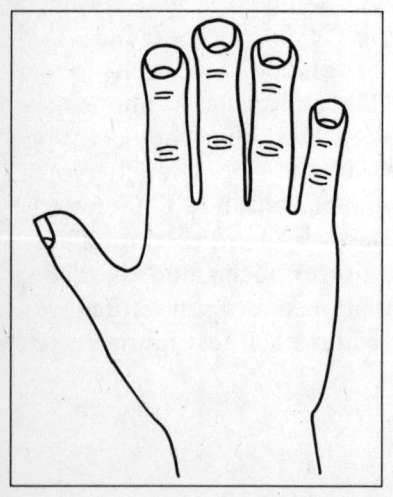

Abb. 2.2: Spatelförmige Hand.

Vorteil einer Situation wahr und zieht praktischen Nutzen daraus.

Die spatelförmige Hand ist in erster Linie eine sinnliche Hand, und ihr Träger ist entschieden diesseitsorientiert. Handel und Banken, Bauwesen und Unternehmertum sind beliebte berufliche Interessengebiete für Leute mit diesem Handtyp. Wenn die spatelförmige Hand außerdem biegsam und geschmeidig ist, kann man allerdings auch mit einem gesteigerten Interesse an sexuellen Freuden rechnen, das auf Kosten der Arbeit und anderer Verpflichtungen geht.

Die konische Hand: Schönheitsliebe

Im Gegensatz zu den vorher genannten Handtypen ist die *konische* oder *Künstlerhand* (Abb. 2.3) eine rezeptive Hand. Sie wird meist an der Handwurzel und an den Fin-

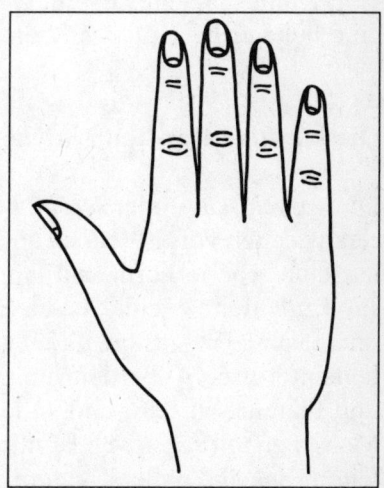

Abb. 2.3: Konische Hand.

gerspitzen etwas schmaler. Die Haut ist für gewöhnlich zart, ein Zeichen für Sensibilität und Schönheitssinn.

Menschen mit konischen Händen reagieren aus einem Impuls heraus und lassen sich von ersten Eindrücken leiten. Im Gegensatz zu denen mit ziemlich eckigen Händen, die ihrer Vernunft folgen, halten sie sich an ihre Intuition, sind sentimental, impulsiv, kapriziös und romantisch.

Unbeständigkeit ist angeblich das Hauptproblem von Menschen mit konischen Händen. Oft stürzen sie sich mit großer Begeisterung auf ein Projekt, um die Ausführung dann jemand anderem zu überlassen, insbesondere, wenn ihre Hände flexibel sind. Sie unterstützen andere zwar in ihren Bemühungen, wechseln aber häufig die Fronten und tun sich schwer mit Verpflichtungen.

Sie sind sehr kreativ. Wenn die Hand fest ist und die Linien gut ausgeprägt sind, werden die schöpferischen Energien meist intellektuellen Zielen zugeführt. Ist die Hand weich und fett, ist eine sehr sinnliche Natur gegeben. Dann sind gutes Essen, Geld, Sex im Übermaß und eine behagliche Umgebung die Grundbedürfnisse.

Die sensitive Hand: übertriebener Idealismus

Die »psychische« oder *sensitive Hand* (Abb. 2.4) kommt relativ selten vor, ist jedoch auch leicht zu erkennen. Sie hat eine schöne Form und lange, anmutige Finger, die spitz zulaufen. Wie der Besitzer der konischen Hand ist ihr Träger sehr sensibel und hat ein ausgeprägtes Schönheitsinteresse. Außerdem neigt er dazu, schnell Feuer und Flamme zu sein, und ist leicht zu beeindrucken.

Menschen mit sensitiven Händen lassen sich vom Gefühl leiten. Sie sind äußerst kreativ und besitzen eine starke

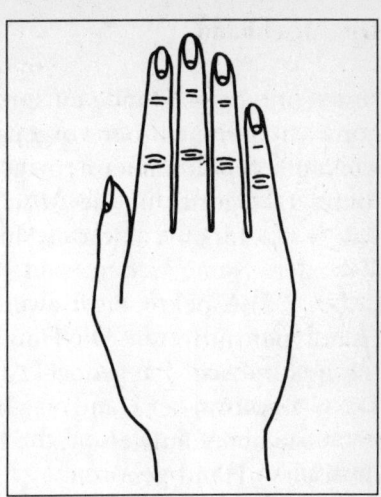

Abb. 2.4: Sensitive Hand.

Einbildungskraft. Praktische Vernunft gehört nicht unbedingt zu ihren hervorstechendsten Eigenschaften, und
deshalb haben sie oft Probleme, sich im praktischen Le-
bensalltag zurechtzufinden.

Wer sensitive Hände hat, muß lernen, auf den Boden der
Realität zurückzukehren. Seine Liebe zu allem Schönen
und sein angeborenes Interesse an spirituellen Dingen
darf er ruhig vertiefen, aber er muß darüber hinaus doch
lernen, im täglichen Leben zurechtzukommen. Darum
braucht er starke, verläßliche Freunde, die ihm helfen,
die praktischen Dinge des Lebens in den Griff zu bekommen.

Die Mischhand

Nur sehr wenige Hände entsprechen tatsächlich in ihrer Form genau einem der vorgenannten Handtypen, auch wenn ein Typ dominieren mag. Deshalb stellen wir eine fünfte Kategorie für die *Mischhand* auf, die als gutes Hilfsmittel für eine akkurate Handanalyse dienen kann.

Wie der Name schon sagt, enthält die Mischhand (Abb. 2.5) Aspekte, die in zwei oder mehr der genannten Handtypen auftreten. Die Hand ist vielleicht in erster Linie quadratisch, hat jedoch zwei spatelförmige Finger. Die Grundform der Hand mag konisch sein und trotzdem noch Elemente aufweisen, die zur eher praktischen quadratischen Hand gehören.

Die Handform an sich sollte als Grundlage einer sorgfältigen Analyse dienen. Finger, Berge und Linien sowie die modifizierenden Faktoren wie Handbeschaffenheit und -größe, Haut und Beweglichkeit geben sodann häufig ge-

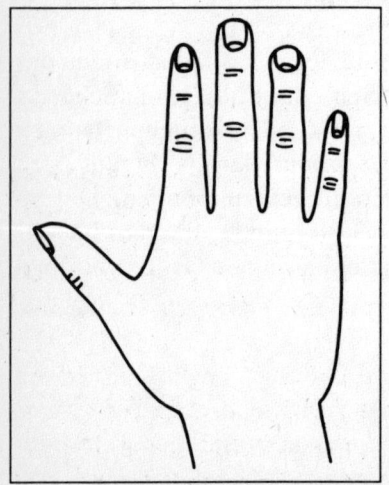

Abb. 2.5: Mischhand.

naueren Aufschluß über den Charakter und das individuelle Lebensgefühl.

Aus diesem Grund müssen wir *alle* Faktoren berücksichtigen, wenn wir eine solche Hand studieren, und die *Beziehungen* zwischen den verschiedenen Aspekten, die die Hand eröffnet, bewerten. Das mag zwar zuerst Verwirrung stiften, führt aber, wenn man seiner Intuition folgt und Geduld hat, zum Ziel. Mit einiger Übung kann man schon nach wenigen Minuten eingehender Betrachtung die grundlegende »Gestalt« einer Hand erkennen.

Die Handbeschaffenheit

Die Beschaffenheit der Hände wird nach ihrer Härte oder Weichheit bei einem Händedruck bestimmt. Durch Ermessen der Grundbeschaffenheit einer Hand wird der Energiepegel festgestellt und erkennbar, wie er sich im Alltagsleben auswirkt. Wenn Sie die Hände eines Freundes ergreifen und sanft drücken, können Sie sich ein genaues Bild von deren Beschaffenheit machen.

Eine *schlaffe Hand* erkennen Sie daran, daß sich das Fleisch bei sanftem Pressen leicht zusammendrücken läßt. Eine solche Hand verrät einen niedrigen Energiepegel; der betreffende Mensch hat Schwierigkeiten, sich in der rauhen Wirklichkeit emotional zu behaupten und konkrete Pläne durchzusetzen. Vielfach sind schlaffe Hände ein Anzeichen für einen inaktiven, sensiblen Träumer, der sowohl körperliche als auch emotionale Anstrengungen scheut.

Sind die Hände schlaff und fleischig, liegt eine stärkere Ausprägung der sinnlichen Persönlichkeitsaspekte vor. Der Betreffende gibt sich gern übermäßigen Tafelfreuden, sexuellen Ausschweifungen sowie dem Genuß von

Drogen und Alkohol hin, und wenn nicht gerade der Daumen kräftig ist, fehlt es meist an Willenskraft. Wenn die Hände dünn und schwach sind, ist der Energiepegel ihres Trägers außerordentlich niedrig. Leuten mit solchen Händen fällt es ungemein schwer, irgendeiner Sache für längere Zeit nachzugehen.

Weiche Hände fühlen sich bei Druck so an, als hätten sie keine Knochen. Sie können zwar ebenfalls einen unzulänglichen Energiefluß anzeigen, aber es besteht doch eine entschieden größere Chance für energetische Impulse als bei Menschen mit schlaffen Händen. Auch weiche, fleischige Hände deuten, wie oben ausgeführt, auf übermäßigen Sinnengenuß hin.

Elastische Hände lassen sich nicht gut in den Griff bekommen und rutschen bei Druck leicht weg. Sie offenbaren Lebhaftigkeit, Anpassungsfähigkeit und Beweglichkeit. Dabei verstärken sie noch die Eigenschaften, die durch die Berge, Finger und Handlinien angezeigt werden; sie gehören meistens Menschen, die sich gern erfinderisch und kreativ betätigen. Solche Personen sind in der Lage, sich schnell mit neuen Ideen anzufreunden und auf unvorhergesehene Umstände einzustellen.

Feste Hände sind nicht sehr elastisch und halten mäßigem Druck stand. Sie verweisen auf einen energischen, aktiven, starken Menschen, der Verantwortungsgefühl besitzt und stabil ist. Leute mit festen Händen können sich zwar nicht so leicht auf Neuheiten und unvorhergesehene Situationen einstellen wie solche mit elastischen Händen, aber doch die Realität nüchtern erkennen und sich dementsprechend verhalten, auch wenn diese Umstellung vielleicht Zeit braucht.

Harte Hände geben selbst bei Druck nicht nach. Sie finden sich überwiegend bei Männern, zeigen keine Elastizität und sind oft rauh. Wie man sich denken kann, mangelt es Menschen mit harten Härten auch an geistiger Flexibilität, und meist bewegen sie sich in festgefahrenen Geleisen. Außerdem neigen sie dazu, Ihre Energien »zurückzuhalten«, was zu jähen Zornausbrüchen und streßbedingten Krankheiten führen kann.

Flexibilität

Die Handbeweglichkeit wird danach bestimmt, wie leicht sich die Hand rückwärts biegen läßt. William G. Benham schreibt in seinem klassischen Werk *The Laws of Scientific Hand Reading* (»Die Gesetze des wissenschaftlichen Handlesens«), die Flexibilität der Hände enthülle »den Grad der geistigen und wesensmäßigen Beweglichkeit und die Gewandtheit, mit der sich der Geist zu behaupten und entfalten und ›hinter die Dinge‹ zu blicken vermag«.

Eine *sehr flexible Hand* kann schon mit geringem Kraftaufwand fast bis zu einem Winkel von 90° zurückgebogen werden. Sie deutet auf eine Persönlichkeit hin, die überaus leicht zu beeinflussen ist, sich schnell von anderen herumkommandieren läßt und Schwierigkeiten hat, sich nur einer einzigen Tätigkeit zu widmen. Ein solcher Mensch gibt sein Geld meistens schneller aus, als er es verdient, und ist häufig unberechenbar, was seine Gefühle und Handlungen angeht. Wenn der Daumen sich genauso leicht zurückbiegen läßt, ist der Betreffende extrem großzügig und kann mit Leichtigkeit von anderen ausgenutzt werden.

Eine *mäßig flexible Hand* läßt sich in sanftem Bogen zurückbiegen (Abb. 2.6). Der Besitzer dieses Handtyps kann sich leicht auf neue, unvorhergesehene Verhältnisse einstellen. Er hat vielseitige geistige Begabungen,

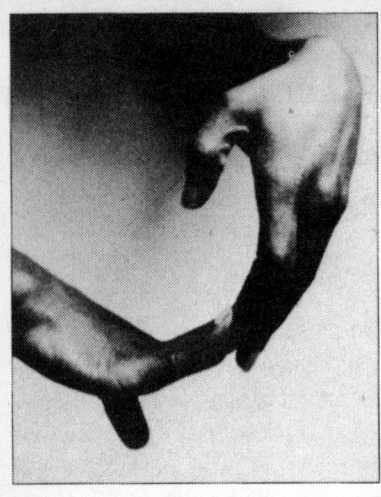

Abb. 2.6: Mäßig flexible Hand.

folgt seiner Intuition und ist schnell zu beeindrucken. Fühlen, Denken und Handeln bereiten ihm vielleicht keine Probleme, dafür besteht jedoch die Gefahr, daß er sich zu vielen Aktivitäten gleichzeitig widmet, statt sich auf eine oder zwei festzulegen.

Eine *feste Hand* läßt sich auch mit Kraft kaum nach hinten biegen. Sie verheißt zwar Lebenskräfte im Überfluß, aber auch einen entschiedenen Hang zur Vorsicht in Gefühlsdingen, so daß Empfindungen oft vor den Blicken anderer verborgen gehalten werden. Obwohl Leute mit festen Händen neuen Ideen aufgeschlossen gegenüberstehen, sind sie nur selten impulsiv und können sich daher nur schwer auf neue Verhältnisse und ungewohnte Umstände in ihrem Umkreis einstellen.

Eine *steife Hand* (Abb. 2.7) ist außerordentlich starr und womöglich schon im Naturzustand einwärts gekrümmt. Diese Hand gehört einem Menschen, der extrem vorsichtig ist, ein ausgeprägtes Pflichtbewußtsein hat und hart

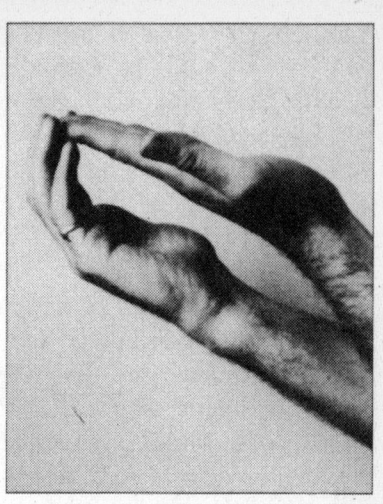

Abb. 2.7: Steife Hand.

arbeiten kann, aber sie verrät auch eine starre Charakterstruktur. Ihr Besitzer ist eigensinnig, bewegt sich in eingefahrenen Geleisen und hat Schwierigkeiten, sich auf neue Ideen und unvorhergesehene Situationen einzustellen. Menschen mit steifen Händen sind häufig verschlossen und teilen anderen nur ungern ihre Probleme und Empfindungen mit.

Verschiedene andere mitwirkende Faktoren sollen ebenfalls an dieser Stelle noch kurz Erwähnung finden, obgleich sie später eingehender behandelt werden.

Handgröße

Die Handgröße eines Menschen ist ein weiterer Hinweis auf seinen Charakter. Sie wird im Verhältnis zur Gesamtgröße des Betreffenden bestimmt, wozu außer der Körpergröße auch Gewicht und Knochenbau zählen. Allgemein gesagt lassen kleine Hände auf einen Menschen schließen, der das Leben in großem Maßstab sieht. Im Grunde hat er eine Abneigung gegen Kleinkram und Details (es sei denn, seine Finger sind knotig); meistens nehmen Leute mit kleinen Händen das, was sie interessiert, in seiner *Totalität* wahr, sei es nun eine Blume, ein schöpferisches Vorhaben oder eine wissenschaftliche Theorie.

Menschen mit *großen Händen* fühlen sich offenbar mehr zu kleinen Dingen hingezogen. Während eine Frau mit kleinen Händen ein großes Gebäude in seiner Gesamtheit bewundert, wendet ihre großhändige Begleiterin ihre Aufmerksamkeit wahrscheinlich eher einer Messingtafel neben dem Haupteingang zu. Große Hände finden sich oft bei Uhrmachern, Mathematikern, Chirurgen und anderen Menschen mit einer Vorliebe für ins einzelne gehende Aufgaben.

Im Gegensatz zu kleinen und großen Händen mit ihrer in umgekehrter Relation stehenden Deutung weisen schmale und breite Hände auf ihnen entsprechende Persönlichkeitszüge hin. *Schmale Hände* zeigen eine enge, beschränkte Lebensanschauung an, und das um so mehr, wenn die Hände zusätzlich noch steif und hart sind. Hingegen spiegeln *breite Hände* einen Menschen wider, der großherzig, tolerant und voller Interesse für neue Konzepte und Trends ist.

Hautstruktur

Wie die Haut der Hände beschaffen ist, hat ebenfalls eine Entsprechung im Gefühlsbereich. Je weicher und zarter die Haut ist, um so höher ist der Grad körperlicher und emotionaler Feinfühligkeit. Rauhe Haut ist ein Anzeichen für einen eher rauhbeinigen und ungeschlachten Menschen, den sein emotionales oder physisches Umfeld weitgehend kaltläßt.

Rechts- oder Linkshänder?

Wenn wir die Hände eines Menschen untersuchen, müssen wir feststellen, welche Hand dominant ist. Die nichtdominante oder *passive* Hand reflektiert unsere Vergangenheit und unsere Anlagen, während die dominante oder *aktive* Hand in erster Linie aufzeigt, was wir im Augenblick aus unserem Leben machen. Sehr häufig lassen die Hände gravierende Unterschiede zwischen unseren Anlagen und dem Maß erkennen, in dem wir ihnen gerecht werden.

Im allgemeinen kann man sagen, daß die dominante Hand die ist, mit der wir schreiben. In den seltenen Fällen, wo ein Mensch beidhändig ist, müssen wir beide Hände zusammen unter die Lupe nehmen. Sind sie unterschiedlich, sollten wir während des Lesens Fragen stellen, um herauszufinden, welche der beiden die dominierende ist.

3. Berge und Täler

Die Topographie einer Hand ist der der Erde mit ihren Bergen, Tälern und Ebenen zu vergleichen. Ähnlich dem Umriß und der Beschaffenheit der Hand im allgemeinen, wie im vorigen Kapitel erläutert, sagen auch die Regionen und Erhöhungen der Hand vieles über Persönlichkeitsmerkmale, angeborene Begabungen und den Energiehaushalt aus.

Die Hand ist in sechs Hauptzonen und darüber hinaus in acht Berge eingeteilt, ähnlich der Aufteilung einer geographischen Region in Landkreise und Städte. Während die sechs Zonen der generellen Orientierung im Hinblick auf latent vorhandene Fähigkeiten und das Ausdrucksvermögen dienen, liefern die acht Berge die bei weitem genaueren Informationen für eine gründliche Charakteranalyse.

Die Längszonen

Die drei Längszonen werden dadurch gebildet, daß man eine imaginäre vertikale Linie von einem Punkt zwischen Zeige- und Mittelfinger zum Handgelenk hinab zieht und eine zweite von einem Punkt zwischen Mittel- und Ringfinger aus bis zur Handwurzel, wie auf Abbildung 3.1 zu sehen.

Das erste Teilgebiet ergibt die Zone für *Aktivität und Bewußtsein;* sie repräsentiert die Energie, die bewußt bei allen Vorgängen in der stofflichen Welt eingesetzt wird. Sie steht mit der Selbstbehauptung im täglichen Leben in Beziehung, und zwar sowohl in geistiger wie auch in materieller Hinsicht. Bei ihr handelt es sich um die Zone der

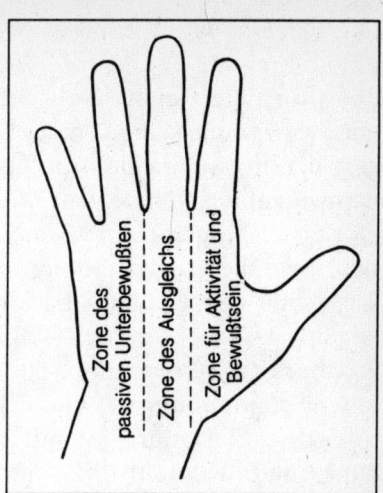

Zone des
passiven Unterbewußten

Zone des Ausgleichs

Zone für Aktivität und
Bewußtsein

Abb. 3.1: Die Längszonen der Hand.

praktischen Kenntnisse, der Bewegungsabläufe in der Außenwelt und der Anwendung der bei der Arbeit, beim Studium und bei den zwischenmenschlichen Beziehungen geltenden Grundsätze.

Die Zone im gegenüber liegenden Handdrittel verkörpert die verborgenen Energiereserven oder das *passive Unterbewußte.* Sie hat mehr Bezug zur angeborenen Kreativität, zum Gefühlsleben und zur Triebhaftigkeit.

Die mittlere Zone, die *Zone des Ausgleichs,* dient als Treffpunkt, wo sich diese verschiedenen Energien mischen können. In diesem Abschnitt findet man oft die Saturnlinie, auch Schicksalslinie oder »Linie der Lebensziele« genannt, die sich von der Wurzel der Handfläche aus zum Mittelfinger hin erstreckt. Sie sagt etwas über den beruflichen Werdegang aus, über Bewegungen im Leben und darüber, inwieweit man sein Lebensziel verwirklicht oder seinen Platz in der Welt gefunden hat.

Die Querzonen

Die drei Querzonen (Abb. 3.2) entstehen, wenn man eine horizontale Linie von der Daumenspitze an den Fingerwurzeln entlang zieht und eine zweite von der Daumenwurzel aus geradewegs über die Handfläche.

Der erste Abschnitt, die Zone von *Gefühl und Bewußtsein,* stellt die aktive Bindung an die Außenwelt dar. Entsprechend den Bergen, die innerhalb dieses Bereiches liegen, ist sie die Zone des Gefühlsausdrucks, der Machtausübung, der Inspiration, des Ehrgeizes, des künstlerischen Schaffens und des Geschäftssinns. Laut Walter Sorell ist sie die Handregion mit dem feinsten Tastsinn und der größten Kontaktstärke für Menschen und Dinge.

Der unterste, *Triebe und Unterbewußtes* repräsentierende Abschnitt ist die Zone des Freudschen »Es« und der Hauptantriebskräfte. Entsprechend den Bergen, die hierin vorkommen, steht diese Zone für die Intuition, die

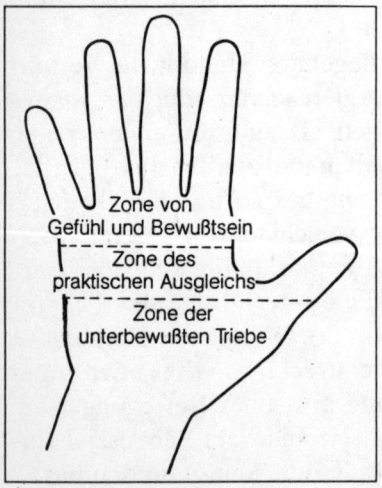

Zone von
Gefühl und Bewußtsein

Zone des
praktischen Ausgleichs

Zone der
unterbewußten Triebe

Abb. 3.2: Die Querzonen der Hand.

Imagination, die Libido und die tiefsten, verborgensten Wünsche.

Wie schon zuvor die mittlere vertikale Zone ist auch die horizontale Mittelzone ein Bereich des *praktischen Ausgleichs*. Dort hat die Logik, der gesunde Menschenverstand und die Vernunft ihren Sitz, können Denken und Fühlen miteinander verschmelzen. Diese Zone filtert und absorbiert die unterbewußten Triebe und verhilft ihnen zum konkreten Ausdruck. Sie schließt die Hoffnungen und geistigen Fähigkeiten mit den körperlichen und instinktiven Trieben zusammen.

Die Berge

Jeder Berg hat einen Namen und kennzeichnet den Typ von Energie, der durch den entsprechenden Handteil geleitet wird. Die Berge sind nach Planeten benannt, die

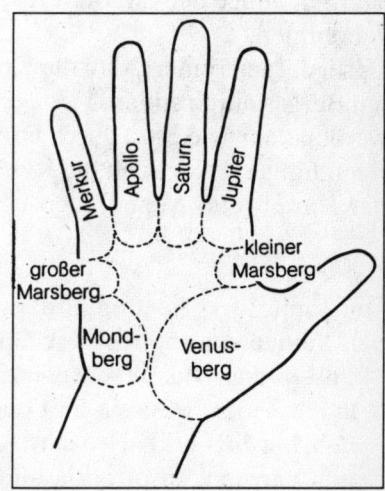

Abb. 3.3: Die Berge der Hand.

39

Abb. 3.4: Der Scheitelpunkt eines Berges.

wiederum nach griechischen und römischen Göttern und Göttinnen heißen. Sie verkörpern bestimmte Aspekte des Charakters, die von diesen mythologischen Gestalten symbolisiert werden.

Die Kraft der Berge an den Fingerwurzeln hängt von ihrer relativen Größe im Vergleich zu den äußeren Bergen der Hand ab. Je genauer ein Berg unter dem entsprechenden Finger liegt, um so größer ist seine Kraft und sein Einfluß auf die Persönlichkeit. Verlagerungen des Berges können erkannt werden, wenn sein *Apex* (Gipfel) lokalisiert wird. Der Gipfel eines Berges liegt da, wo sich die Furchen der Haut treffen und ein Muster bilden (siehe Abb. 3.4). Sollte beispielsweise der Gipfel des Saturnberges näher am Apolloberg liegen, hat er mit Sicherheit einige der Charakteristika des Apolloberges angenommen.

Es sei daran erinnert, daß die Kraft eines ins Auge gefaßten Berges durch andere Faktoren der Hand mitbestimmt werden kann wie etwa durch Form und Kraft des zugehörigen Fingers oder auch die Klarheit und Ausgeprägtheit der Haupt- und Nebenlinien.

Jupiter

Der Jupiterberg liegt unter dem Zeigefinger und hat seinen Namen von Jupiter oder Zeus, dem höchsten der antiken Götter. Die Wesensmerkmale dieses Berges spiegeln das wider, was sich im Leben eines Menschen nach außen hin bemerkbar macht: Großzügigkeit, Geselligkeit, Charisma, Inspiration und Großmut. Der Jupiterberg offenbart zudem, wie stark das Selbstbewußtsein ist und wie es mit Führungsqualitäten, Geschäftstüchtigkeit, Ehrgeiz und Religiosität bestellt ist.

Wenn der Jupiterberg in harmonischer Ausgewogenheit zu den anderen Bergen steht, repräsentiert er die positiven Aspekte Jupiters: gesundes Geltungsbewußtsein, eine positive Lebensanschauung, Idealismus und den Wunsch, auf andere zuzugehen und ihnen zu helfen.

Ist der Berg ungewöhnlich stark ausgebildet und markant, spielt Ehrgeiz eine Hauptrolle im Leben des betreffenden Menschen. Egoismus, Stolz und Eitelkeit sind dann die hervorstechendsten Persönlichkeitszüge, ferner besteht die Tendenz, zu dominieren und andere zu unterjochen. Werden die Grundeigenschaften dieses Berges durch die Finger und Handlinien erweitert, sind gute Führungsqualitäten und Geschäftstüchtigkeit angezeigt. Unter Umständen wirken aber auch andere Aspekte der Hand mit und verändern die positiven Charakteristika des Jupiter zum Schlechten. In diesem Fall besteht möglicherweise eine Tendenz zu Habgier, Selbstsucht, Arroganz und Völlerei.

Wenn der Berg kaum ausgeprägt oder flach ist, hat der betreffende Mensch höchstwahrscheinlich ein kümmerliches Selbstbild. Sofern nicht andere Aspekte Einfluß nehmen, heißt das, es mangelt an Ehrgeiz und Durchsetzungsvermögen. Dann fühlt der Betreffende sich meist gesellschaftlich im Hintertreffen und hat Schwierigkeiten, sich neue Gelegenheiten zunutze zu machen.

Saturn

Der Saturnberg ist nach dem Gott Saturn benannt, dem Richter, und befindet sich unter dem Mittelfinger. Während Jupiter die offen zutage tretenden Lebensäußerungen repräsentiert, steht Saturn mehr für den in sich gekehrten, mit dem Innenleben verknüpften Teil der Persönlichkeit. Im günstigen Licht betrachtet, symbolisiert der Saturnberg die Kontemplation, das Verantwortungsbewußtsein, ein gesundes Selbsterhaltungsgefühl und die Suche nach Wahrheit im eigenen Innern. Als ausgleichende Kraft in der menschlichen Persönlichkeit versetzt er den betreffenden Menschen in die Lage, den vielen widersprüchlichen Strömungen, Einflüssen und Wünschen in seinem Leben auf den Grund zu gehen und rational damit fertig zu werden.

Ein normaler Saturnberg ist ein Anzeichen für einen die Unabhängigkeit und Einsamkeit liebenden Menschen, der aber dennoch in der Lage ist, sein Verlangen nach Alleinsein mit dem Bedürfnis nach der Gesellschaft anderer unter einen Hut zu bringen. Treue, Beständigkeit, Selbstbewußtsein, Zurückhaltung und emotionale Ausgeglichenheit sowie die Fähigkeit, zu lernen und neue Ideen aufzugreifen, werden durch einen mittelgroßen Saturnberg begünstigt.

Ein sehr stark entwickelter Berg betont und entstellt die Wesenseigenschaften Saturns oft gleichermaßen, besonders dann, wenn noch andere Faktoren hineinspielen. Aus der Zurückhaltung wird dann leicht ein furchtsames Sich-Zurückziehen, während sich die kontemplative Selbstbeobachtung zu übersteigerter Selbstkritik und Egozentrik auswächst. Ein stark ausgeprägter Saturnberg tritt häufig bei Menschen auf, die rigide, wortkarg und defensiv sind.

Apollo

Apollo ist der Gott der Macht und des individuellen Ausdrucks, und der Apolloberg hat seinen Platz unter dem Ringfinger. Während westliche Chirologen diesen Berg zu allen Formen der Kreativität in Beziehung setzen – besonders auf dem Gebiet der Kunst und Musik –, nennen die Hindus ihn *Vidja Sthana* und betrachten ihn als den Herrscher über Bildung und Gelehrtentum.

Ein mittelgroßer Apolloberg offenbart eine tiefe Schönheitsliebe und ausgeprägte schöpferische Fähigkeiten. Letztere müssen nicht unbedingt auf die Kunst und Musik beschränkt sein, sondern können auch die Koch- und Schauspielkunst, Schriftstellerei und Design umfassen. Wenn ein Mensch ein schön ausgestattetes Heim hat oder sich gut kleidet, besteht eine hohe Chance, daß er einen gut entwickelten Apolloberg hat.

Wie der Jupiter- und der Saturnberg kann auch ein sehr großer Apolloberg seine grundlegenden Wesenseigenschaften sowohl verstärken als auch ins Negative verkehren. Oftmals enthüllt ein sehr markanter Apolloberg eine entschiedene Vorliebe für Vergnügungen, Reichtum und Ruhm. Große Schönheitsliebe kann zur völligen Hinwendung zu Äußerlichkeiten werden und ein oberflächliches Leben nach sich ziehen. Eitelkeit und Eigenliebe verdrängen häufig das nur natürliche Bestreben, auf das äußere Erscheinungsbild zu achten und sich zu pflegen.

Wenn der Berg nur schwach ausgebildet ist, mangelt es dem betreffenden Menschen an den wesentlichen Apolloeigenschaften. Statt aufregend und von Schönem erfüllt zu sein, ist das Leben dieses Menschen dann asketisch, langweilig und »flach«. Ein unzulänglicher Apolloberg kann auch auf einen niedrigen Pegel der physischen Energien hindeuten.

Merkur

Merkur war der Götterbote. Aus diesem Grund regiert der Merkurberg, der sich unter dem kleinen Finger erhebt, die Kommunikation und die Umsetzung von Lebensgrundsätzen in Wort oder Schrift. Er steht für Handel, Schriftstellerei, Medizin, Mathematik und Diplomatie. Merkur herrscht auch über den Scharfsinn und die Fähigkeit, die menschliche Natur zu beurteilen. Das mag der Grund dafür sein, daß die Hindus diesen Berg *Jaya Sthana* oder »Ort des Sieges« nennen.

Ein gut entwickelter Merkurberg weist, besonders in Verbindung mit einem langen Finger, auf kaufmännische Begabungen und Sprachgewandtheit hin. Schauspieler, Diplomaten, Handelsvertreter und öffentliche Redner besitzen fast immer einen stark ausgeprägten Merkurberg.

Ein besonders markanter Berg als solcher hat an und für sich nichts Schlechtes zu bedeuten, nur können seine positiven Eigenschaften durch einen schwach ausgebildeten Merkurfinger modifiziert werden. Die Finger und ihre Bedeutung werden im folgenden Kapitel noch eingehender behandelt.

Ist der Merkurberg klein und flach und noch dazu mit einem kurzen oder schwachen Finger verbunden, fehlt es an kaufmännischer und wissenschaftlicher Eignung. Auch die direkte Kommunikation von Mensch zu Mensch dürfte dann ein Problem sein, insbesondere bei einer Liebesbeziehung.

Mars

Auf der Hand befinden sich zwei Marsberge. Beide spiegeln die Eigenschaften des Kriegsgottes Mars wider. Die Marsberge stellen im wesentlichen die dynamischen, selbstbezogenen, trennenden Persönlichkeitszüge dar. Sie sagen etwas aus über den Überlebenswillen, das Vorwärtsdrängen und das Verlangen, Hindernisse und Schwierigkeiten aus dem Weg zu räumen.

Der *große Marsberg* liegt genau unter dem Merkurberg und symbolisiert Bestimmtheit und Widerstandsfähigkeit. Wenn er gut ausgeprägt und bei Berührung hart ist, reflektiert er einen Menschen, der zwar beherzt, aber auch halsstarrig ist und der sich um keinen Preis von anderen ausnutzen oder gängeln läßt. Ein kleiner oder weicher Berg zeigt einen Mangel an Mut und Widerstandskraft an. Gehört er zu einer weichen, flexiblen Hand, dann läßt sich der Betreffende leicht »herumstoßen« und tut sich schwer, für seine Rechte einzutreten. Ist der Berg außerordentlich groß und hart, sind Gewaltsamkeit und Brutalität hervorstechende Merkmale im Charakter des betreffenden Menschen.

Im Gegensatz zum großen Marsberg, der den passiven Widerstand versinnbildlicht, drückt der *kleine Marsberg* eher die aktiven, nach außen drängenden Marseigenschaften aus. Er liegt zwischen dem Jupiter- und dem Venusberg und fühlt sich häufig wie eine kleine Geschwulst an der Innenseite des Daumengelenks an. Ein gut entwickelter Berg ist ein Anzeichen für einen starken Geltungstrieb und den Mut, den Herausforderungen des Lebens die Stirn zu bieten und sie zu meistern. Wenn der Berg groß und hart ist, hat der betreffende Mensch viel Temperament und ist ausgesprochen liebeshungrig (besonders in Verbindung mit einem großen Venusberg). Ein kleiner, nur ungenügend ausgebildeter Berg deutet auf eine im wesentlichen ruhige, passive, introvertierte Persönlichkeit hin, die selten Ärger mit ihren Mitmenschen hat.

Venus
Der Venusberg hat seinen Namen von der Göttin der Liebe und ist ein Indikator für eine schöngeistige Natur wie auch für Liebesfähigkeit. Nach Auffassung der bekannten spanischen Chirologin Orencia Colomar hat der Venusberg eine so große Bedeutung, daß er die Informa-

tionen aller anderen Berge der Hand zu modifizieren vermag.

Im Idealfall umfaßt der Venusberg genau den Handballen unter dem Daumen und wird in weitem Bogen von der Lebenslinie gesäumt. Normalerweise müßte der Berg etwa ein Drittel der Handfläche einnehmen und dürfte weder zu hart noch schwammig sein und kein zu starkes Linienmuster aufweisen. Ein guter Venusberg sollte sich bei Berührung glatt und fest anfühlen, sich höher als andere Berge erheben und von rosiger Farbe sein.

Der normale Venusberg offenbart Wärme, Vitalität und Energie. Er ist ein Zeichen für Lebensfreude und die Fähigkeit, zu lieben und wiedergeliebt zu werden. Bei einer guten Form des Venusberges tritt auch die Lebenslinie klarer hervor, und das bedeutet eine gute Widerstandsfähigkeit gegen Krankheiten.

Wenn der Venusberg im Verhältnis zu anderen Bergen übermäßig groß ist, handelt es sich um einen höchst leidenschaftlichen Menschen mit einem wahren Hunger auf Sex, Essen und Trinken. Sollte der Berg außerdem auch noch hart sein, kann die Leidenschaft leicht in Aggression und Brutalität umschlagen, insbesondere dann, wenn der Berg eine rötliche Färbung hat.

Ein kleiner, flacher oder kaum zu erkennender Venusberg legt einen Mangel an Lebensenergie und Leidenschaftlichkeit bloß. Die betreffende Persönlichkeit ist meist phlegmatisch und kalt, und das um so mehr, wenn die Lebenslinie durch den Berg hindurchschneidet. Sehr häufig vergrößert eine heftige Liebesaffäre den Venusberg.

Mond

Gegenüber dem Venusberg, genau über dem Handgelenk, liegt der Mondberg, der die Quelle der passiven, rezeptiven und emotionalen Persönlichkeitsmerkmale verkörpert. Er ist der Sitz der unterbewußten Eindrücke, der unbewußten Triebe und Instinkte sowie der Imagination.

Idealerweise sollte dieser Berg breit und von leicht gerundeter Form sein. Er weist auf Interesse an Religion und Mystik hin, verbunden mit der Sehnsucht, mehr wahrnehmen zu können als den bloßen Augenschein. Leute mit einem mittelgroßen Mondberg haben ein gutes Vorstellungsvermögen, das durch Realitätssinn ausgeglichen wird.

Je kräftiger und markanter der Berg ist, um so stärker sind Einbildungskraft und unterbewußte Triebe ausgeprägt, besonders dann, wenn sich die Kopflinie mitten in ihn hineinschwingt. Intuition und kreativer Schaffensdrang nehmen in diesem Fall zu. Ein großer Mondberg kann aber auch ein starkes Bedürfnis anzeigen, andere zu schützen und zu fördern, und das in verstärktem Maße, wenn noch die »Samariterlinien« unter dem Merkurberg hinzukommen.

Viele große Geister aus Kunst, Literatur und Wissenschaft haben gut entwickelte Mondberge. Bei ungenügend ausgebildetem oder fehlendem Mondberg besteht bei dem Betreffenden die Tendenz, zu nüchtern, einfallslos und gleichgültig zu sein. Ein solcher Mensch hält nichts von der Phantasie und betrachtet die Imagination als etwas, an dem nur Narren Gefallen haben.

4. Die Finger

Während die Berge und die Grundform der Hand den Grundstock für eine Charakteranalyse bilden, sind Form, Größe und Anordnung der Finger eine Quelle unschätzbarer Informationen über die Persönlichkeit und die Ausdrucksmöglichkeiten, deren sich der jeweilige Mensch bedient. Viele Chirologen sind sogar der Meinung, die Finger sagten mehr über den Betreffenden aus als jedes andere Merkmal der Hand.

Beim Studium der Finger muß unbedingt jeder Finger sowohl allein wie auch als integraler Teil der Hand betrachtet werden. Außerdem ist die Beziehung jedes einzelnen Fingers zu den übrigen zu berücksichtigen. Die relative Kraft der Finger läßt sich dadurch bestimmen, daß die Hand mit aneinandergelegten Fingern völlig geöffnet wird. Der Finger, zu dem sich die anderen vier hinneigen, ist der dominante Finger der Hand und offenbart den Grundzug im Charakter des betreffenden Menschen. Zum Beispiel gibt Abbildung 4.1 eine Hand mit einem dominierenden Saturneinfluß wieder, da sich die anderen Finger (einschließlich eines starken Jupiterfingers) in Richtung Saturnfinger krümmen.

Ehe nun die Charakteristika jedes einzelnen Fingers eingehend behandelt werden, muß sich der Leser zuerst einmal mit der Erscheinungsform und der Beschaffenheit der Finger im allgemeinen vertraut machen.

Flexibilität: Wie bei den Händen gibt auch die Beweglichkeit der Finger wesentliche Aufschlüsse über den Charakter und die Anpassungsfähigkeit des betreffenden Menschen. Im Idealfall müßten die gestreckten Finger eine sanfte Kurve rückwärts beschreiben, was bei ihrem Träger auf die Fähigkeit schließen ließe, daß er sich leicht

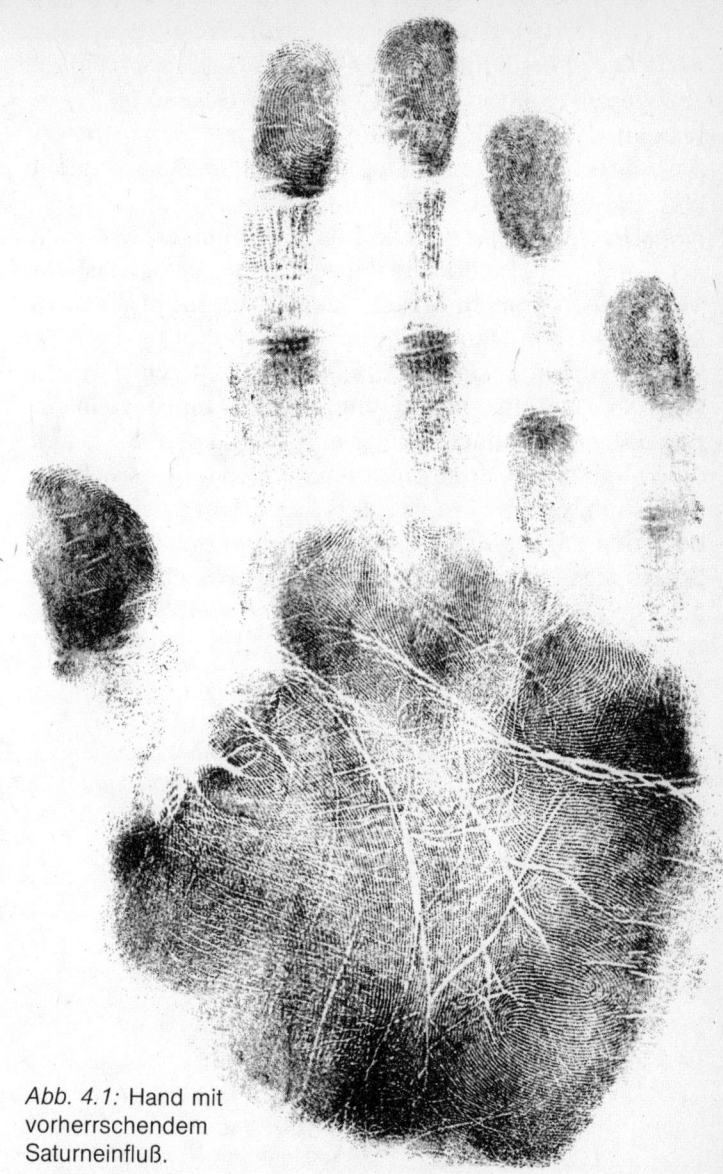

Abb. 4.1: Hand mit
vorherrschendem
Saturneinfluß.

an neue Ideen und Situationen anpaßt. Wenn das Nagel-glied, die oberste Phalanx des Fingers, auch nach hinten gebogen ist, sind große schöpferische Begabungen vor-handen. Ist zum Beispiel die Spitze des Merkurfingers rückwärts gekrümmt, liegt schriftstellerisches Talent vor.

Fingerlänge und -dicke: Die Länge der Finger wird nach der Länge der Handfläche beurteilt. Ausgewogen ist das Verhältnis, wenn der Mittel- oder Saturnfinger genauso-lang ist wie die Handfläche.

Im allgemeinen sind Menschen mit kurzen Fingern (Abb. 4.2) intuitiv, ungeduldig, impulsiv und dazu in der Lage, den Kern einer Sache rasch zu erfassen. Sie sehen die Dinge in größeren Zusammenhängen, ob es sich um philosophische Konzepte, praktische Unternehmungen oder den Panoramablick über eine Landschaft handelt. Sofern die Finger nicht knotig sind, übersehen sie Details gern.

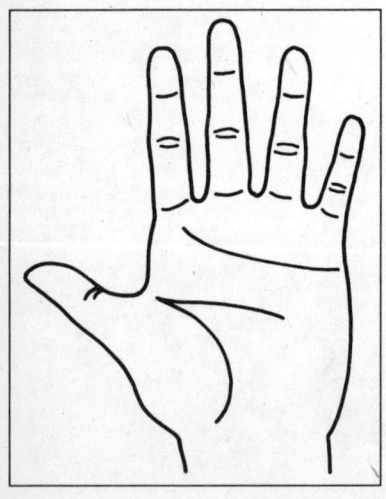

Abb. 4.2: Hand mit kurzen Fingern.

Lange Finger (Abb. 4.3) weisen auf das genaue Gegenteil hin. Geduld, Liebe zum Detail und analytische Fähigkeiten sind Wesenszüge, die bei Menschen mit langen Fingern häufig auftreten. Die Betreffenden konzentrieren sich gern auf die Kleinigkeiten des täglichen Lebens und erleben die Außenwelt eher intellektuell als intuitiv. Lange Finger sind oft ein Anzeichen für einen in sich gekehrten Menschen, der zum Grollen neigt und Ressentiments hegt.

Menschen mit dicken, fleischigen Fingern haben eine überwiegend sinnliche Natur. Sie lieben den Luxus, gutes Essen und Vergnügungen aller Art. Dünne Finger lassen auf einen eher intellektuellen, häufig weltfremden Menschen schließen.

Knöchel: Bei glatten Fingern (Abb. 4.4) sind die Gelenke kaum ausgeprägt, was auf eine Neigung zu intuitivem Verhalten und Impulsivität hindeutet. Leute mit glatten Fingern haben oftmals Schwierigkeiten, ein Pro-

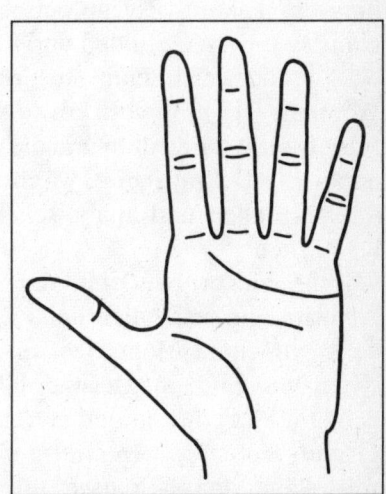

Abb. 4.3: Hand mit langen Fingern.

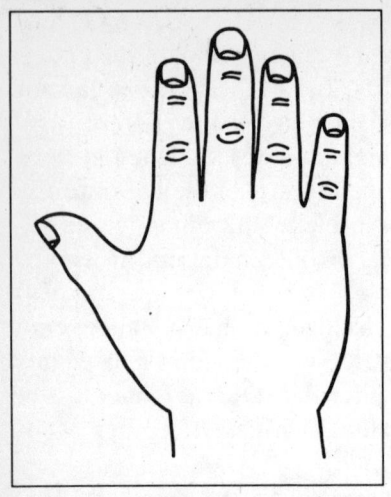

Abb. 4.4: Hand mit glatten Fingern.

blem in allen Einzelheiten zu analysieren, und keine Geduld, was Details betrifft. Ihre Entscheidungen fällen sie meist auf Verdacht hin, statt nach sorgfältiger Überprüfung der Fakten. Psychologisch sind sie häufig im Einklang mit ihren Gefühlen und können Ärger, Zuneigung oder Freude leicht zum Ausdruck bringen.

Wenn die Finger sowohl kurz als auch glatt sind, erfahren Impulsivität, Ungeduld und die Abneigung gegen Details noch eine Bekräftigung, während lange Finger eher die intellektuellen und analytischen Persönlichkeitsaspekte verstärken.

Knotige Finger, bei denen die Knöchel nicht etwa durch Arthritis angeschwollen sind (Abb. 4.5), sind kennzeichnend für einen Menschen mit einem scharfen analytischen Verstand. Ihr Besitzer läßt sich kaum von Äußerlichkeiten irreführen und geht einer Sache meist auf den Grund, wobei er folgerichtig und analytisch bis ins einzelne geht. Psychologisch gesehen, mangelt es Leuten

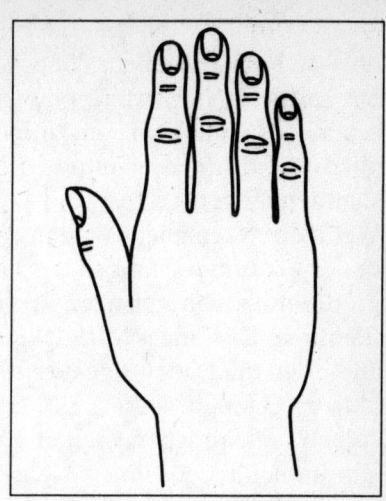

Abb. 4.5: Hand mit knotigen Fingern.

mit knotigen Fingern oft an Spontaneität, und außerdem fällt es ihnen schwer, ihre Gefühle mitzuteilen.

Die Fingerglieder: Zeige-, Mittel-, Ring- und kleiner Finger sind in drei Teile oder *Phalangen* gegliedert

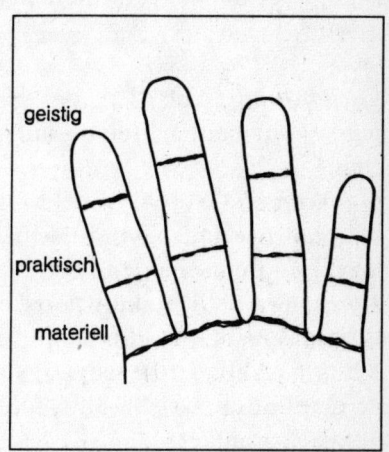

Abb. 4.6: Die drei Glieder oder Phalangen der Finger. Geistig, praktisch, materiell.

(Abb. 4.6). Das Nagel- oder Endglied, die erste oder oberste Phalanx, entspricht geistigen Zusammenhängen, das mittlere, die zweite oder mittlere Phalanx, praktischen Zusammenhängen, und das Wurzel- oder Grundglied, die dritte oder unterste Phalanx, materiellen Zusammenhängen.

Wenn das Nagelglied von den dreien das längste ist, heißt das, die Aufmerksamkeit des betreffenden Menschen ist größtenteils von geistigen Aktivitäten in Anspruch genommen. Ein langes Mittelglied zeigt an, daß der Grundzug – den die Bedeutung des jeweiligen Fingers festlegt – aktives Handeln lautet. Ein langes, dickes Wurzelglied spiegelt entsprechend seiner Zuordnung zu materiellen Zusammenhängen einen Menschen wider, dessen Leben vorwiegend vom Materiellen und Triebhaften bestimmt wird. Es sei daran erinnert, daß die relative Länge der Phalangen von Finger zu Finger verschieden ausfallen kann.

Bevor nun die Finger im einzelnen abgehandelt werden, hier noch einmal eine Aufstellung der Grundcharakterzüge, über die die verschiedenen Fingertypen Aufschluß geben:

Spatelförmig (Abb. 4.7): energisch, aktiv, realistisch, impulsiv, mit beiden Beinen auf dem Erdboden, selbstsicher.

Quadratisch (Abb.4.8): liebt Ordnung und Regelmäßigkeit, hat Ausdauer, Voraussicht und geht strukturiert, rational und entschieden vor.

Konisch (Abb.4.9): künstlerisch, empfänglich für äußere Reize, sensibel, rastlos, impulsiv, triebhaft.

Sensitiv (Abb. 4.10): reagiert stark auf äußere Einflüsse, ist empfindsam, verträumt, folgt seiner Intuition und ist medial veranlagt.

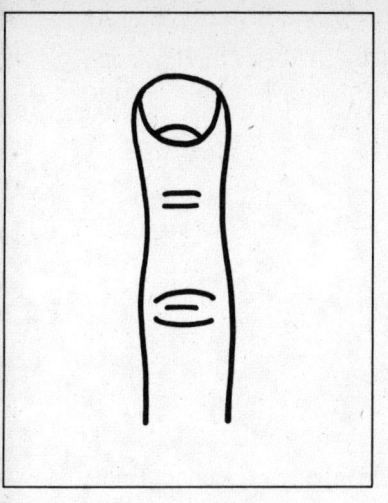

Abb. 4.7: Spatelförmiger Finger.

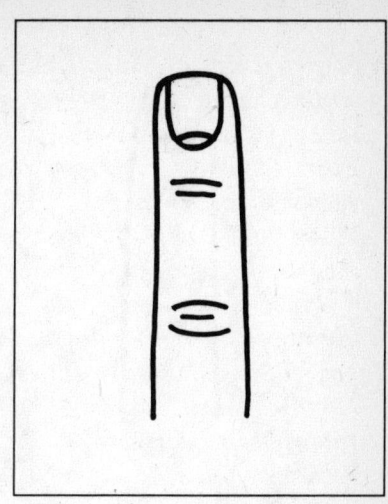

Abb. 4.8: Quadratischer Finger.

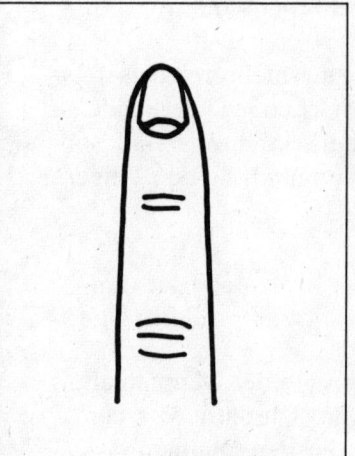

Abb. 4.9: Konischer Finger.

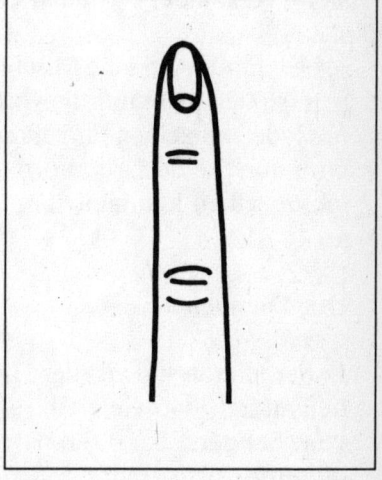

Abb. 4.10: Sensitiver Finger.

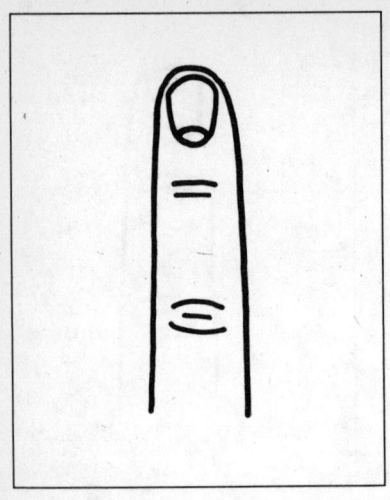

Abb. 4.11: Runder Finger.

Rund (Abb. 4.11): anpassungsfähig, in allem wohlabgerundet, ausgewogen, sowohl aktiv als auch rezeptiv, sowohl Verstandes- als auch Gefühlsmensch.

Viele Hände sind eine Mischung aus mehreren dieser Typen, so daß nicht nur die vorherrschenden Merkmale eines jeden einzelnen Fingers zu berücksichtigen sind, sondern auch seine Grundform. Womit wir zu den Fingern im einzelnen kommen.

Der Daumen

In der Handlesekunst der Hindus gilt der Daumen als so bedeutend, daß viele Chirologen sich darauf beschränken, bei der Charakteranalyse nur den Daumen zu studieren.

Der Daumen entspricht der Ich-Stärke der betreffenden

Person sowie ihrem Energievorrat beziehungsweise ihrer Lebenskraft. Da er im täglichen Leben die verschiedensten Aufgaben bewältigen hilft, symbolisiert er auch die Fähigkeit eines jeden, seine Energien und Kräfte in der Welt unter Beweis zu stellen.

Die Größe des Daumens zeigt den grundlegenden Energiepegel des betreffenden Menschen an. Normalerweise reicht das Nagelglied des Daumens bis zur untersten Phalanx des Zeige- oder Jupiterfingers. Ein langer Daumen (Abb. 4.12) – er steht oft für »Tüchtigkeit« – deutet auf überschäumende Energien in Verbindung mit einer eindrucksvollen Persönlichkeit hin. Leuten wie Voltaire, Newton und Leibniz wird nachgesagt, sie hätten lange Daumen gehabt, und sie waren jedenfalls starke Persönlichkeiten.

Menschen mit kurzem Daumen (Abb. 4.13) sind häufig

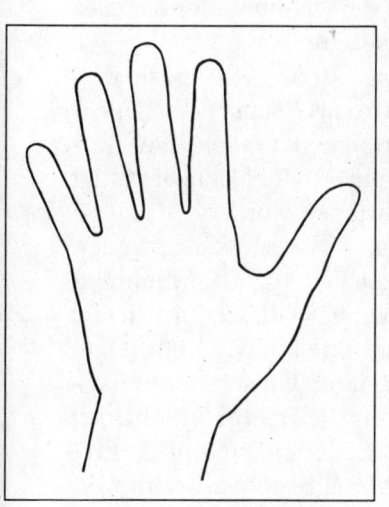
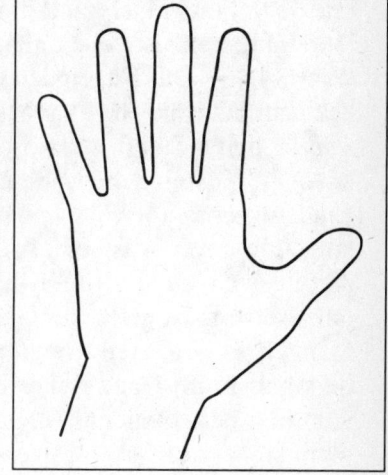

Abb. 4.12: Langer Daumen.   *Abb. 4.13:* Kurzer Daumen.

willensschwach und nicht gerade charakterstark. Oft fehlt es ihnen an Selbstsicherheit, Ungestüm und der Fähigkeit, ein Projekt oder Unternehmen fertig auszuführen.

Ehe jedoch festgelegt wird, ob ein Daumen lang oder kurz ist, muß seine Lage an der Hand in Augenschein genommen werden. Ein *tief ansetzender Daumen* kann quasi im rechten Winkel zum Zeigefinger stehen, wie in Abbildung 4.14 zu sehen. Er läßt auf einen Menschen schließen, der anpassungsfähig und unabhängig ist und der Risiken auf sich nimmt. In dem Maße, wie der Daumen höher an der Hand sitzt (Abb. 4.15), neigt der betreffende Mensch dazu, seine Energien zurückzuhalten. Dann hat er Angst, sich gehenzulassen und sich dem Strom des Lebens anzuvertrauen. Umgangssprachlich würde man einen solchen Menschen »zugeknöpft« nennen, es sei denn, andere Faktoren der Hand sorgen für Abweichungen, wie es etwa eine Trennung der Lebens- und Kopflinie gleich zu Anfang täte.

Der Daumen ist ebenfalls in drei Teile gegliedert (Abb. 4.16). Das Nagelglied wird als *Phalanx des Willens* bezeichnet, während das Mittelglied *Phalanx des Verstandes* heißt. Der dritte Abschnitt ist der Venusberg, der zuvor bereits eingehend beschrieben wurde.

Eine ausgeprägte Willensphalanx – sie ist wohlgerundet, lang und breit – ist ein Anzeichen für Bestimmtheit, »Stehvermögen« und die Fähigkeit, Gedanken in die Tat umzusetzen. Wenn dieses Glied eine konische Form hat, mangelt es dem Betreffenden unter Umständen an Widerstandskraft. Dann sinken ihm alle Energien, sobald er vor einer bedeutenden Aufgabe oder einem ernsten Problem steht, das fortgesetzte Aufmerksamkeit erfordert. Ist die Phalanx hingegen, von der Seite aus betrachtet, dünn oder flach (Abb. 4.17), besteht bei der Person die

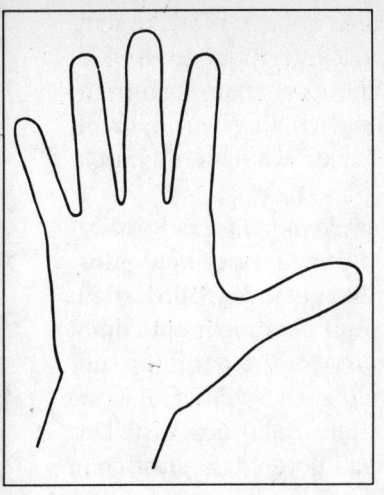

Abb. 4.14: Tief angesetzter Daumen.

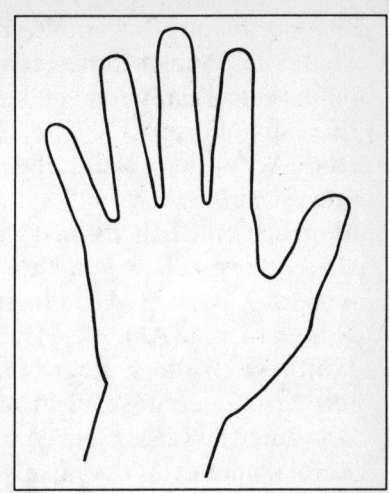

Abb. 4.15: Hoch angesetzter Daumen.

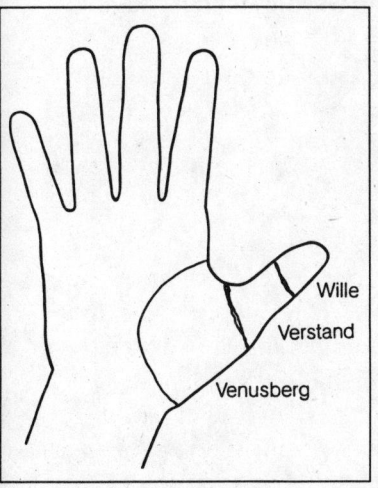

Abb. 4.16: Die drei Glieder oder Phalangen des Daumens.

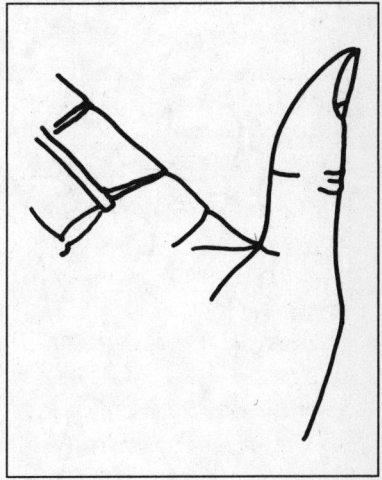

Abb. 4.17: Flache Daumenspitze.

Tendenz, voller Spannungen und eher nervös zu sein. Wenn die Daumenspitze eckig ausläuft, kann der Betreffende gut organisieren und seine Vorhaben ausführen. Eine spatelförmige Kuppe kennzeichnet einen dynamischen Menschen voller Lebensfreude. In seinem Umfeld »tut sich etwas«.

Manche Leute haben einen Daumen mit einer deformierten Willensphalanx von knollenartigem oder keulenförmigem Aussehen. Handleser haben ihn »Mörderdaumen« genannt (Abb. 4.18); er zeigt zwar nicht unbedingt Mordlust an, doch steht oft ein Mensch dahinter, der seine Energien in solchem Maße zurückdrängt, daß sie sich durch heftige, jähe Wutanfälle Bahn brechen. Das Zurückhalten von Energien kann überdies zu physischen und psychischen Problemen führen.

Die Verstandesphalanx offenbart, wie stark ausgeprägt die Denkfähigkeit ist. Dieses Daumenglied sollte eigentlich genauso lang und kräftig sein wie die Willensphalanx,

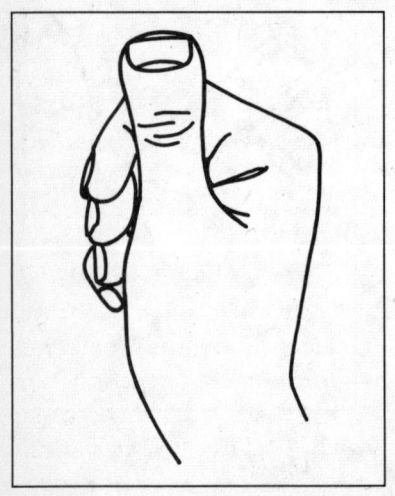

Abb. 4.18: »Mörder«-Daumen.

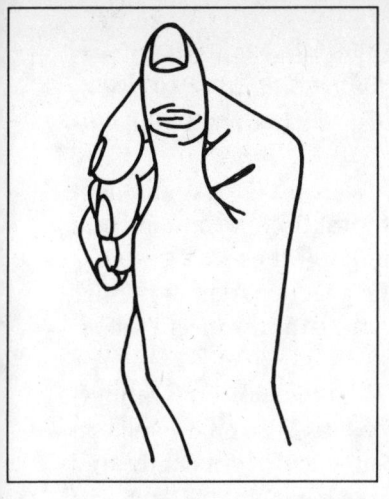

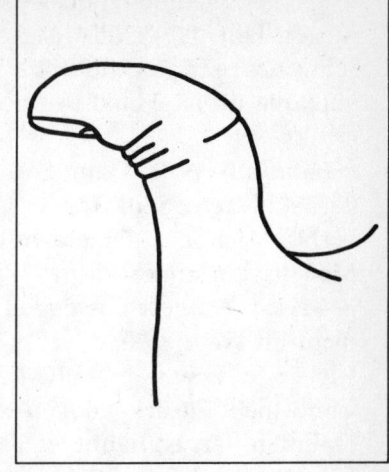

Abb. 4.19: Daumen mit »Taille«.

Abb. 4.20: Sehr biegsamer Daumen.

so daß Denken und Handeln einander die Waage halten. Je nachdem, wie lang und dick diese Phalanx ist, hält das Ego alles Handeln unter strikter Kontrolle, bis hin zu dem Punkt, wo durch die fortgesetzte Einwirkung der Vernunft jedwede Bewegung erstickt wird. Das trifft vor allem dann zu, wenn der Daumenknöchel knotig ist. Hat die Verstandesphalanx eine »Taille« (Abb. 4.19), gehört folgerichtiges Denken nicht zu den Stärken der Persönlichkeit.

Besonders wichtig ist es dem Handleser, die *Flexibilität* des Daumens zu bestimmen. Ein biegsamer Daumen (Abb. 4.20) knickt im Gelenk nach hinten und deutet auf emotionale Wendigkeit und gutes Anpassungsvermögen hin. Bei der betreffenden Person ist Großzügigkeit ein hervorstechender Charakterzug, die allerdings nicht wahllos geübt wird. Hat ein Mensch einen überaus be-

61

weglichen Daumen, der sich 90 Grad oder mehr zurückbiegen läßt, ist er allzu weitherzig und außerdem verschwenderisch in Gelddingen, insbesondere dann, wenn auch die übrige Hand flexibel ist. Er hat nicht viel Willenskraft.

Ein mittelflexibler Daumen läßt sich mit Druck nur leicht zurückbiegen. Sein Träger ist praktisch veranlagt und verläßt sich auf seinen gesunden Menschenverstand. Meist ist ein starker, fester Wille gegeben, der aber einer gewissen Aufgeschlossenheit und Anpassungsfähigkeit nicht im Wege steht.

Ein steifer Daumen (Abb. 4.21) kann auch mit Kraftaufwand nicht zurückgebogen werden. Wer einen solchen Daumen hat, ist häufig eigensinnig, übervorsichtig und hat ungeheure Schwierigkeiten, sich mit neuen Ideen und Situationen anzufreunden. Als Pluspunkt ist bei Leuten

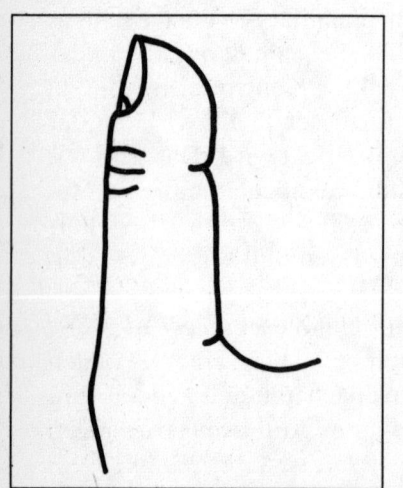

Abb. 4.21: Steifer Daumen.

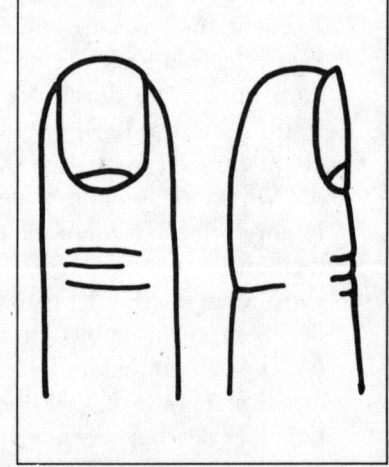

Abb. 4.22: Normaler Fingernagel.

mit steifem Daumen immerhin zu bewerten, daß sie im allgemeinen sehr beständig und höchst verantwortungsbewußt sind. Nahezu immer kann man sich auf sie verlassen. Die Eigenschaften eines steifen Daumens können durch eine flexible Hand modifiziert werden.

Der Jupiterfinger

Wie der zugehörige Berg repräsentiert der Zeige- oder Jupiterfinger Führungsqualitäten, Ehrgeiz und das Bestreben, im Leben erfolgreich zu sein. Idealerweise sollte er genausolang sein wie der Ring- oder Apollofinger und etwas kürzer als der Mittel- oder Saturnfinger.

Wenn der Jupiterfinger länger als der Apollofinger ist, hat der Betreffende ein starkes Ego und ein gesundes Maß an Selbstachtung. Menschen mit langem Jupiterfinger sind geborene Führernaturen, leiten oft ein Unternehmen oder eine Schule oder gehen einer Arbeit nach, die Geschäftssinn und Verwaltungsfähigkeiten erfordert. Andererseits kann ein langer Zeigefinger, besonders wenn er nach innen gekrümmt ist, auch einen Hang zur Eitelkeit, zu Herrsch- und Kontrollsucht aufdecken. In dem Maße, in dem der Jupiterfinger kürzer ist als der Apollofinger, fehlt es dementsprechend auch an Selbstachtung und Selbstsicherheit. Meist unterschätzt der betreffende Mensch seine Begabungen und Kenntnisse, und das um so mehr, wenn Kopf- und Lebenslinie zusammenlaufen.

Je nachdem, wie weit der Jupiter- zum Saturnfinger hinübergebogen ist, werden seine charakteristischen Eigenschaften verzerrt, und dann besteht häufig die Tendenz, daß der Betreffende besitzergreifend, eifersüchtig und habgierig ist. Wenn die Fingerkuppe spitz zuläuft, ist er tief religiös und für Eingebungen empfänglich. Wenn der Jupiterfinger sowohl lang als auch spitz ist, zeichnet sich sein Träger womöglich als Religionsführer oder Guru aus.

Der Saturnfinger

Der Mittelfinger ist nach Saturn benannt und steht für Anstand, Verantwortungsgefühl und kontemplative Neigungen. Er dient als Bindeglied zwischen den unterbewußten Persönlichkeitsaspekten, die durch Apollo und Merkur verkörpert werden, und den sich eher aktiv und bewußt äußernden Eigenschaften von Daumen und Jupiterfinger.

Wenn dieser Finger gerade ist, sind Willen und Gefühl miteinander im Einklang, und es besteht ein ausgewogenes Verhältnis zwischen dem Wunsch, unter Menschen zu sein, und dem Verlangen nach Alleinsein. Ist der Saturnfinger leicht dem Jupiterfinger zugeneigt, handelt es sich im allgemeinen um eine spontane, aus sich herausgehende Persönlichkeit, und in diesem Fall wird stets die Gesellschaft anderer gesucht. Eine sanfte Krümmung auf den Apollofinger zu drückt das Bedürfnis aus, lieber für sich zu bleiben. Eine scharfe Kurve in Richtung Apollofinger ist ein sicheres Zeichen für chronische Depressionen. Wird eine solche Erscheinungsform beobachtet, muß besonders sorgfältig nach bestätigenden oder abschwächenden Zeichen in der übrigen Hand geforscht werden, insbesondere bei der Kopflinie.

Der Apollofinger

Der Ring- oder Apollofinger herrscht wie der zugeordnete Berg über die Kreativität, die Liebe zu Kunst und Musik und die Fähigkeit, sich anderen mitzuteilen. Ein langer, gerader Apollofinger findet sich häufig bei Künstlern, Schauspielern und anderen hauptsächlich in der Öffentlichkeit tätigen Menschen. Viele dieser Leute besitzen darüber hinaus einen Apollofinger mit spatelförmiger Kuppe, wodurch das große Kommunikationsgeschick noch gefördert wird.

Der Merkurfinger

Der kleine oder Merkurfinger ist für Kommunikation und Geschäftstüchtigkeit zuständig. Viele erfolgreiche Schriftsteller, Bankiers und Unternehmer haben einen langen, wohlgeformten Merkurfinger. Im Idealfall reicht dieser Finger bis zum Nagelglied des Apollofingers. Je länger er ist, desto ausgeprägter ist die Fähigkeit des Betreffenden, mit anderen zu kommunizieren, sei es durch Bücherschreiben oder auch durch eine Heirat. Wenn der Merkurfinger kurz ist, fällt es seinem Träger schwer, sich verständlich zu machen, und oft hat er Schwierigkeiten, enge Beziehungen anzuknüpfen und zu unterhalten.
Ein gerader Merkurfinger ist ein Anzeichen für Ehrlichkeit, Offenheit und Vertrauenswürdigkeit. Bei leichter Krümmung auf den Apollofinger zu ist ein gewisses Maß an Scharfsinnigkeit und diplomatischem Geschick gegeben, während eine scharfe Biegung in diese Richtung, die nicht durch eine Arthritis verursacht wurde, auf einen Hang zu Manipulation oder sogar Unehrlichkeit hindeutet. Wenn sich an der Hand auch noch ein stark ge-

krümmter Jupiterfinger befindet, läßt sich der betreffende Mensch durch nichts davon abhalten, das zu erreiche, was ihm vorschwebt.

Der Fingerabstand

Wenn die Finger bei geöffneter Hand eng zusammengehalten werden, dürfte der betreffende Mensch in gewisser Weise verspannt und furchtsam sein, darüber hinaus unselbständig und ohne viel Selbstvertrauen. Je größer der Zwischenraum zwischen den Fingern ist, um so größer sind die Freimütigkeit, der Wagemut und das Unabhängigkeitsstreben. Wenn der Jupiterfinger sich von der Hand abspreizt, sind Führungsqualitäten und Selbstbewußtsein verstärkt vorhanden. Entsprechend der Größe des Zwischenraums zwischen Merkur- und Apollofinger ist der betreffende Mensch ein Freigeist. Sind außerdem noch die Lebens- und Kopflinien deutlich unterschieden, folgt dem unabhängigen Denken die Tat.

Ein paar Worte über die Fingernägel

Die Fingernägel sind zwar vorwiegend in der medizinischen Diagnose von großem Wert, können aber auch bei einer Charakterbeurteilung von Nutzen sein.
Im Idealfall sind die Nägel etwas länger als breit und leicht gekrümmt, statt ganz flach, wie in Abbildung 4.22 zu sehen. Leute mit länglichen Nägeln haben oft künstlerische Ambitionen, denken und analysieren gerne. Schmale Fingernägel weisen auf einen Menschen mit beschränkten, dogmatischen Lebensanschauungen hin, der neuen Ideen und Strömungen meist nicht gerade zugäng-

lich ist. Breite Nägel bedeuten Großzügigkeit. Kurze Nägel, die nicht etwa abgekaut sind, zeigen eine ungeduldige, häufig kritische Persönlichkeit an. Eine genauere Analyse der Fingernägel nebst Illustrationen ist in Kapitel 9 zu finden.

5. Die Handlinien

Die Linien der Hand sind mit den Autobahnen, Schnell-
straßen und Landstraßen auf einer Landkarte vergleichbar. Sie geben Aufschluß über die Hauptbegabungen und
Energien, die einem Menschen zur Verfügung stehen,
über seine Fähigkeit, aus diesen Talenten im Leben etwas
zu machen, und über mögliche Richtungen, in die ihn
diese Begabungen und Kräfte lenken. Im Grunde stellen
die Handlinien eine natürliche Landkarte des Lebenswe-
ges dar, lassen jedoch auch Raum für gelegentliche Um-
wege und Richtungsänderungen, die aus freiem Willen
eingeschlagen werden.
Obwohl die Handanalyse mehr als 5000 Jahre alt ist, wissen die Chirologen bis heute nicht genau, *warum* es diese
Linien gibt. Aber unabhängig davon hat sich im Laufe
der Jahrhunderte dennoch ein verläßliches System herausgebildet, mit dessen Hilfe die körperliche Verfassung,
die geistigen und emotionalen Charakteristika, die Sexualität, die schöpferischen Fähigkeiten und die Haupt-
einflüsse, die im Leben wirksam sind, verstanden werden
können; darüber hinaus verhilft dieses Deutungssystem
zu Erkenntnissen über etwaige Reisen, Beziehungen,
Heilkräfte, mediale Veranlagungen und das Maß, in dem
wichtige Lebensziele verwirklicht werden. Die Handlinien decken nicht nur Vergangenheit und Gegenwart
auf, sie geben auch tiefen Einblick in mögliche Zukunftsereignisse und -tendenzen.
Unklarheit herrscht darüber, *wie* sich die Linien bilden.
Manche meinen, daß die Handlinien »Energieströme«
nachzeichnen, die durch die Finger in die Handflächen
fließen. Auf jeden Fall ist die Ausprägung und Zahl der
Linien weder von den Handbewegungen abhängig noch

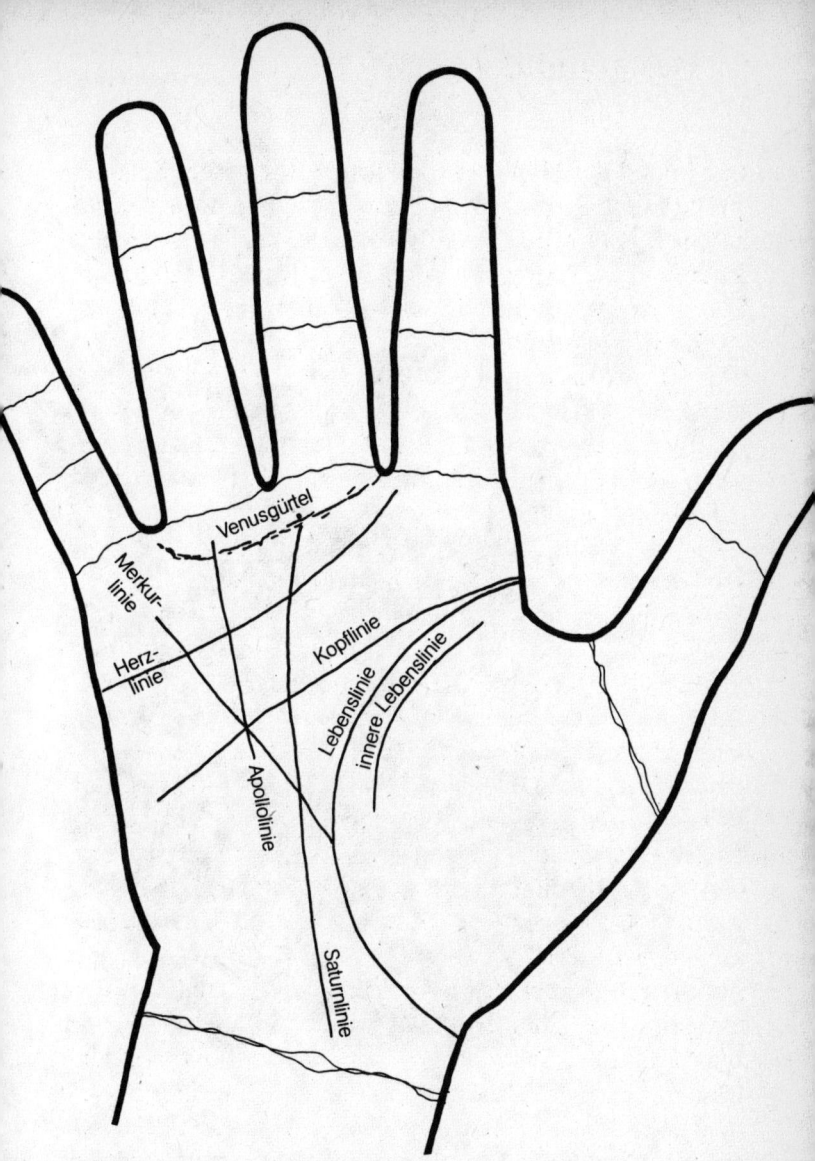

Abb. 5.1: Die Hauptlinien der Hand.

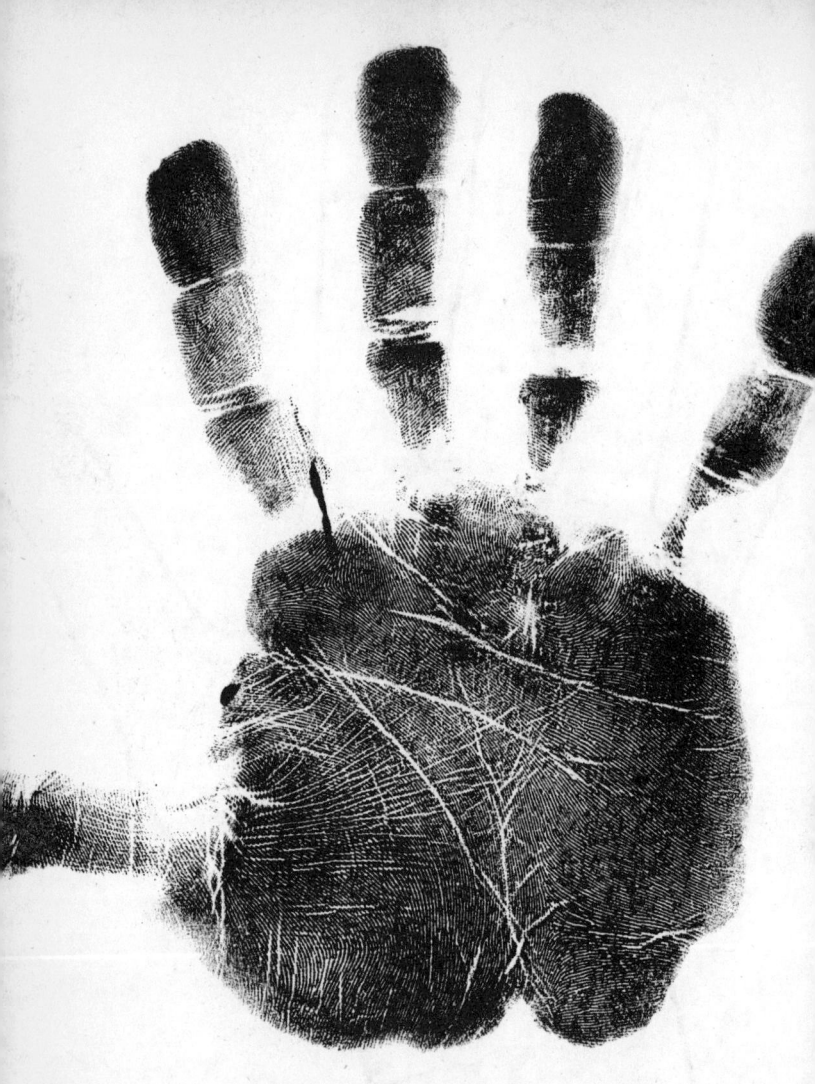

Abb. 5.2 a und b: Die Handabdrücke von T. K., im Abstand von sechs Wochen gemacht. Bemerkenswert ist die Zunahme der Li-

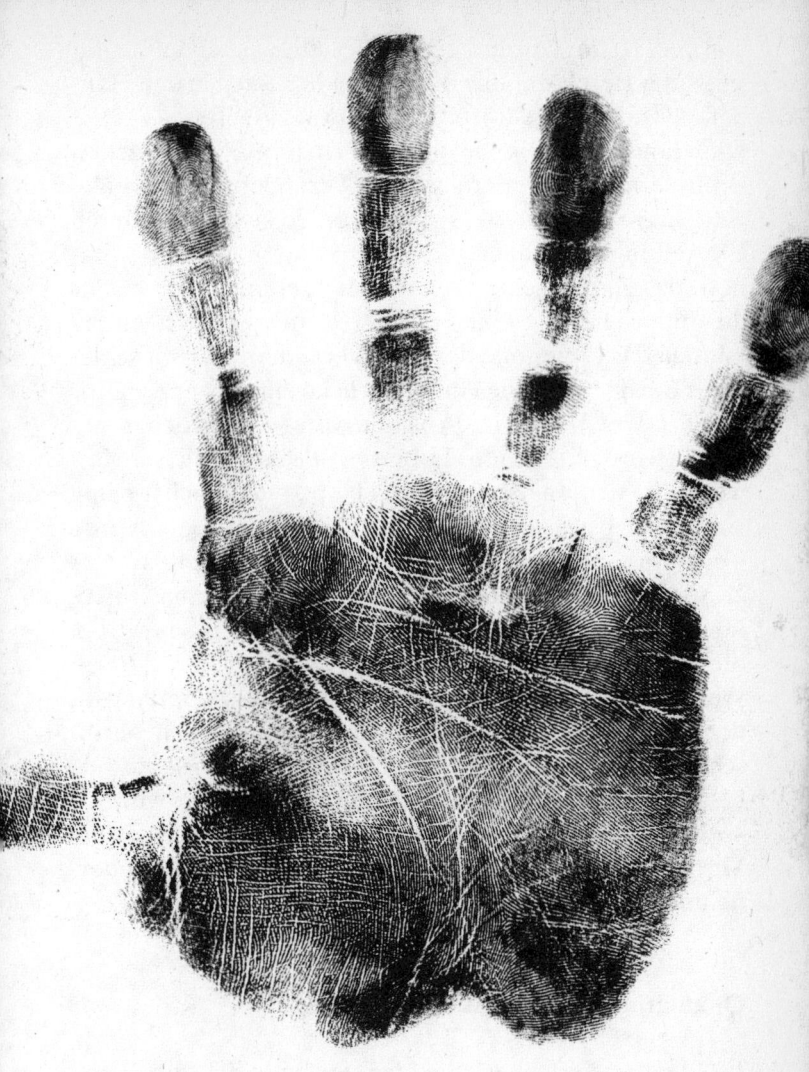

nienzahl und die Verlängerung der Herz-, Schicksals-, Ehe- und Intuitionslinien.

von der Art des Broterwerbs. Allerdings haben Leute mit sitzender Beschäftigung oftmals mehr Linien in den Händen als solche, die körperlich schwer arbeiten.

Die Handlinien können sich innerhalb weniger Wochen verändern, doch werden größere Veränderungen nur alle paar Jahre sichtbar. Ausgelöst werden sie sowohl durch Einstellungs- als auch Verhaltensänderungen. Meditation, das Zurückschrauben des Zigarettenkonsums oder die Intensivierung einer partnerschaftlichen Beziehung können das Linienbild drastisch verändern. Ein einschlägiges Beispiel sind die Handabdrücke eines zwanzigjährigen Studenten, die im Abstand von sechs Wochen gemacht wurden (Abb. 5.2a und b). Während dieser Zeit wechselte der junge Mann sein Hauptstudienfach; er ging von Betriebswirtschaft auf Atemtherapie über, wurde Vegetarier, begann Theosophie und verwandte Fächer zu studieren und erklärte seinem Vater, einem Armeeobersten, er werde nicht, wie vorgesehen, als Reservist in die Armee eintreten.

Wer seine Möglichkeiten voll und ganz ausschöpfen will, dem können die sich ständig wandelnden Linien zu unschätzbaren, aufregenden objektiven Erkenntnissen verhelfen. Die Linien der Hand zeigen, daß jeder wirklich »sein Schicksal selbst in der Hand hat« und persönlich die Verantwortung für sein Leben und dessen Verlauf übernehmen kann.

Qualität und Quantität der Linien

Im Idealfall sind die Linien klar, zeichnen sich gut ab und haben eine ähnliche Farbe wie die Haut. Sie sollten in Tiefe und Breite gleichmäßig sein. Eine besonders tief eingegrabene Linie deutet auf überschüssige Energien

hin, während eine breite, flache Linie eine gewisse Kraftlosigkeit und Konzentrationsschwäche anzeigt. Allgemein gesagt ist der Einfluß um so stärker, je kräftiger die
Linie ist.

Auch die Anzahl der Linien in der Hand ist wichtig. Ein
dichtes Liniennetz wie in Abbildung 5.3 ist ein Anzeichen
für Hypersensibilität und Nervosität. Es kann aber auch
bedeuten, daß dem betreffenden Menschen vielerlei
Möglichkeiten offenstehen, seine Talente zum Ausdruck
zu bringen. Wenige Handlinien wie in Abbildung 5.4 lassen auf geringe Sensibilität und nur wenige Grundmög-
lichkeiten zur Selbstverwirklichung im Leben schließen.

Bevor nun jede Linie im einzelnen behandelt wird, sind
noch ein paar wesentliche Punkte zu klären.

Zweige oder Brüche in einer Linie (Abb. 5.5) schwächen
ihre Kraft und Zielrichtung. In manchen Fällen zeigt ein
Bruch eine Veränderung oder eine neue Lebensphase an,
so daß er nicht unbedingt negativ zu werten ist.

Einflußlinien (Abb. 5.6) sind feine Linien, die die Hauptlinien kreuzen oder parallel zu ihnen verlaufen. Sie werden gegen Ende dieses Kapitels eingehender erläutert.

Inseln (Abb. 5.7) bilden sich, wenn die Abzweigung einer Linie sich später wieder mit dieser vereinigt. Sie be-
einträchtigen die Kraft einer Linie und sind ein Hinweis
auf mangelnde Zielgerichtetheit und auf Energieverlu-
ste.

Eine *Kette* (Abb. 5.8) setzt sich aus mehreren Inseln zusammen und kündet eine längere Periode voller Schwankungen und Energieaufsplitterungen an. Die Linie als
solche wird dadurch natürlich in ihrer Wirkung abge-
schwächt.

Eine *Gabel* (Abb. 5.9) erscheint am Ende einer Linie
dort, wo dieselbe sich teilt. Je nach ihrer Lage kann sie
entweder eine Zerstreuung der grundlegenden Energien

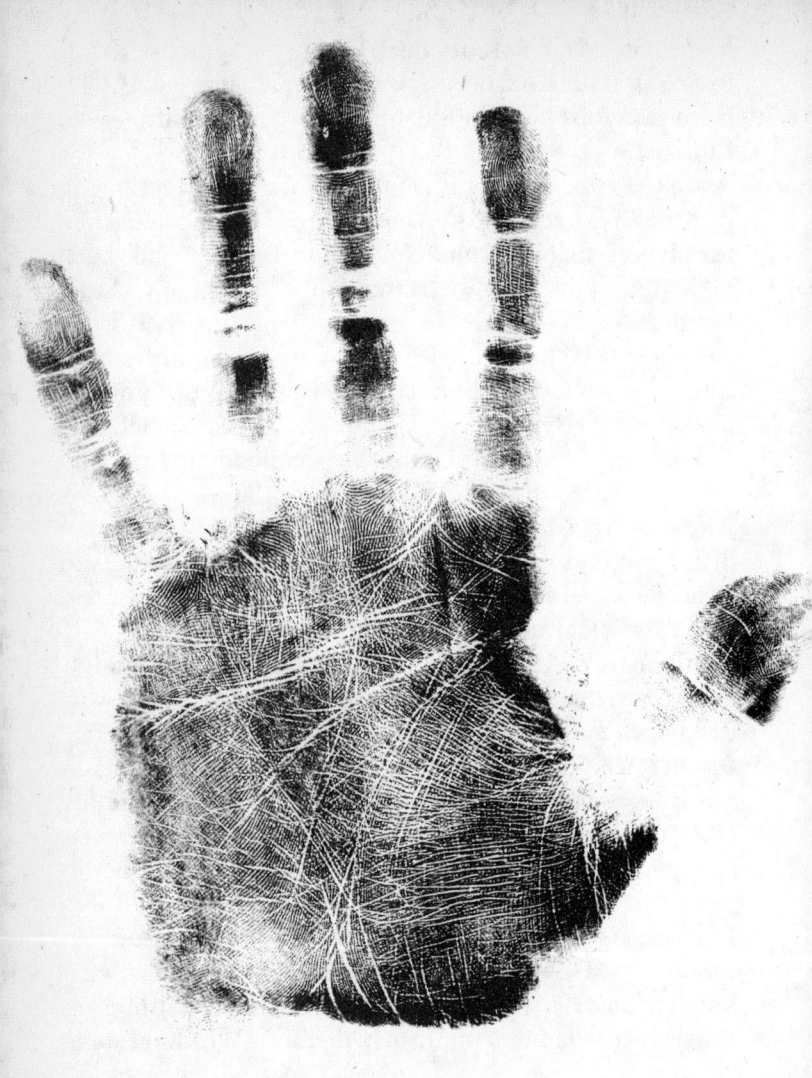

Abb. 5.3: Hand mit sehr vielen Linien.

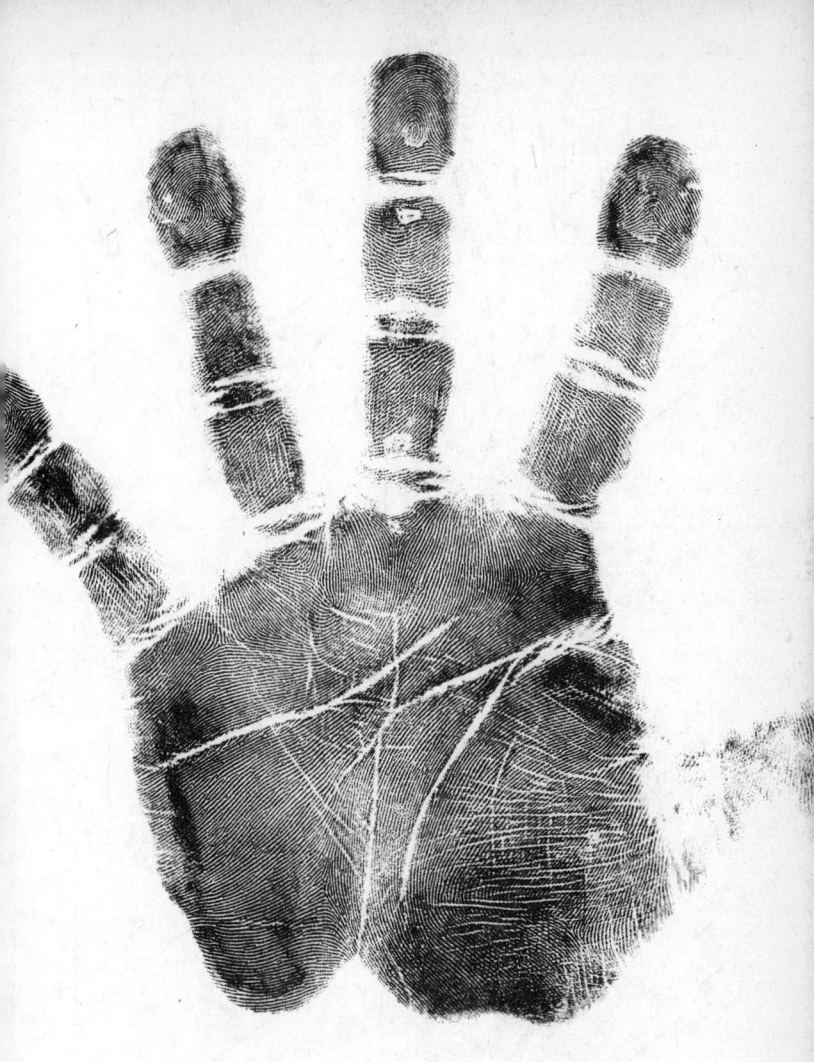

Abb. 5.4: Hand mit nur wenigen Linien.

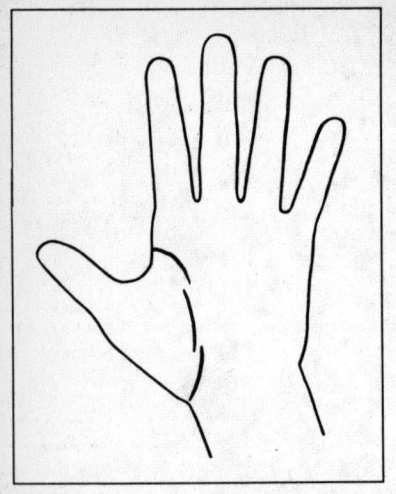

Abb. 5.5: Splisse oder Brüche in einer Linie.

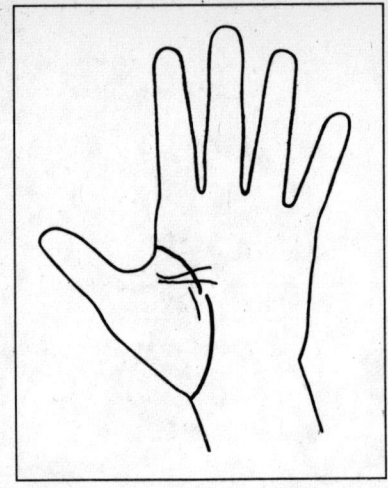

Abb. 5.6: Einflußlinien.

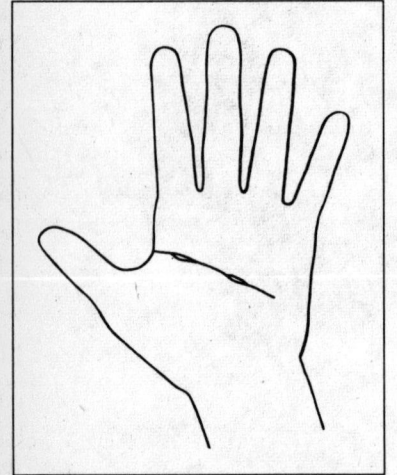

Abb. 5.7: Inseln.

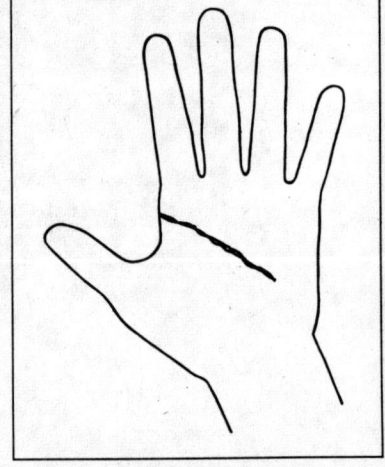

Abb. 5.8: Kettenförmige Linie.

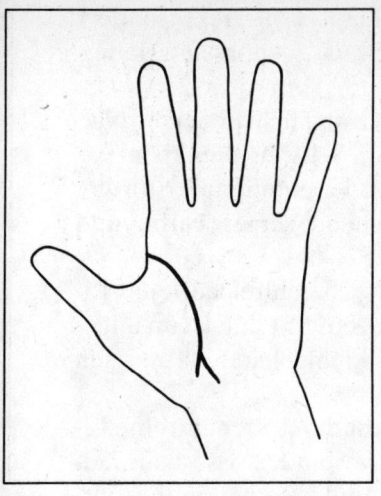

Abb. 5.9: Gegabelte Linie.

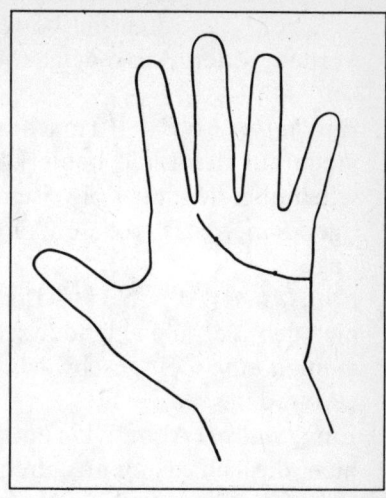

Abb. 5.10: Linie mit Punkten.

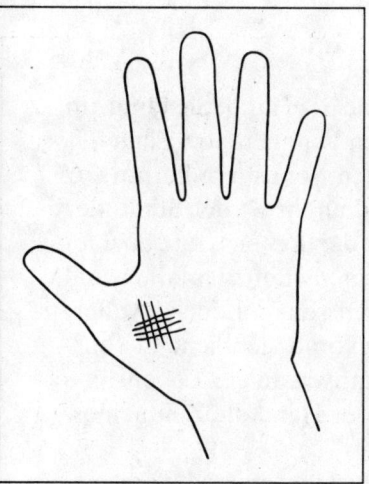

Abb. 5.11: Linien, die ein Raster bilden.

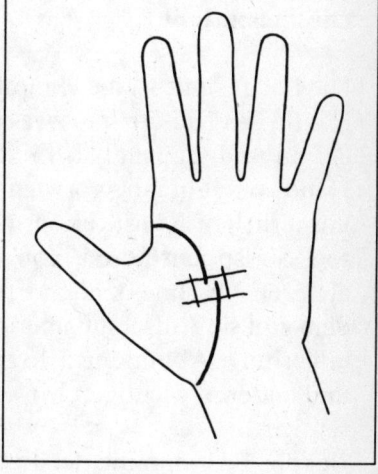

Abb. 5.12: Linien, die ein Quadrat bilden.

anzeigen, die durch die betreffende Linie repräsentiert werden, oder Ausgewogenheit und Anpassungsfähigkeit.

Ein *Punkt* (Abb. 5.10) macht sich als leicht andersfarbige Stelle auf der Linie bemerkbar. Tritt ein Punkt in Erscheinung, liegt eine physische oder emotionale Störung irgendeiner Art vor, entsprechend seiner Farbe und Lage.

Ein *Raster* (Abb. 5.11) wird durch zahlreiche feine Linien gebildet, die einander kreuzen. Mit ihm ist im allgemeinen eine Zeit geschwächter, fehlgeleiteter Energien verbunden.

Ein *Quadrat* (Abb. 5.12) entsteht durch vier einzelne Linien, die sich zu einem Viereck verbinden. Es ist ein Zeichen für Schutz und Fortdauer und hebt häufig die Wirkung einer gebrochenen Linie auf.

Die Lebenslinie

Die Lebenslinie ist die Hauptlinie der Hand. Sie fängt am Rande des Handtellers zwischen Daumen und Zeigefinger an und schwingt sich um den Venusberg herum zur Handwurzel hinab. Vorwiegend an ihr ist der Stand der körperlichen Konstitution und der Lebenskraft abzulesen. Sie spricht beredt von Krankheiten, Unfällen und anderen einschneidenden Ereignissen im Leben. Außerdem gibt sie Aufschluß über die voraussichtliche Lebenserwartung. Abbildung 5.13 zeigt, wie an der Lebenslinie und anderen wichtigen Linien der Hand die Zeit gemessen wird.

Bei der Bestimmung der Lebensdauer müssen verschiedene Faktoren berücksichtigt werden. Wenn die Lebenslinie auf beiden Händen gleich lang ist, gibt das Ende der

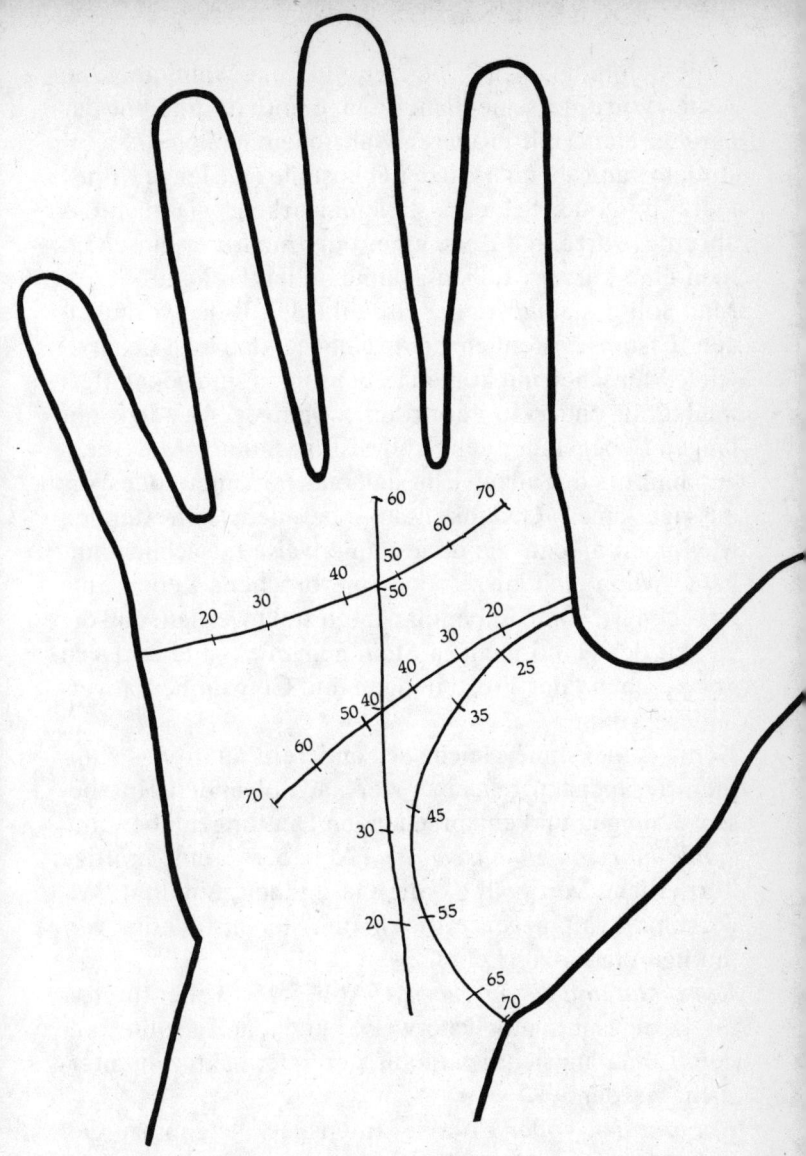

Abb. 5.13: Das Zeitmessen an den Hauptlinien der Hand.

Linie den möglichen Todeszeitpunkt an. Wenn aber die Linien von unterschiedlicher Länge sind, ist die Linie der aktiven Hand mit größerer Wahrscheinlichkeit korrekt. Zudem kann auf eine kurze Lebenslinie eine lange Kopf-, Herz- und/oder Schicksalslinie einwirken, wie auch das abrupte, vorzeitige Ende einer oder mehrerer dieser Linien eine kürzere Lebensspanne andeuten kann.

Man sollte *niemals* den Zeitpunkt des Todes voraussagen. Erstens besteht eine gute Chance, daß man sich irrt. Viele Menschen mit kurzen Lebenslinien sind bekanntermaßen alt und grau geworden, wohingegen andere mit langen Lebenslinien sehr früh gestorben sind. Außerdem geschieht es nur allzuleicht, daß man mit einer Todesvoraussage eine »Gedankensaat« bei dem betreffenden Menschen anlegt, die dann fatalerweise tatsächlich aufgeht. Wenn eine kurze oder unterbrochene Lebenslinie zu sehen ist, sollte unbedingt klargestellt werden, daß die Linien der Hand nicht in Stein gemeißelt sind und sich entsprechend der Einstellungen und Gewohnheiten verändern können.

Keine Lebenslinie gleicht der anderen; allerdings stimmen die meisten mit einer der nachfolgenden Kurzbeschreibungen und entsprechenden Deutungen überein:

Lang, klar und gut ausgeprägt (Abb. 5.14): eine kräftige körperliche Verfassung, gute Gesundheit, Vitalität, Widerstandskraft gegen Krankheiten, lebenstüchtig, vermutlich ein langes Leben.

Kurz, klar und gut ausgeprägt (Abb. 5.15): voller Intensität, kerngesund, möglicherweise kurzlebig. Es sollten andere Linien hinsichtlich modifizierender Faktoren untersucht werden.

Rot und tief: voller Energie, Intensität, Neigung zu Gewalttätigkeit. Andere Handmerkmale sind auf mögliche abwandelnde Einflüsse hin mit ins Auge zu fassen.

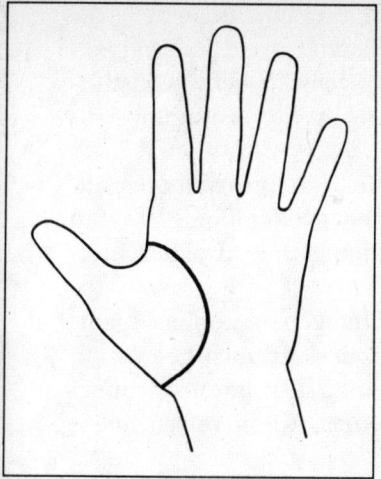

Abb. 5.14: Lange, klare, gut ausgeprägte Lebenslinie.

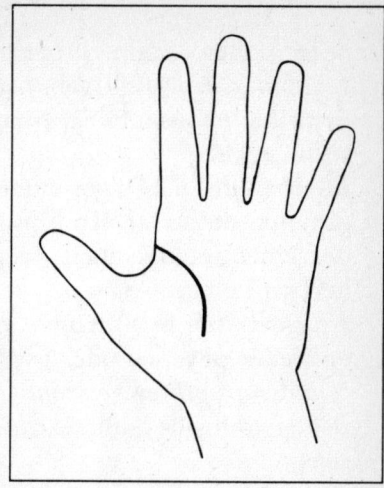

Abb. 5.15: Kurze, klare, gut ausgeprägte Lebenslinie.

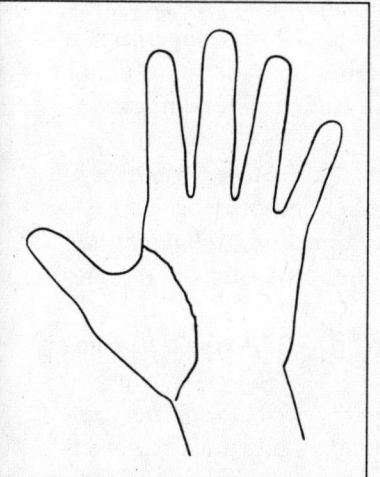

Abb. 5.16: Lange, schwach ausgebildete Lebenslinie.

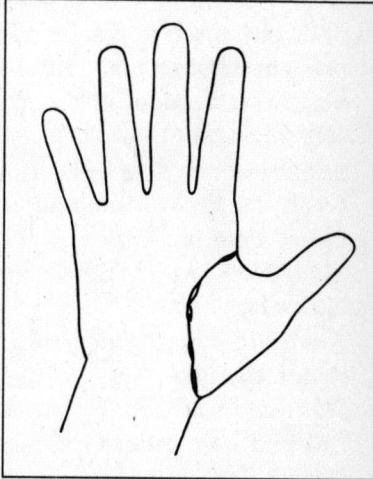

Abb. 5.17: Lebenslinie mit Inseln.

Breit, nicht gut ausgeprägt: Die Persönlichkeit ist leicht durch äußere Reize zu beeinflussen.

Lang und schwach (Abb. 5.16): schwächliche Konstitution, krankheitsanfällig, Neigung zu Nervosität und Unschlüssigkeit.

Inseln (Abb. 5.17): gesundheitliche Schwächen oder allgemeine physische Kraftlosigkeit. Widerstände, Zeiten der Unentschlossenheit oder mangelnde Zielgerichtetheit im Leben.

Brüche (Abb. 5.18): Unterbrechungen im Lebensablauf, entweder physisch oder psychisch oder auch beides.

Von der Kopflinie getrennt (Abb. 5.19): impulsiv, ungeduldig, selbstbewußt, extravertiert. Kann rücksichtslos sein.

Läuft mit der Kopflinie zusammen (Abb. 5.20): umsichtig, vorsichtig, braucht lange, um Entscheidungen zu fällen. Der Punkt, wo sich die beiden Linien trennen, gibt das Alter an, in dem sich der Betreffende physisch und/oder psychisch von seiner Familie löst. Im allgemeinen braucht er um so länger, sich zu entscheiden und unabhängig zu werden, je länger die Linien miteinander verschmolzen sind.

Macht einen weiten Bogen um den Venusberg (Abb. 5.21): Warmherzig, sinnlich, emotional.

Führt dicht am Daumen vorbei und durchschneidet den Venusberg (Abb. 5.22): gehemmt, kalt, zeigt keine Reaktionen.

Läuft auf den Mondberg zu (Abb. 5.23): von Natur aus voller Unruhe.

Abzweig von der Lebenslinie auf den Jupiterberg zu (Abb. 5.24): voller Optimismus, Ehrgeiz und Durchsetzungswillen.

Die Lebenslinie wird im 9. Kapitel *Hand und Gesundheit* noch eingehender behandelt.

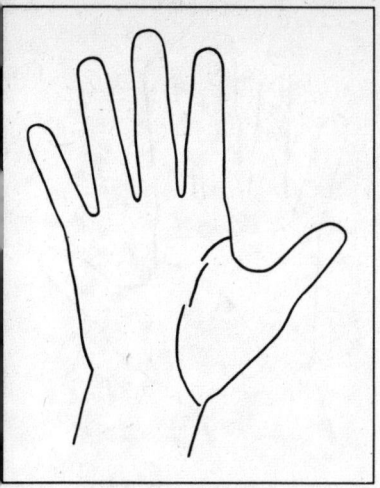

Abb. 5.18: Lebenslinie mit Brüchen.

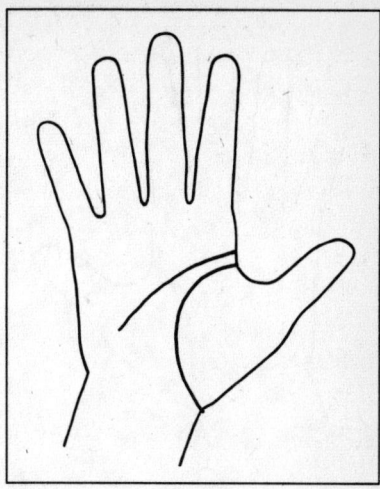

Abb. 5.19: Lebenslinie, die getrennt von der Kopflinie verläuft.

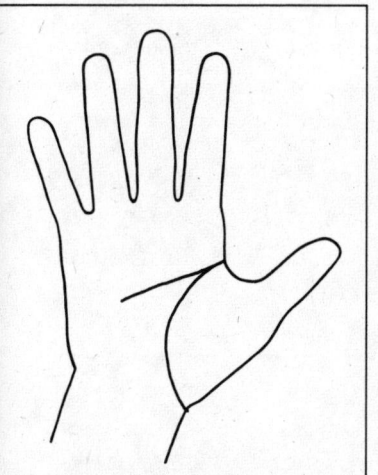

Abb. 5.20: Lebenslinie, die mit der Kopflinie verbunden ist.

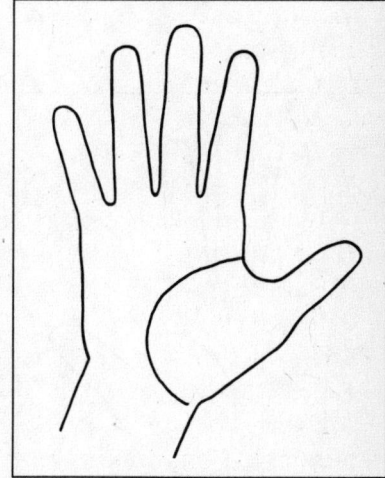

Abb. 5.21: Lebenslinie, die einen weiten Bogen um den Venusberg beschreibt.

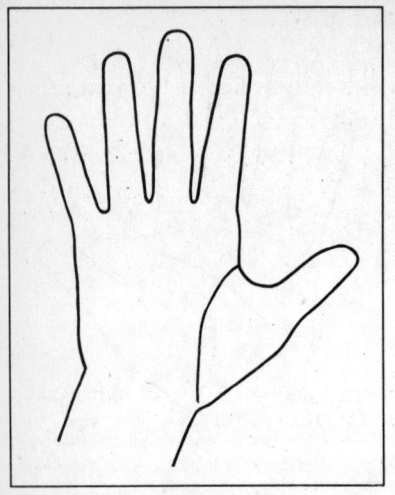

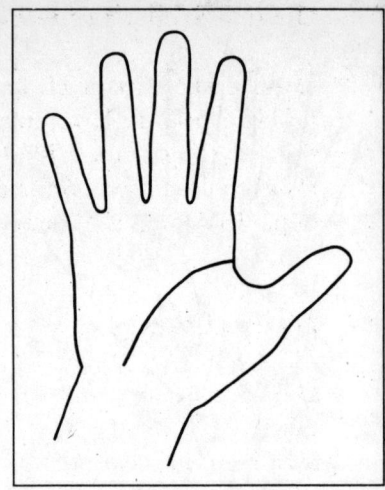

Abb. 5.22: Lebenslinie, die dicht am Daumen entlang läuft und in den Venusberg einschneidet.

Abb. 5.23: Lebenslinie, die auf den Mondberg zuläuft.

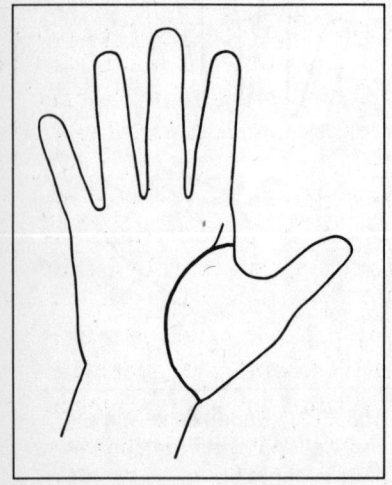

Abb. 5.24: Abzweig der Lebenslinie, der aufwärts zum Jupiterberg läuft.

Die innere oder zweite Lebenslinie

Diese Linie wird auch als »Schwesterlinie« bezeichnet und verstärkt die Kraft- und Schutzwirkung der Lebenslinie. Sie steigert die Vitalität und wirkt, sowohl physisch als auch psychisch, unterstützend bei Unfällen, Gesundheitsproblemen und anderen Schwierigkeiten.

Die Herzlinie

Die oberste Querlinie, die *Herzlinie,* ist das Gefühlsbarometer des Lebens. Vom Handrand unterhalb des Merkurfingers ausgehend, führt sie horizontal über die Handfläche; sie offenbart die Art der Gefühle, den Grad der Sensibilität, der Liebe und Zuneigung, deren ein Mensch fähig ist.

Diese Linie kann auch wichtige Aufschlüsse geben über die physische Kondition des Herzens und über Stärke und Art der sexuellen Begierden.

Eine »ideale« Herzlinie (Abb. 5.25) ist glatt, angenehm gefärbt und weist verhältnismäßig wenig Inseln und Brüche auf. Sie beschreibt einen sanften Bogen nach oben und endet zwischen dem Saturn- und dem Jupiterfinger, wodurch das Gleichgewicht zwischen Verstand und Gefühl versinnbildlicht wird. Am Ende sollte sie zwei bis drei kleine Zweige haben, was auf eine gewisse Ausgewogenheit von Gefühl, praktischer Vernunft und physischer Leidenschaftlichkeit schließen ließe.

Eine gerade Herzlinie (Abb. 5.26) kennzeichnet den eher vergeistigten Typ des/der Liebenden. Für den betreffenden Menschen sind Phantasien, Vorstellungen und Romantik wesentliche Aspekte seiner Sexualität, die sich vorwiegend passiv äußert. Wenn sich die Linie nach

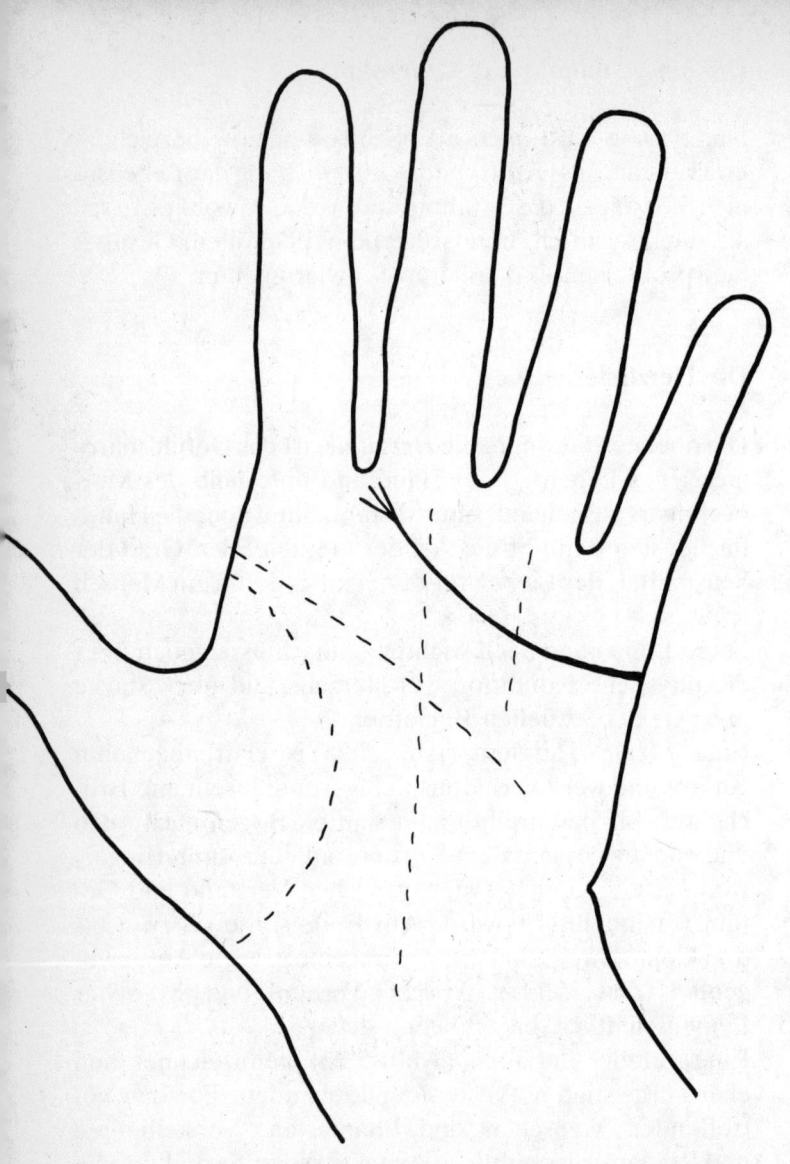

Abb. 5.25: Die »ideale« Herzlinie.

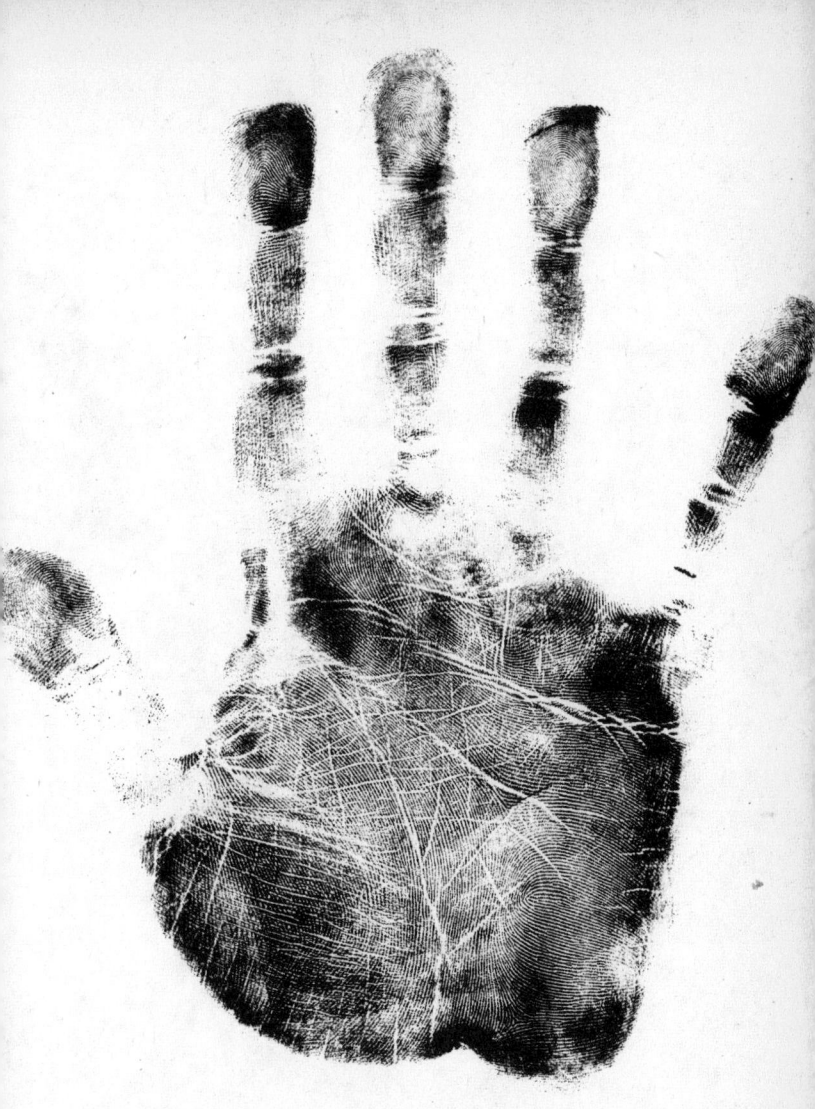

Abb. 5.26: Eine gerade Herzlinie mit Kette.

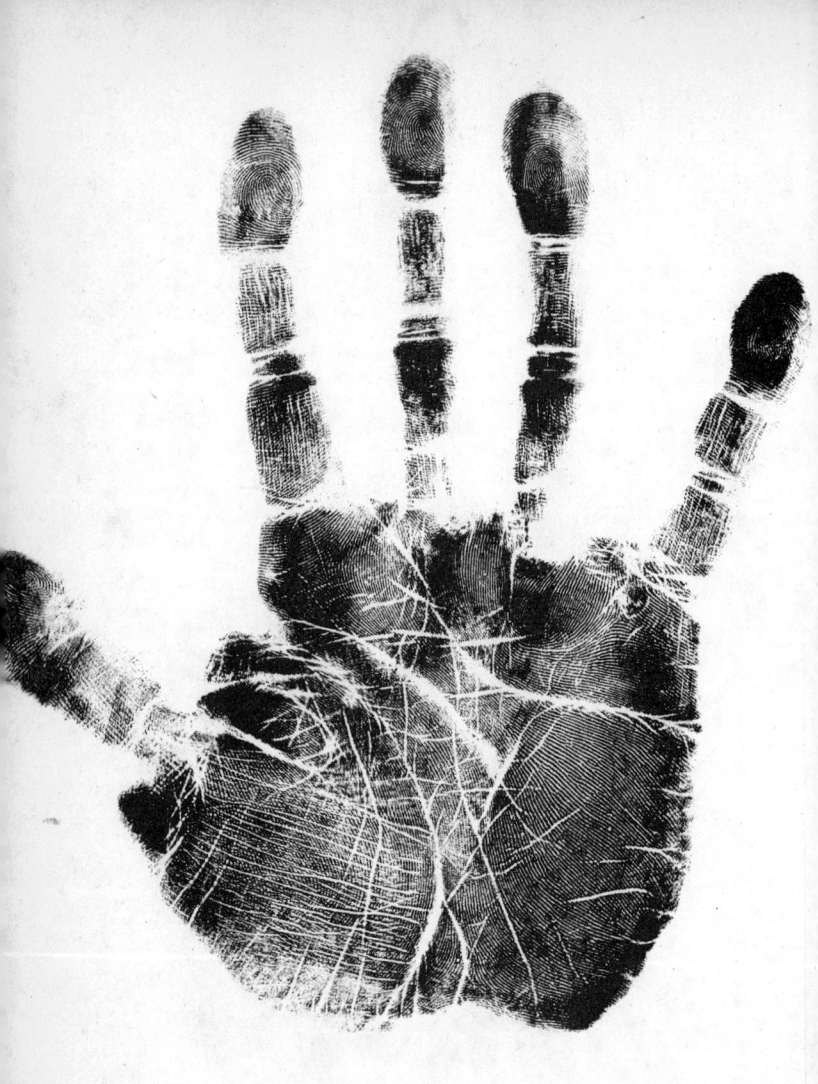

Abb. 5.27: Aufwärts gekrümmte Herzlinie.

oben schwingt (Abb. 5.27), herrscht eine eher physische, triebhafte Sexualität vor.

Hauptmerkmale der Herzlinie sind unter anderem die folgenden:

Endet unter dem Saturnfinger (Abb. 5.28): eine überwiegend körperlich orientierte Sexualität; Liebesbeziehungen werden mehr vom Kopf als vom Herzen bestimmt; unter Umständen keine emotionale Bindung; starke sexuelle Triebe.

Endet zwischen Saturn- und Jupiterfinger (Abb. 5.29): Verstand und Gefühl befinden sich im Gleichgewicht; warmherzig, großzügig, sympathisch.

Endet unter dem Jupiterfinger (Abb. 5.30): idealistisch; läßt sich mehr vom Herzen als vom Kopf leiten; sexuell eher geistig und gefühlsmäßig ausgerichtet; ein vorwiegend romantischer, poetischer Typ des/der Liebenden.

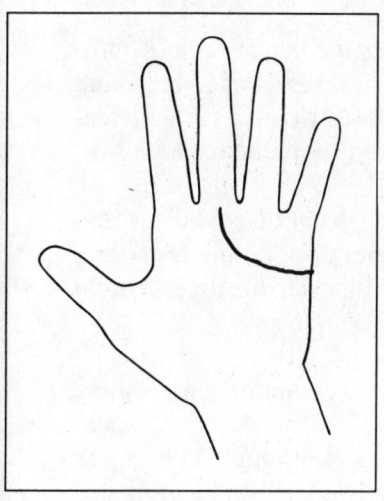 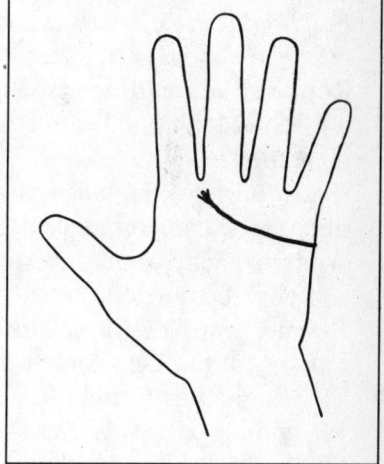

Abb. 5.28: Herzlinie, die unter dem Saturnfinger endet.

Abb. 5.29: Herzlinie, die zwischen Saturn- und Jupiterfinger endet.

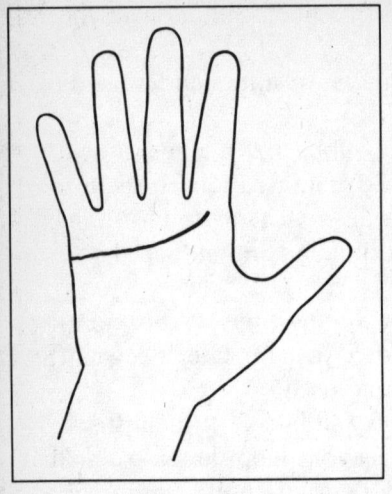

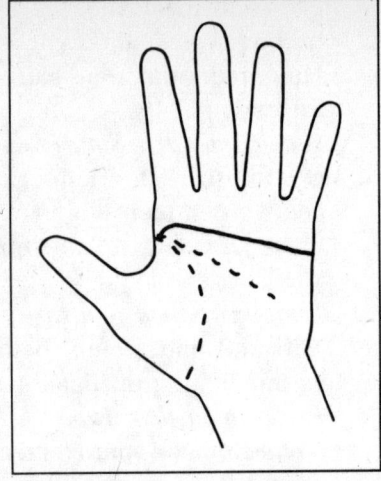

Abb. 5.30: Herzlinie, die unter dem Jupiterfinger endet.

Abb. 5.31: Herzlinie, die zur Kopf- und Lebenslinie abfällt.

Beschreibt eine Abwärtskurve auf die Lebens- und Kopflinie zu (Abb. 5.31): schwere Konflikte zwischen Herz und Kopf; starke Emotionen; dem Betreffenden fällt es leichter, die »Menschheit« zu lieben als einen einzelnen Mitmenschen.

Kettenförmige Herzlinie (Abb. 5.26): hohes Maß an Sensibilität; schnell verletzt und beeindruckt durch andere. Wunsch nach Intimkontakten bei gleichzeitiger Furcht vor Verpflichtungen. Neigt zu Wahllosigkeit.

Zweige: empfängliche Natur.

Punkte: unter Umständen Herzerkrankungen. Nähere Einzelheiten in Kapitel 9.

Verbindung zwischen Herz- und Kopflinie (Abb. 5.32): Bei zwischenmenschlichen Beziehungen sind Gefühl und Verstand ausgewogen.

Weiter Abstand zwischen Herz- und Kopflinie

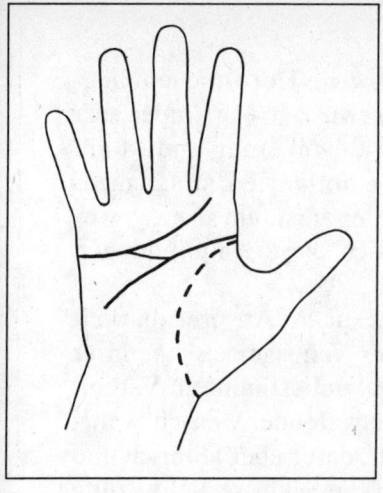

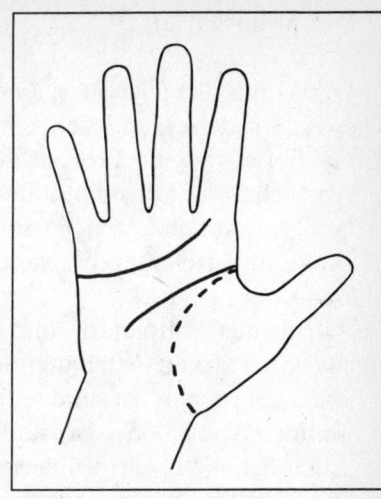

Abb. 5.32: Linie, die Herz- und Kopflinie miteinander verbindet.

Abb. 5.33: Weiter Abstand zwischen Herz- und Kopflinie.

(Abb. 5.33): freizügige, unkonventionelle Denkweise. Impulsiv und ungeduldig, insbesondere bei getrenntem Verlauf von Lebens- und Kopflinie.

Wenig Abstand zwischen Herz- und Kopflinie (Abb. 5.34): Neigung zu Engstirnigkeit und Verschlossenheit. Repressive Persönlichkeit.

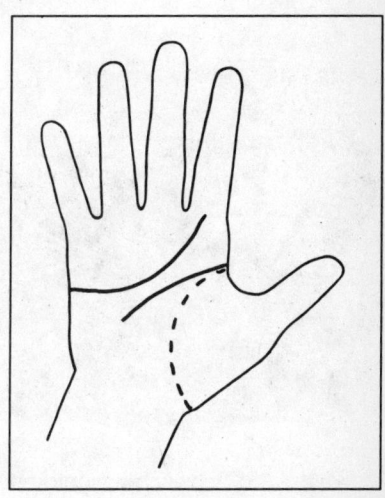

Abb. 5.34: Geringer Abstand zwischen Herz- und Kopflinie.

Der Venusgürtel

Der Venusgürtel ist quasi eine zweite Herzlinie und liegt zwischen dieser und den Fingerwurzeln. Er findet sich nur bei etwa zehn Prozent der Bevölkerung und ist ein Anzeichen für Sensibilität und emotionale Empfänglichkeit. Je deutlicher und bestimmter er ist, um so ausgewogener und richtiger brechen sich diese Empfindungen Bahn.

Altruismus, Mitgefühl und sexuelle Ansprechbarkeit sind die starken Attribute eines Venusgürtels. Wenn er aber gebrochen ist und einen unbestimmten Verlauf nimmt (Abb. 5.35), ist der betreffende Mensch wahrscheinlich nicht sehr wählerisch, dafür aber launisch und zügellos. Bevor man jedoch solche Schlüsse zieht, sollte man erst einmal die ganze Hand untersuchen.

Abb. 5.35: Schwach ausgeformter Venusgürtel mit Brüchen.

Die Kopflinie

Die untere Horizontal- oder *Kopflinie* beginnt an der Lebenslinie und läuft dann quer über die Hand. Sie gibt Aufschluß über die Intelligenz, die geistigen Fähigkeiten und die psychische Verfassung. Die Kopflinie läßt darüber hinaus Zeiten emotionaler Schwierigkeiten und geistig-seelischer Erkrankungen sowie etwaige Unfälle oder gesundheitliche Beschwerden erkennen, die den Kopf betreffen.

Eine »gute« Kopflinie ist lang, klar abgezeichnet und frei von Inseln, Punkten und Brüchen. Sie beschreibt einen sanften Bogen abwärts und endet in einer kleinen Gabel, die auf eine gewisse Ausgewogenheit zwischen Realismus und Imagination hinweist.

Die Hauptmerkmale der Kopflinie sind folgende:

Lang (Abb. 5.36): intelligent, geistig und emotional flexibel, breitgefächerte intellektuelle Interessen.

Kurz (nicht weiter als bis zum Saturnfinger reichend) (Abb. 5.37): gedankliche Aktivitäten bleiben vorwiegend auf alltägliche Angelegenheiten beschränkt.

Kräftig (Abb. 5.38): gute Geistesgaben, klare Lebensziele. Konzentrationsvermögen.

Schwach (Abb. 5.39): intellektuell zerstreut. Emotionale Schwierigkeiten, schlechte Konzentrationsfähigkeit.

Voller Inseln (Abb. 5.40): Dem betreffenden Menschen fällt es schwer, sich zu konzentrieren; Sorgen, psychische Störungen.

Wellenförmig (Abb. 5.41): Unschlüssigkeit.

Führt geradlinig durch den Handteller (Abb. 5.42): praktisch, realistisch, analytische Fähigkeiten.

Beschreibt einen ganz leichten Bogen auf den Mondberg zu (Abb. 5.43): viel Phantasie, kreativer Verstand.

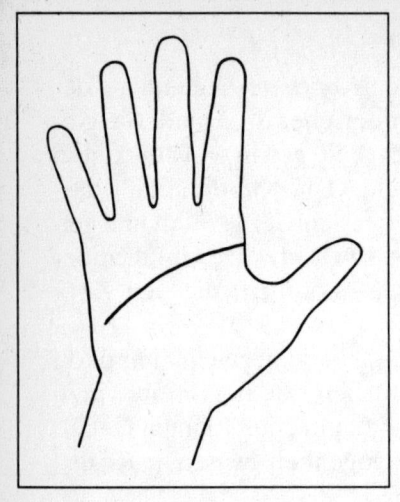

Abb. 5.36: Lange Kopflinie.

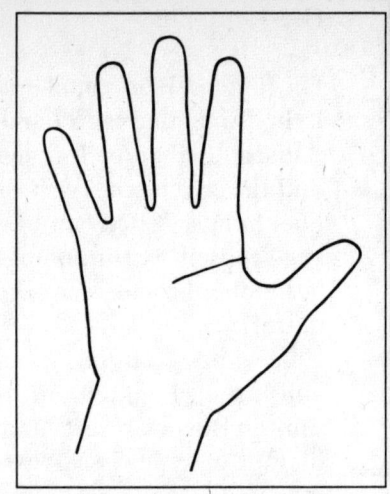

Abb. 5.37: Kurze Kopflinie.

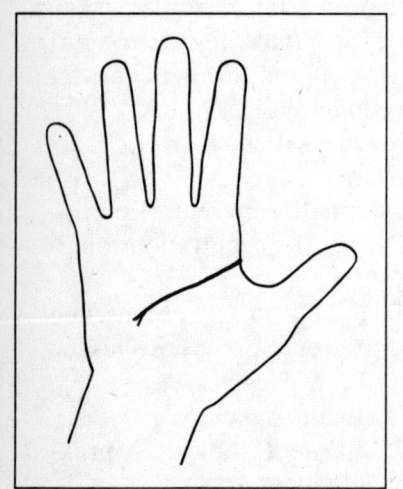

Abb. 5.38: Kräftige Kopflinie.

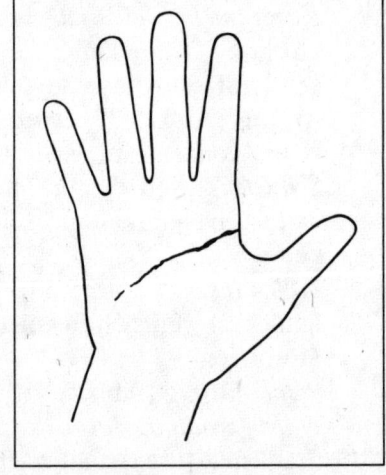

Abb. 5.39: Schwache Kopflinie.

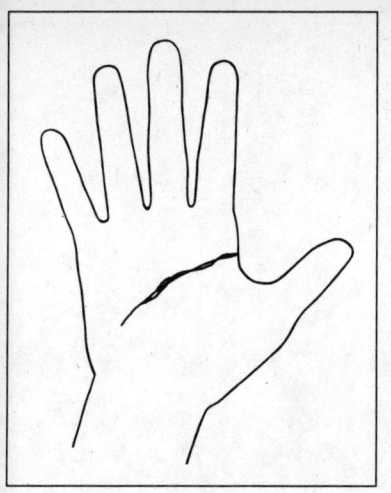 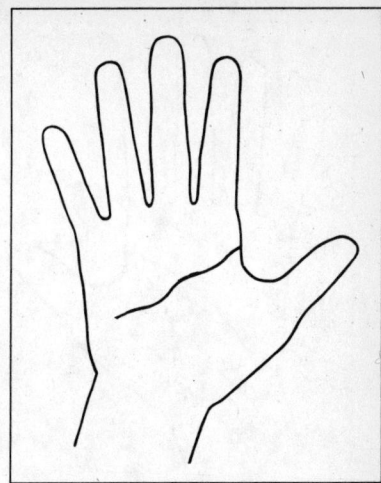

Abb. 5.40: Kopflinie mit Inseln. *Abb. 5.41:* Wellige Kopflinie.

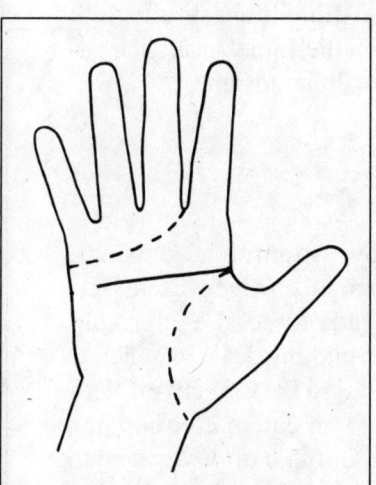 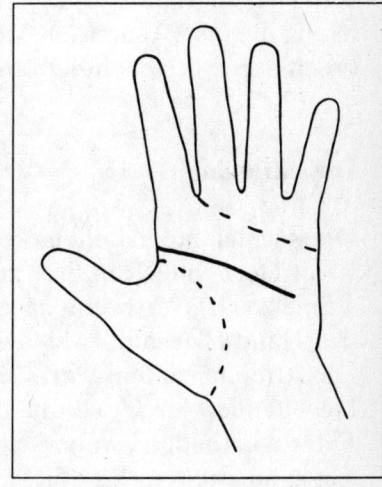

Abb. 5.42: Gerade durch den Handteller laufende Kopflinie. *Abb. 5.43:* Sanft zum Mondberg abfallende Kopflinie.

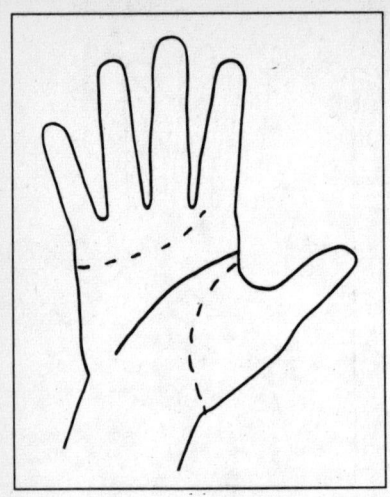

Abb. 5.44: Stark zum Mondberg abfallende Kopflinie.

Stark auf den Mondberg zugebogen (Abb. 5.44): ausgesprochen starke schöpferische Einbildungskraft; lebt häufig in einer Traumwelt. Wenn die Linie zusätzlich gebrochen ist, bestehen Selbstmordphantasien.

Die Affenlinie

Die sogenannte Affenlinie oder Affenfurche entsteht, wenn Herz- und Kopflinie zu einer einzigen Linie verschmelzen. Sie erscheint als gerade Linie, die quer über den Handteller läuft, wie in Abbildung 5.45 zu sehen. Die Affenlinie intensiviert Geist und Persönlichkeit. Der betreffende Mensch fällt häufig von einem emotionalen Extrem ins andere, wobei seine Gefühle oft wider seinen Verstand streiten. Wer diese Linie besitzt, ist meist äußerst zweckgerichtet und steht eine Sache bis zu Ende durch. Wenn die Berge und Finger auf eine derbe Persön-

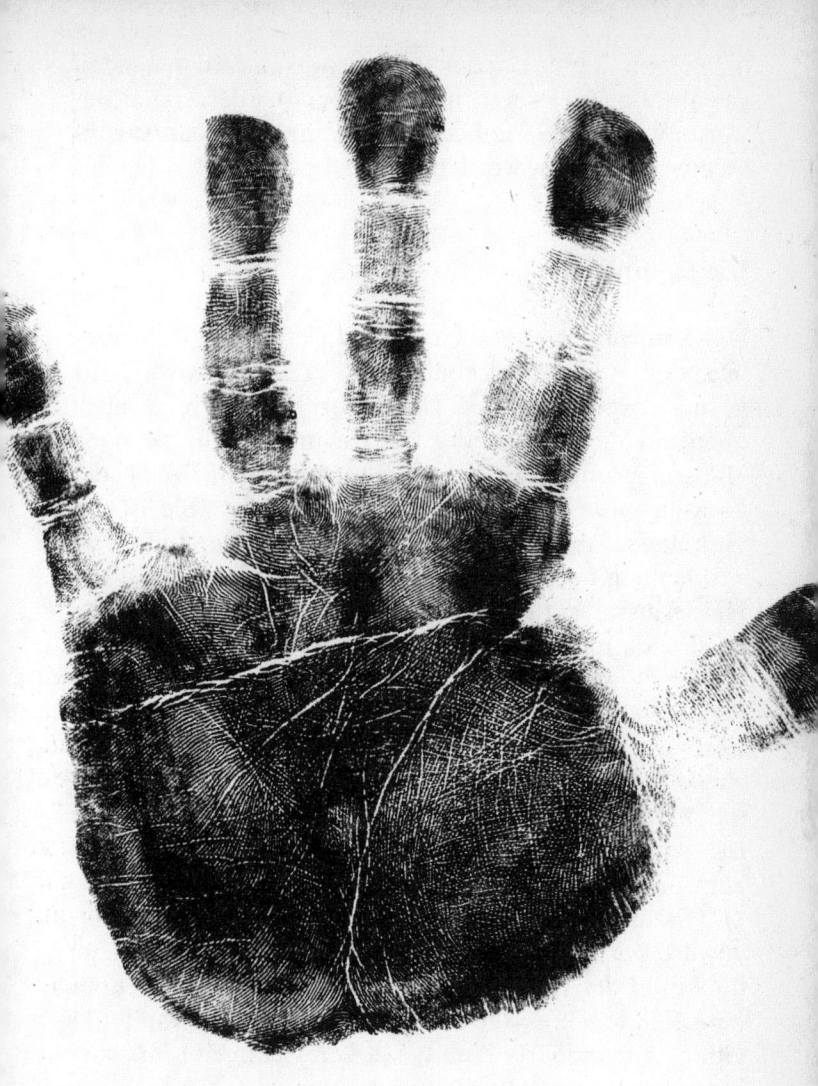

Abb. 5.45: Die Affenlinie.

lichkeit hindeuten, ist der Betreffende unter Umständen gewalttätig und unberechenbar. Vor einer derartigen Bewertung sollte aber unbedingt die ganze Hand in Augenschein genommen werden.

Die Saturnlinie

Die Saturnlinie, die auch als Schicksalslinie, Karrierelinie oder Linie der Lebensziele bezeichnet wird, führt normalerweise von der Handwurzel geradewegs nach oben auf den Saturnberg zu. Richtiger heißt sie noch »Leistungslinie«, weil sie zeigt, in welchem Maße ein Mensch seine Lebensziele verwirklicht hat. Sie ist ein Gradmesser des persönlichen Erfolgs und der Selbstverwirklichung und gibt darüber hinaus Auskunft über die Hindernisse, Veränderungen und Einschränkungen, die das Leben mit sich bringt.

Es sei daran erinnert, daß die Aussagen dieser Linie überaus subjektiv sind. Ein Bankpräsident, der seinen Beruf satt hat, kann durchaus eine schwache oder gebrochene Saturnlinie haben, während der Mann, der die Geschäftsräume reinigt und mit seiner Tätigkeit zufrieden ist, womöglich eine kräftige, klare Linie vorweisen kann.

Die Saturnlinie sollte deutlich, tief und frei von Inseln, abwärts gerichteten Abzweigungen und Punkten sein. Je höher auf der Hand sie anfängt, um so später findet der betreffende Mensch zu seiner Lebensaufgabe. Kapitel 11 gibt eine detaillierte Analyse dieser wichtigen Linie wieder.

Die Apollolinie

Diese vertikale Linie, die landläufig meist als Sonnenlinie bezeichnet wird, liegt, sofern sie überhaupt in Erscheinung tritt, unter dem Apolloberg. Der amerikanische Chirologe William G. Benham hat sie die »Linie der Befähigung« genannt, und dementsprechend deutet sie große Möglichkeiten an, im Leben voranzukommen. Sie kündet von Ehren, Erfolg, Geld und schöpferischen Glanzleistungen, insbesondere auf dem Gebiet der Kunst und Musik. Viele bekannte Künstler, Musiker, Schauspieler und Schriftsteller haben eine stark ausgeprägte Apollolinie. Sie findet sich aber auch bei Leuten, die einfach nur tiefes Interesse an Musik, Kunst und den schönen Dingen des Lebens haben.

Die Merkurlinie

Die Merkurlinie wird auch Gesundheits- oder Bauchlinie genannt und gibt den Grad der Ausgewogenheit zwischen dem physischen Organismus und seinem nervlichen Zustand an.

Am besten wäre es, wenn diese Linie gar nicht in Erscheinung träte; wenn sie aber da ist, läuft sie vom unteren Ende der Lebenslinie auf den Merkurfinger zu. Sofern sie tief ist und keine Brüche aufweist (Abb. 5.46), zeigt sie eine kräftige körperliche Konstitution und gute Verdauung an. Ist die Linie gebrochen (Abb. 5.47), liegen Magen-Darm-Probleme vor, die auf Nervosität, unterdrückte Gefühle oder auch konkretere Ursachen wie falsche Ernährung oder Darmparasiten zurückzuführen sind. Bei Frauen können gynäkologische Störungen angezeigt sein.

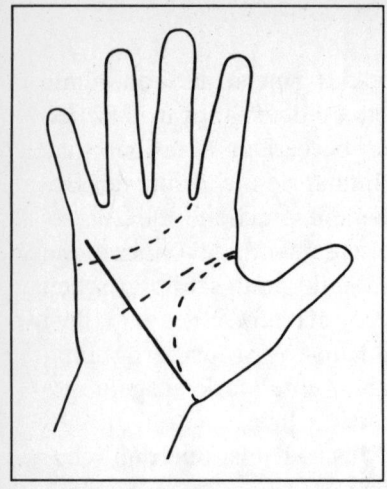
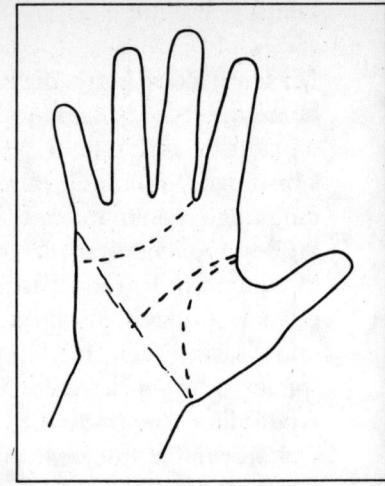

Abb. 5.46: Tief eingeschnittene Merkurlinie ohne Brüche.

Abb. 5.47: Brüche in der Merkurlinie.

Reiselinien

Reiselinien sind feine horizontale Linien am äußeren Rand der Handfläche, die – je nach Reisezeitpunkt im Verhältnis zum Alter des betreffenden Menschen – nach oben am Mond- und Marsberg entlang zur Herzlinie hin laufen. Jede einzelne Linie repräsentiert eine wichtige Reise, wichtig in bezug auf die Entfernung, die Reisedauer oder auch die generellen Auswirkungen für den jeweiligen Reisenden. Für einen Diplomaten, der ohnehin ständig in alle Weltgegenden reist, wäre ein monatelanger Aufenthalt im Fernen Osten wahrscheinlich weniger bedeutend als für einen Bauern oder Invaliden eine 300-Kilometer-Reise, die sicher als gravierendes Reiseerlebnis auf den Händen dieser Menschen zu erkennen wäre. Je wichtiger die Reise ist, um so länger und tiefer ist die Linie.

Manche Menschen haben eine Linie, die auf den ersten Blick wie eine Reiselinie aussieht, jedoch nur über den Mondberg läuft und sehr tief eingegraben und lang ist. Über ihre Bedeutung herrscht unter den Chirologen Unstimmigkeit, doch kommt sie allem Anschein nach vorwiegend bei Leuten vor, die außerordentlich abenteuerlustig und risikofreudig sind, sei es in physischer, psychischer oder beiderlei Hinsicht.

Linien der Verbundenheit

Diese feinen horizontalen Linien liegen auf dem Merkurberg und laufen von der äußeren Handkante zur Handinnenfläche. Sie werden oft »Ehelinien« genannt und kennzeichnen wesentliche zwischenmenschliche Beziehungen, die einen tiefen Eindruck hinterlassen. Die Beziehungen müssen nicht unbedingt ehelicher Art sein. Sie können einem Mann oder einer Frau gelten und sowohl sexueller Natur als auch rein platonisch sein. Je kräftiger die Linie ist, um so stärker ist die mögliche Verbindung.

Um das Alter zu bestimmen, in dem die Verbindung entsteht, muß von der Herzlinie an aufwärts gemessen werden. Die Mitte zwischen der Herzlinie und der Wurzel des Merkurfingers müßte etwa 35 Lebensjahre bezeichnen. Trotzdem sollte man bei der Bestimmung des genauen Alters auf seine Intuition vertrauen.

Kinderlinien

Die Lage der sogenannten »Kinderlinien« hat immer wieder zu Kontroversen unter den Chiromanten geführt. Nach meiner Erfahrung erscheinen sie als überaus feine horizontale Linien unterhalb der Linie der Verbundenheit. Wie andere Merkmale der Hand auch, stellen sie lediglich Anhaltspunkte des *Möglichen* dar.

In Weltgegenden wie etwa Lateinamerika, wo Geburtenkontrolle und Abtreibung noch ziemlich unbekannt sind, läßt sich die Zahl der Kinder relativ genau an den Händen ablesen. Sechs winzige Linien unter der Linie der Verbundenheit bedeuten im allgemeinen auch sechs Kinder. Aber in Europa, Nordamerika und anderen industrialisierten Gegenden ist es erheblich schwieriger, die mutmaßliche Kinderzahl vorauszusagen. Fehlgeburten und Abtreibungen zeichnen sich ebenso als mögliche Kinder ab wie durch die künstliche Empfängnisverhütung verhinderte Geburten. Im allgemeinen lassen sich Kinderlinien mit größerer Präzision an den Händen von Frauen auswerten; sie kommen jedoch auch in Männerhänden vor.

Die Uranuslinie

Die Uranuslinie oder *Intuitionssichel* fängt auf dem Mondberg an und beschreibt dann einen sanften Bogen auf den Merkurberg zu, wobei sie manchmal parallel zur Merkur- oder Bauchlinie verläuft.

Diese Linie kommt selten vor; sie deutet auf eine stark ausgeprägte Intuition und große mediale Fähigkeiten hin. Bei Hellsehern, Medien und Heilern ist sie häufig zu finden. Meist jedoch tritt sie nur unvollständig auf als kurze Linie, die vom Mondberg aufwärts in die Mitte des Handtellers führt. Sie ist ein Anzeichen für die intuitive Wahrnehmung.

Die Neptunlinie

Die Neptunlinie, auch *Via Lasciva* genannt, ist ebenfalls verhältnismäßig selten. Sie zweigt von der Lebenslinie ab, läuft auf den großen Marsberg oder den Mondberg zu und ist oftmals schwach und brüchig. Tritt diese Linie in Erscheinung, ist meist eine starke Ansprechbarkeit auf Drogen, Alkohol, Tabak und andere Gifte vorhanden.

Venusraszetten

Die Raszetten oder Armbänder sind horizontale Linien am Handgelenk. Jede kräftige, ungebrochene Linie soll 30 Lebensjahre bei guter Gesundheit ankündigen. Schwach ausgeprägte, aufgesplitterte, kettenbildende Raszetten hingegen zeigen eine schwächliche körperliche Verfassung an und werden bei Frauen mit gynäkologischen Problemen in Verbindung gebracht. Zur Bestätigung sind auf jeden Fall noch andere Aspekte der Hand zu konsultieren.

Einflußlinien

Linien, die parallel zu den vertikalen Linien wie etwa der Lebens-, Saturn- oder Sonnenlinie verlaufen, verstärken deren Wirkung. In vielen Fällen stellen sie die Unversehrtheit einer gebrochenen Linie oder des Abschnitts einer Linie wieder her, wo sich Inseln oder eine Kette gebildet haben.

Einflußlinien gehen gleichfalls vom Venusberg aus und führen dann horizontal über die Hand, wie in Abbildung 5.48 zu sehen. Im allgemeinen sind sie ein Hinweis auf Hemmnisse, Traumata und Zeiten der Prüfung. Sie bedeuten nicht unbedingt etwas Übles, sondern spiegeln oft Ereignisse wider, die weise machen und Lebenserfahrungen bringen.

Wenn sich auf dem Schnittpunkt mit einer Linie (meist der Lebens- und/oder Kopflinie) ein roter Punkt abzeichnet, kann dadurch eine schwere Erkrankung oder ein Unfall angezeigt sein. Das gilt auch für den Fall, daß dem Kreuzungspunkt eine Insel oder ein Bruch folgt. Aber es sollten stets noch andere Linien auf bestätigende oder modifizierende Faktoren hin untersucht werden.

Hiermit dürfte der Leser gute Grundkenntnisse für die Handanalyse besitzen. Im folgenden werden die tieferen psychologischen Aspekte der Chirologie detailliert behandelt. Daraus kann jeder lernen, inwieweit die Hände dabei helfen können, daß man gesund bleibt, sich in seinen mitmenschlichen Beziehungen besser verwirklicht und wie man im beruflichen und spirituellen Leben Erfolg und Erfüllung finden kann.

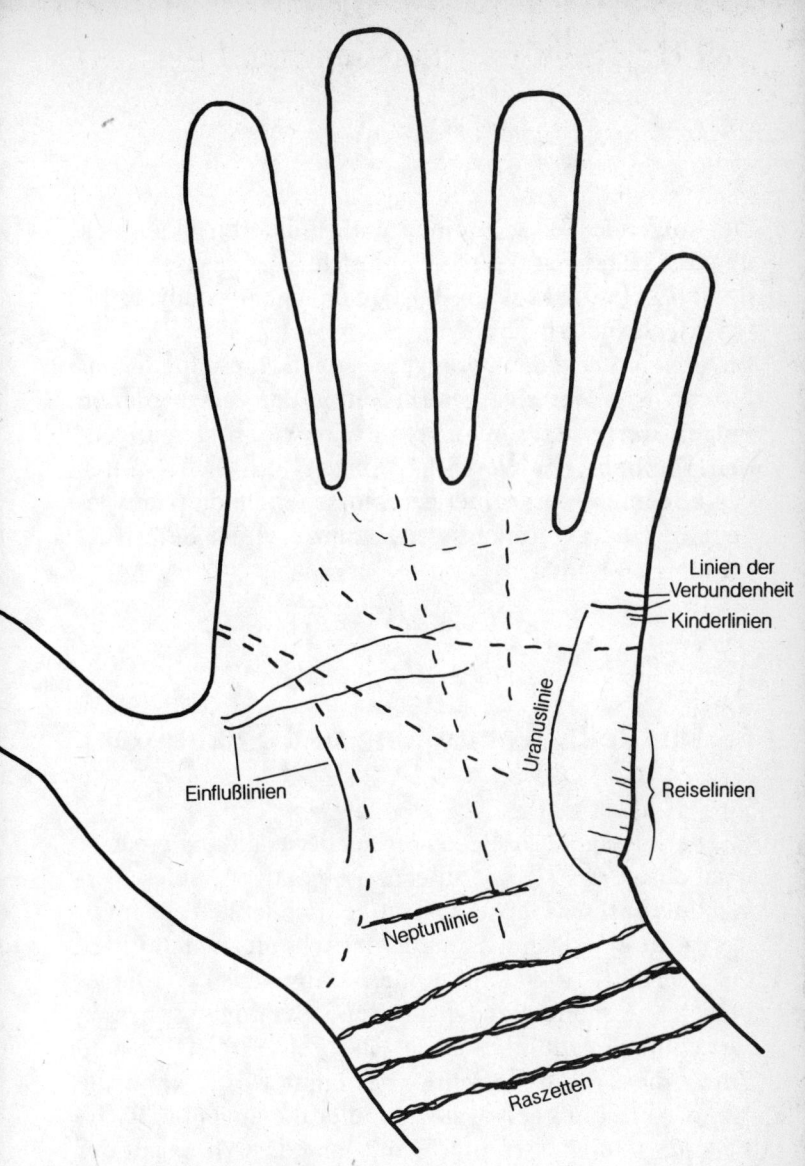

Linien der
Verbundenheit

Kinderlinien

Uranuslinie

Reiselinien

Einflußlinien

Neptunlinie

Raszetten

Abb. 5.48: Die Nebenlinien.

Teil II: Hand und Persönlichkeit

Der folgende Teil gibt einen umfassenderen Überblick über die Handcharakteristika hinsichtlich ihres Bezugs zu den drei Hauptaspekten der Persönlichkeitsanalyse: Intellekt, Sexualität und Willen.

Im Gegensatz zu den vorangegangenen Kapiteln, die das Grundwissen für eine Interpretation der verschiedenen Finger, Berge und Linien vermitteln, wird in den folgenden Kapiteln der Versuch gemacht, mit Hilfe dieser Grundkenntnisse zu einer geschlossenen, in die Tiefe gehenden Charakteranalyse und zum eigenen Selbstverständnis zu finden.

6. Intellekt, Vorstellung und Phantasie

Die herausragendste Besonderheit der Handanalyse liegt wohl darin, daß sie uns zu einem objektiven, tiefen Verständnis unseres Geisteszustands einschließlich der Intelligenz, des Gedächtnisses und der schöpferischen Phantasie verhilft. Anders als moderne Eignungstests, die lediglich die momentan vorhandene Befähigung messen (die zum Teil durch soziale Faktoren, Erziehung und durch die »Test-Erfahrung« bestimmt wird), kann die Hand Aufschluß geben sowohl über die augenblickliche Leistungsfähigkeit (durch Ermittlung des Alters auf der Kopflinie) als auch über die angeborenen Anlagen (durch Untersuchung der Kopflinie in Zusammenhang mit anderen Aspekten der Hand). Aus diesen Gründen vermag die Handanalyse einem jeden zu helfen, seine geistigen Möglichkeiten besser wahrzunehmen und Wege zu finden, um sich seine natürlichen Geistesgaben zu erschließen und seine Talente voll und ganz auszuschöpfen.

Der IQ aus der Hand

Intelligenz äußert sich auf praktischer wie auch auf abstrakter Ebene und schließt eine ganze Reihe von Faktoren mit ein: die Spracherfassung und den sprachlichen Ausdruck, die Fähigkeit, Ähnlichkeiten und Unterschiede bei Gegenständen und geistigen Dingen zu erkennen sowie mit Zahlen zu arbeiten und Daten zu speichern, und das Vermögen, die einer Ereigniskette, einer Anzahl von Objekten oder einer Zahlenreihe zugrundeliegende Regel oder Struktur zu finden.

Eine weitere hervorstechende Komponente der Intelligenz ist das Gedächtnis. Dazu gehört nicht nur die Fähigkeit, sich Gerüche, visuelle Eindrücke, Berührtes, Gehörtes oder einen Geschmack wieder vergegenwärtigen zu können, sondern auch die Erinnerung an Menschen, Orte, Ereignisse und andere konkrete Tatsachen bis weit in die früheste Kindheit zurück.

Die Kopflinie ist, wie im vorigen Teil beschrieben, der Hauptindikator für die Intelligenz. Andere Faktoren, darunter die Form, Beschaffenheit und Beweglichkeit der Hand, geben über die Richtung und Intensität Auskunft, in der diese intellektuellen Fähigkeiten zum Ausdruck kommen können.

Die Kopflinie gibt im wesentlichen an, wie es um die Intelligenz bestellt ist und wie sie im täglichen Leben funktioniert. Sie sollte tief eingegraben sein und von Anfang bis Ende weder Inseln noch Brüche oder Punkte aufweisen.

Je länger die Kopflinie ist, um so größer ist das intellektuelle Potential. Eine durchschnittliche Kopflinie reicht bis zur Wurzel des Apollofingers, während längere Linien normalerweise bis zum Merkurfingeransatz laufen. Albert Einsteins Kopflinie soll die ganze Handfläche durchquert haben. Eine ähnlich lange Kopflinie ist in Abbildung 6.1 wiedergegeben und gehört einer Frau, die bei einer Reihe von Intelligenztests, die das New York City Department of Education mit 2800 angehenden Studenten durchführte, als Zweitbeste abschnitt und damit eine Leistung von 99,9 Prozentpunkten erreichte.

Ehe man nun über die Länge der eigenen Kopflinie frohlockt oder in Verzweiflung gerät, sollte man sich unbedingt vor Augen halten, daß jeder Mensch in seinem Leben nur *fünf bis sieben Prozent* seiner Intelligenz nutzt. Folglich kann ein Mensch, dessen Kopflinie kaum am Saturnberg vorbeikommt, quantitativ durchaus mehr Intelligenz beweisen als ein anderer, der eine ellenlange Kopflinie quer über die Handfläche besitzt. Es kommt letztlich nur darauf an, in welchem Maß jeder einzelne Gebrauch von seinen angeborenen Begabungen und Fähigkeiten macht.

Klarheit und Ausgeprägtheit der Kopflinie sind verläßliche Indikatoren für die augenblicklich vorhandene Befähigung. Eine scharf abgezeichnete, deutliche Kopflinie – wie die auf der Abbildung – ist ein Hinweis auf ein klares Urteilsvermögen, was Konzepte und Situationen betrifft, auf ein gutes Gedächtnis und auf eine Zielstrebigkeit, die auch Tatkraft miteinschließt. Kopflinien, die aus Ketten oder Inseln bestehen oder aufgesplittert sind, wie in Ab-

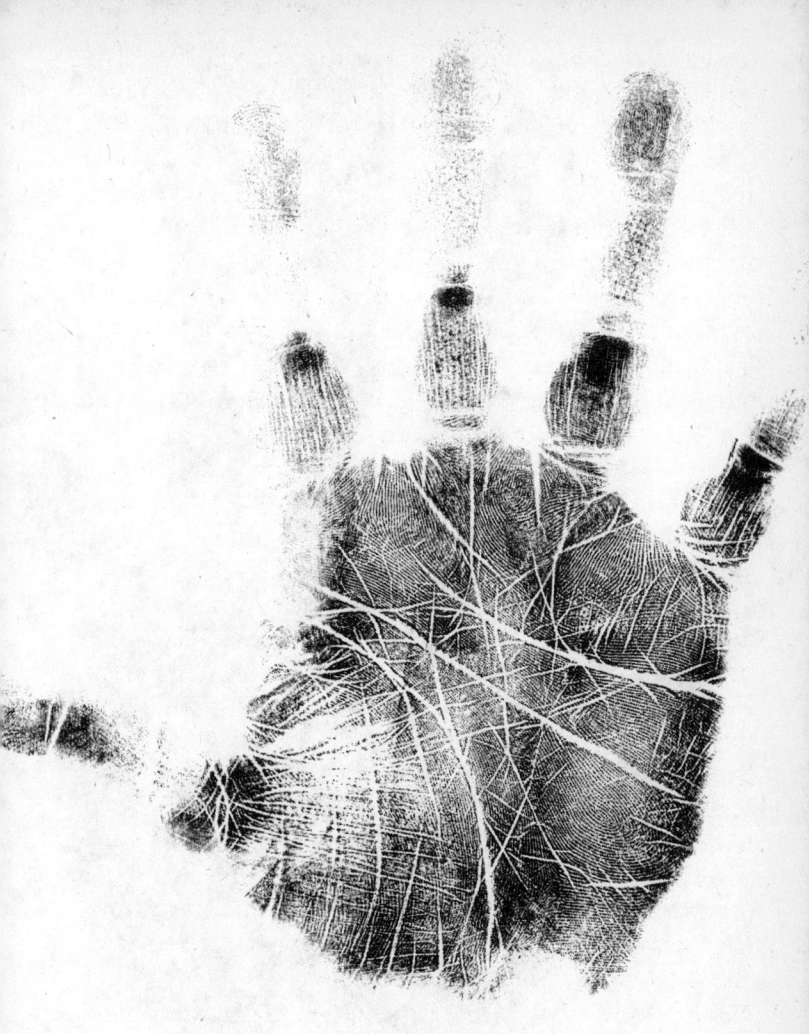

Abb. 6.1: Handabdruck mit langer, klarer Kopflinie.

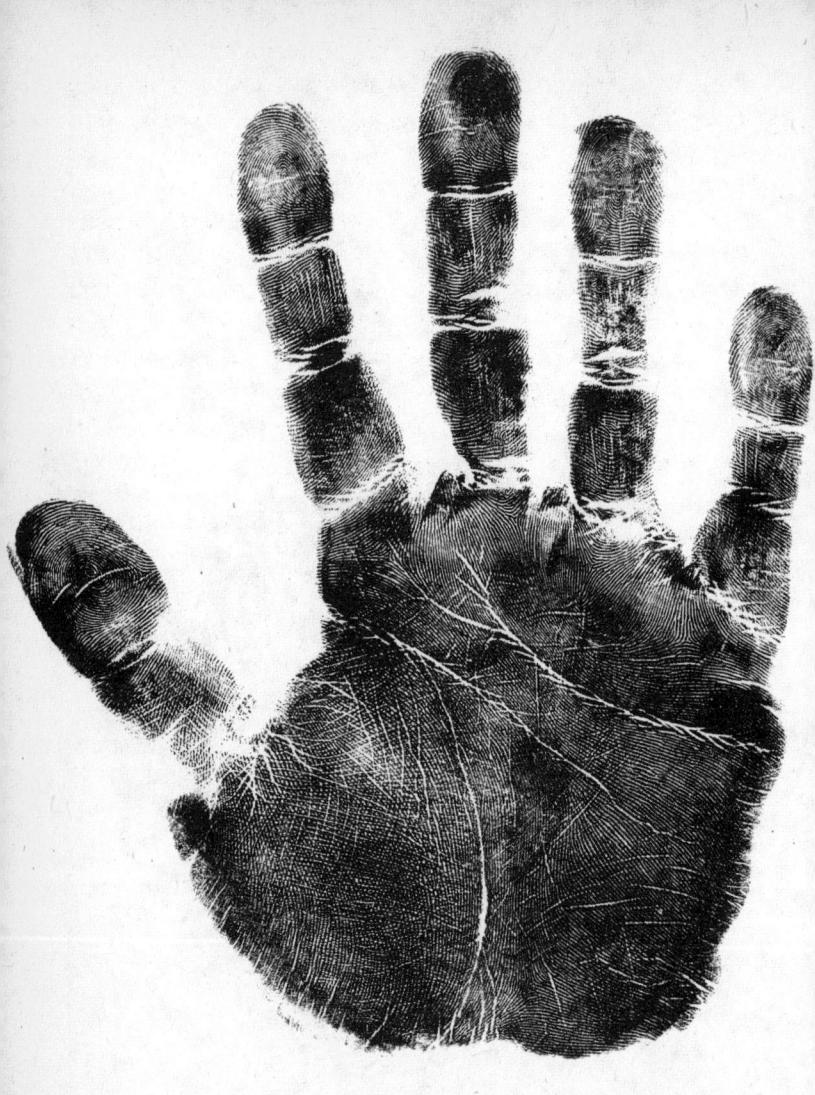

Abb. 6.2: Handabdruck mit durchbrochener Kopflinie.

bildung 6.2 zu sehen, kennzeichnen weniger gut entwik-
kelte Geisteskräfte, das heißt, das klare Denken und die
Fähigkeit, zielbewußt vorzugehen und zu handeln, sind
vermindert.

Inseln auf der Kopflinie haben verschiedene Bedeutung.
Sie weisen auf Konzentrationsschwierigkeiten, Verwirrung und eine Neigung zu »Wirrköpfigkeit« hin. Es kann
auch neurotisches Verhalten angezeigt sein, so etwa
Ängstlichkeit, Phobien und Depressionen. Das Auftreten von Inseln kann aber auch mit Drogen- oder Alkohol-
mißbrauch in Verbindung stehen, der entweder die Ursache dafür oder die Folge davon oder sogar beides ist. In
der Regel sind die mentalen oder emotionalen Probleme
um so ernster, je größer die Insel ist.

Wenn sich eine Insel dort bildet, wo eine Einflußlinie
vom Mars- oder Venusberg her die Kopflinie kreuzt
(Abb. 6.3), besteht die Möglichkeit, daß durch ein starkes Trauma oder ähnliches Ereignis eine Zeit psychischer

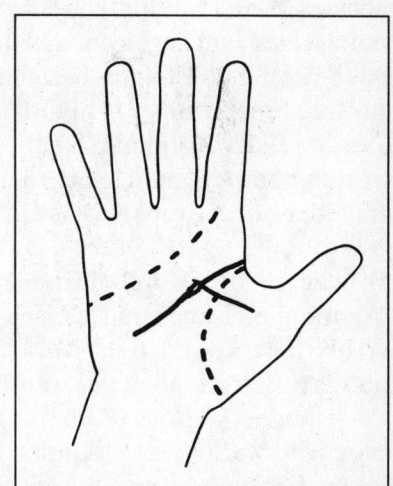

Abb. 6.3: Insel, die durch
Kreuzung einer vom Ve-
nusberg kommenden Ein-
flußlinie mit der Kopflinie
entsteht.

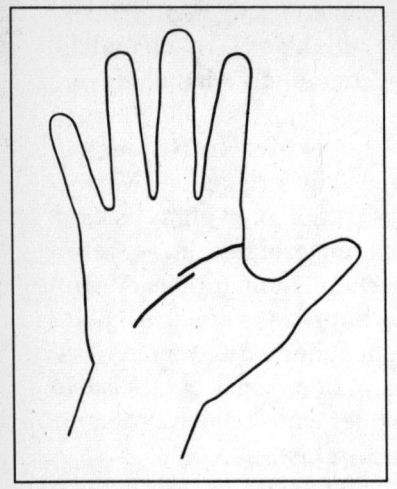 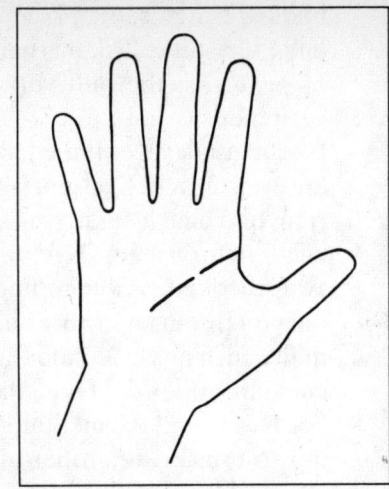

Abb. 6.4: Einander überlappende Brüche in der Kopflinie.

Abb. 6.5: Abrupter Bruch in der Kopflinie.

Probleme heraufbeschworen wird. Andererseits kann aber auch eine Einflußlinie am Rand der Insel in Erscheinung treten und anzeigen, daß die Schwierigkeiten durch das betreffende Ereignis beziehungsweise durch den Einfluß ein Ende nehmen. Hinterläßt eine Einflußlinie einen Punkt auf der Kopflinie, hat die geistige oder psychische Störung körperliche Ursachen und rührt von einem Unfall oder einer Krankheit her, durch die der Kopf direkt betroffen ist.

Brüche in der Kopflinie bedeuten Übergangsphasen. Wenn die Linienstücke sich zeitweilig überlappen (Abb. 6.4), kommen die Veränderungen nach und nach auf den Betreffenden zu, während sie bei einem klaren Auseinanderklaffen (Abb. 6.5) abrupt eintreten und möglicherweise einem Unfall oder anderen traumatischen Ereignissen zuzuschreiben sind. Die Beschaffen-

heit einer Bruchstelle der Kopflinie liefert gute Anhaltspunkte darüber, wie die betreffende Person auf Umstellungen reagiert. Wer eine schwierige Zeit durchmacht,
sieht oft nur Negatives daran, obgleich vielleicht in Wirklichkeit Türen zu wichtigen Erkenntnissen und neuen
Möglichkeiten aufgestoßen werden. Wenn ein Mensch in
einer schwierigen Phase des emotionalen Umbruchs
steckt, muß er dazu angehalten werden, die positiven Seiten seiner Lage zu erkennen, und ermutigt werden, seine
Schwierigkeiten zu überwinden und weiterzumachen. Da
sich die Linien der Hand verändern (und Brüche in einer
Linie bekanntermaßen wieder »heilen«), kann eine solche Rückenstärkung ein wirklich guter Dienst an demje-
nigen sein, der die Hilfe eines Handanalytikers sucht.

Der schöpferische Geist

Kreativität hängt eng mit der Intelligenz zusammen, spiegelt allerdings mehr die Persönlichkeit wider. Sie ist in erster Linie ein Gradmesser für *divergentes Denken* (»Wie
viele Gebrauchsmöglichkeiten gibt es für ein Küchen-
messer?«) und nicht für *konvergentes Denken* (»Wie
heißt die Hauptstadt von Alaska?«). Nach Psychologenmeinung gehören zu den kreativitätsbestimmenden Faktoren unter anderem eine unkonventionelle Denkweise,
Nonkonformismus, wechselnde Stimmungen, ein schar-
fer Verstand und eine interessante, fesselnde Persönlichkeit. Durch sorgfältiges Studium der Form, Beschaffenheit und Beweglichkeit der Hand sowie eingehende Betrachtung der Berge, Fingerformen und -zwischenräume
kann man sich ein gutes Bild davon machen, wie die
Kreativität eines Menschen beschaffen ist und wie sie sich
ausdrückt.

Wie für die Intelligenz ist die Kopflinie auch für die Kreativität zuständig. Diesmal ist es jedoch vorwiegend die Linienführung und nicht nur die Länge, die bestimmt, welcher Gebrauch von den intellektuellen Fähigkeiten gemacht wird und ob die schöpferischen Kräfte des betreffenden Menschen sozusagen aus einem tiefen Brunnen gespeist oder lediglich ein dünnes Rinnsal sind.

Im allgemeinen läßt eine Kopflinie, die geradewegs über den Handteller läuft, auf einen Menschen schließen, der stark im konvergenten Denken verhaftet ist. Er mag zwar über eine Menge Informationen verfügen, orientiert sich aber in der Welt eher am Praktischen. Phantasie und Kreativität spielen für ihn eine relativ unbedeutende Rolle im Leben. Menschen, bei denen die Kopflinie einen derartigen Verlauf nimmt, halten sich gern an Regeln und haben meist nichts für Neuerungen übrig. Ihre realistische, praktische Art wird durch unelastische, vorwiegend quadratische Hände oft noch betont.

Eine Kopflinie, die für Kreativität spricht, sollte einen sanften Bogen zum Mondberg hin beschreiben, wodurch eine gewisse Ausgewogenheit zwischen realistischen und imaginativen Denkvorgängen angezeigt wird. Wenn die Linie in einer kleinen Gabel endet, ist dieses Gleichgewicht noch stärker ausgeprägt, so daß praktische Vernunft und Phantasie miteinander in Einklang stehen, eine Sache also stets von ihren zwei Seiten gesehen wird. Ist dieser Abzweig extrem lang und breit (Abb. 6.6), klaffen diese beiden Welten eher auseinander, statt sich die Waage zu halten.

Je stärker sich die Kopflinie zum Mondberg krümmt, um so ausgeprägter ist das divergente oder phantasievolle Denken. Ob ein gutes Vorstellungsvermögen gegeben ist, muß an weiteren Handmerkmalen abgelesen werden. Ist die Kopflinie kräftig, ist sie gebrochen oder formt sie

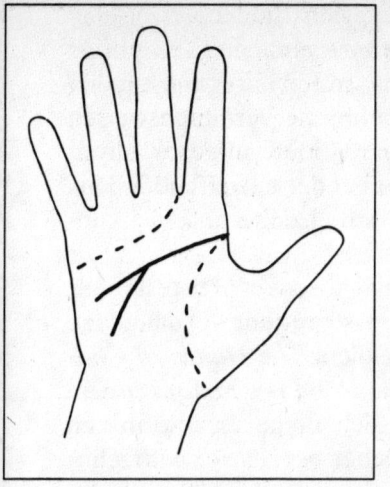 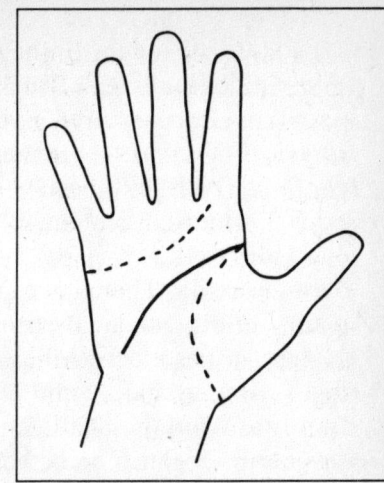

Abb. 6.6: Kopflinie, die in einer langen, weiten Gabel endet.

Abb. 6.7: Zum Mondberg abfallende Kopflinie.

eine Kette? Läßt die Flexibilität der Hand auf emotionale Stabilität schließen? Zeigt der Zwischenraum zwischen der Lebens- und Kopflinie an, daß dem Handeln Überlegung vorausgeht? Sind die Finger konisch, eckig oder gemischt? Ist die Saturnlinie stark oder nur schwach ausgebildet?

Wenn die Kopflinie regelrecht zum Mondberg abfällt (Abb. 6.7), besteht eine überaus starke Einbildungskraft. Inseln oder Brüche in einer derartigen Kopflinie deuten die Möglichkeit an, daß sich der betreffende Mensch vollkommen in einer Phantasiewelt verliert. Ist der Abstand von Kopf- und Herzlinie eng, handelt es sich meist um eine vor anderen verheimlichte innere Vorstellungswelt. Kommt noch ein gekrümmter Saturnfinger hinzu, der depressive Tendenzen anzeigt, resultieren

115

tiefe Depressionen und Phantasien möglicherweise in Selbstmordgedanken. Enthält eine abfallende Kopflinie gegen Ende Inseln oder Brüche, treten unter Umständen in späteren Lebensjahren psychotische Verhaltensweisen zutage. Bei einer gebrochenen oder aufgesplitterten Kopflinie (Abb. 6.8) bestehen bei der betreffenden Person Selbstmordabsichten, so daß gezielte und fachkundige Hilfe nottut.

Damit wäre das Thema der Diagnose von Geisteskrankheiten mittels Handanalyse angeschnitten. Verschiedene Bücher, insbesondere Julius Spiers *The Hands of Children* (»Kinderhände«) und *Die Hand des Menschen* von Charlotte Wolff, beschäftigen sich mit geistig erkrankten Patienten. Obgleich beide Bücher bereits vor Jahrzehnten geschrieben wurden, sind sie nach wie vor eine wertvolle Erkenntnisquelle für Berufstherapeuten und andere ernsthaft an dieser Materie Interessierte.

Es ist nicht einfach, nach der Hand eine spezifische psychologische Diagnose zu stellen. Zuerst einmal ist es eine bekannte Tatsache, daß normalerweise rationale, ausgeglichene Menschen unter entsprechenden Umständen durchaus zu irrationalem, absonderlichem, ja sogar gewalttätigem Verhalten fähig sind, und zwar speziell in Grenzsituationen. Und ferner sind im Lauf der Geschichte zahlreiche Leute, darunter Komponisten, Erfinder und bildende Künstler von ihren Zeitgenossen als »verrückt« erklärt worden, weil sie sich nicht den geltenden Verhaltensregeln ihrer Zeit anpaßten, und erst viel später hat man sie endlich als kreative Genies erkannt.

Man sollte unbedingt von Verallgemeinerungen Abstand nehmen. Unterscheidet sich denn ein Mensch, der sich in selbstmörderischer Absicht die Kehle durchschneidet, wirklich so sehr von einem anderen, der langsam Selbstmord begeht, indem er die Nahrungsmittel zu sich

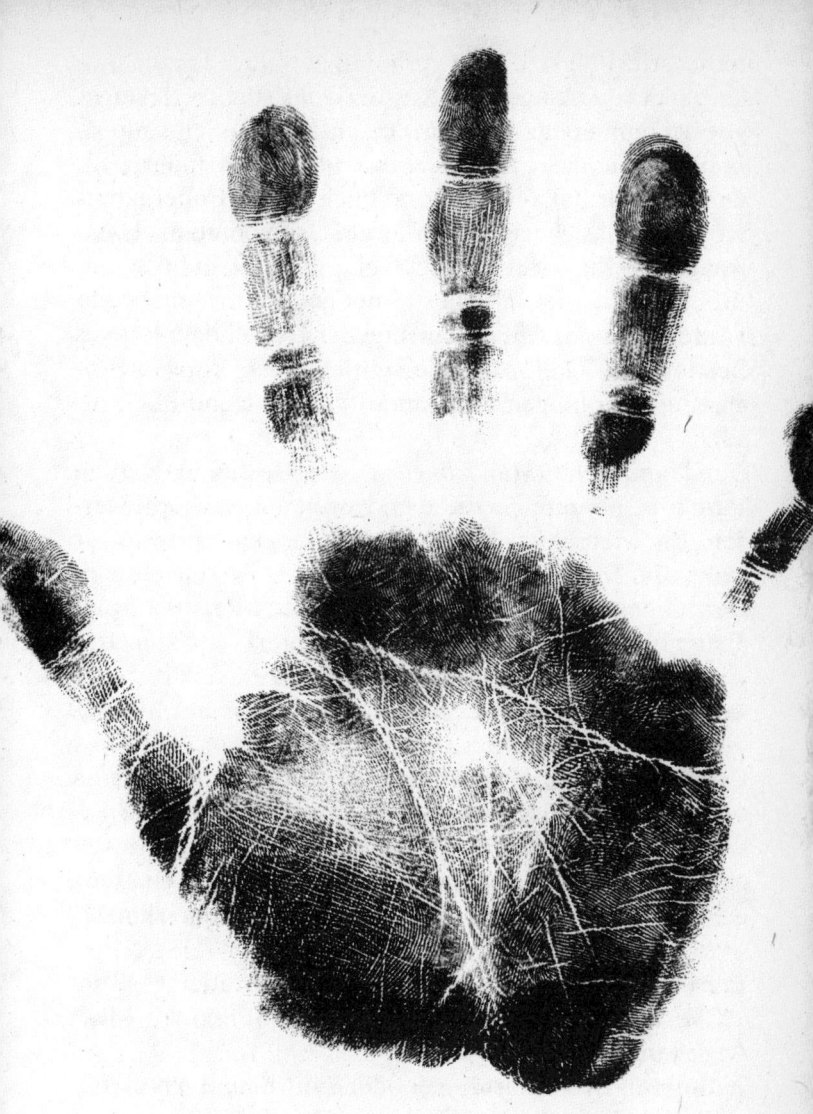

Abb. 6.8: Handabdruck mit bruchstückhafter Kopflinie.

nimmt, die ihm sein Arzt verboten hat? Ihre Hände mögen ganz unterschiedliche Aussagen enthalten – vielleicht tritt bei dem erstgenannten eine klassische »Selbstmord-Kopflinie« in Erscheinung, während bei dem anderen alles völlig normal aussieht, und doch ist das Endergebnis bei beiden das gleiche. Aus diesem Grund muß die Hand immer als Ganzes betrachtet werden, aus dem nicht ein, zwei Aspekte herausgelöst und gesondert untersucht werden können. Außerdem muß der Deutende intuitives Gespür entwickeln, um die subtilen *energetischen* Botschaften empfangen zu können, die die Hand übermittelt.

Die Hand zeigt *Möglichkeiten* auf. Bestimmt werden kann nur, ob und wie diese im Leben ausgeschöpft werden. Ein Mensch mit einem abnorm langen Jupiterfinger kann zum Beispiel autoritär und anmaßend sein. Bei einem anderen mit ähnlichen Handcharakteristika kommen möglicherweise die positiven Jupiterkräfte zum Tragen, so daß er sich als spiritueller Lehrer hervortut, der wegen seines pädagogischen Talentes und seiner Inspirationskraft hochgeachtet wird.

Dennoch deuten verschiedene wesentliche Indikatoren in der Hand tatsächlich auf eine mögliche geistige Erkrankung hin. Dabei handelt es sich um extreme Abweichungen von den grundlegenden »Kerneigenschaften« der Linien, Fingerformen und anderen Handmerkmale.

1. Hände und Finger sind abnorm klein oder groß im Verhältnis zur Körpergröße des betreffenden Menschen.
2. Jupiter- und Saturnfinger oder Saturn- und Apollofinger sind gleich lang. Frau Wolff fand heraus, daß solche Ausformungen vorwiegend bei schizophrenen Patienten auftreten.

3. Einer der Finger ist im Vergleich zu den übrigen abnorm kurz (wie etwa ein Jupiterfinger, der nicht die oberste Phalanx des Saturnfingers erreicht).
4. Finger sind in sich stark verdreht oder deformiert (insbesondere der Merkurfinger), und die Verwachsung ist nicht auf eine Arthritis oder einen Unfall zurückzuführen.
5. Die Kopflinie ist voller Brüche, Ketten und Inseln.
6. Die Kopflinie fehlt ganz (womöglich sogar in beiden Händen) oder ist außerordentlich schwach ausgebildet.
7. Hände, Finger und/oder Fingerspitzen sind extrem steif oder aber äußerst flexibel.
8. Der Daumen ist abnorm kurz, verbildet oder sitzt extrem hoch an der Hand und wirkt wie ein kindlicher Daumen.
9. Die schwach ausgebildete Hand weist eine Affenlinie auf, oder letztere tritt mit einem oder mehreren der oben angeführten Charakteristika zugleich auf.

Es sei daran erinnert, daß das Vorhandensein einer oder zweier dieser Eigentümlichkeiten noch nicht bedeutet, die betreffende Person sei geisteskrank. Wie schon erwähnt, gibt die Hand nur Aufschluß über *Möglichkeiten,* und daran kann sich stets etwas ändern. Zudem weiß man, daß modifizierende Faktoren der Hand negativen Eigenschaften entgegenwirken können, die durch Handform, Finger und Handlinien angezeigt sind.
Wann immer Schwierigkeiten »auf der Hand liegen«, muß unbedingt bedacht werden, daß angebliche Probleme oftmals Gelegenheiten zu einer Transformation und zur Selbstverwirklichung darstellen. Mahatma Gandhi wurde sich in jugendlichem Alter seines Hangs zu Grausamkeit und Gewalttätigkeit bewußt. Er lernte, die

seiner Roheit zugrundeliegenden Energien in positive Bahnen zu lenken, und vermochte dadurch sein eigenes Leben wie auch das Schicksal seines Landes maßgeblich zu verändern.

Wer Gelegenheit hat, einem anderen mit Hilfe der Handanalyse einen Rat zu erteilen, sollte seine Verpflichtung wahrnehmen und dem Betreffenden nach Möglichkeit die Augen für die eigene Realität öffnen. Seine neugewonnene Selbsterkenntnis müßte dann durch konstruktive Vorschläge unterstützt werden, die ihm helfen, den nächsten Schritt zu tun. Indem man sich tief in das Wesen des Hilfesuchenden einzufühlen lernt, wird man schließlich ein effektiver Katalysator, mit dessen Hilfe der betreffende Mensch seine wahren Möglichkeiten erkennt und verwirklicht.

7. Liebe, zwischenmenschliche Beziehungen und Sexualität

Die wohl spürbarste Unzufriedenheit in unserer Welt hat ihre Ursache in einem unzureichenden Sexualleben und dem Unvermögen, eine befriedigende Liebesbeziehung einzugehen. Inzwischen weiß man zwar faktisch erheblich mehr über Sexualkunde und sexuelle Praktiken als je zuvor in der Geschichte, aber kaum jemand kennt seine gesamten psychosexuellen Veranlagungen oder ist sich über seine wahren Liebes- und Sexualbedürfnisse im klaren.

Zwischenmenschliche Beziehungen sind sowohl für die geistige Entwicklung als auch für das seelische Wohlbefinden von Bedeutung. Natürlich braucht jeder – und hat Anspruch auf – Zeit für sich allein; aber die Art und Tiefe seiner Beziehung zu anderen Menschen spiegelt sein eigenes Lebensgefühl wider und ist daher mitunter ein zuverlässiger Gradmesser für sein persönliches Wachstum und seine Selbstverwirklichung.

Die Handanalyse kann durchaus dazu beitragen, daß dieses Ziel der Selbsterkenntnis und -verwirklichung erreicht wird. Die Hände geben Aufschluß über die Menge der sexuellen Energie und deuten an, wie sie in Leidenschaft, Engagement und Liebeserleben umgesetzt wird. Sie lassen das Empfindungsvermögen erkennen und decken geistige und emotionale Blockierungen auf, die den freien Lauf der Gefühle hemmen. An den Händen kann abgelesen werden, wie ein Mensch zu einem andern paßt und wie er auf der Basis von Verständnis und Vertrauen eine Beziehung aufbauen kann. Und da die Hände Eigenschaften, Entwicklungstendenzen und Fähigkeiten anzeigen, deren man sich nicht voll bewußt ist, helfen sie, die einer erfüllten Beziehung entgegenstehenden Blokkierungen auszuräumen, indem sie einem die Augen öffnen für grundlegende Wesenseigenschaften, die man bis dahin womöglich übersehen hatte.

Die Sexualenergie

Albert Szent-Gyorgi, Physiologe und Nobelpreisträger, hat einmal gesagt, es erfordere Energie, das Rad des Lebens in Gang zu halten. Bei den Menschen wird diese Energie durch die Stoffwechselprozesse des Körpers bereitgestellt. Wie sie beschaffen ist, hängt sowohl von der eingenommenen Nahrung und der eingeatmeten Luft als auch von der jeweiligen genetischen Struktur jedes einzelnen ab.

Dicke und Weichheit der Hände sind die Hauptindikatoren für die Menge sexueller Energie, die jemandem zur Verfügung steht. Diese Grundcharakteristiken können jedoch durch andere Faktoren wie etwa die Größe des Venusberges oder die Tiefe der Hauptlinien verstärkt oder neutralisiert werden. Die Handdicke ist zwar vom Körperbau des betreffenden Menschen abhängig, aber eine sehr flache, weiche Hand deutet auf einen unzulänglichen Geschlechtstrieb hin. Der betreffende Mensch ermüdet vermutlich schnell, strahlt nicht viel Wärme aus und läßt sich lieber beschenken, statt sich selbst hinzuschenken. Wer dünne Hände hat, läßt die Herzenswärme vermissen, die für eine tiefe Beziehung notwendig ist. Sind die Hände zusätzlich auch noch hart, ist ihr Träger eigensinnig, berechnend und überhaupt nicht flexibel. Der kennzeichnende Wesenszug ist in diesem Fall äußerste Zurückhaltung.

Eine dicke Hand weist auf genau entgegengesetzte Eigenschaften hin: auf überströmende Herzlichkeit, Energie und Sinnlichkeit. Ist die Hand dick und weich, kommt zur sexuellen Sinnenlust noch eine Vorliebe für Essen und Trinken hinzu. Bei diesen Genüssen maßzuhalten, fällt dem Betreffenden häufig schwer, und entsprechend hat er meist Probleme mit dem Übergewicht.

Wenn eine dicke Hand sich als hart und unbehaglich erweist, liegt höchstwahrscheinlich Halsstarrigkeit, Unbeugsamkeit und Gefühlskälte vor. Leute dieses Handtyps sind oft sexuell aggressiv, emotional fordernd und sehr schwierig im Umgang. Sie haben vorwiegend ihr eigenes Vergnügen im Kopf.

Die Mitte zwischen diesen Extremen bildet eine dickfleischige, elastische Hand, die auf einen warmherzigen, sinnlichen Menschen mit sexueller Energie in Hülle und Fülle schließen läßt. Ihm bereitet es Freude, wenn Geben und Nehmen in ausgewogenem Verhältnis zueinander stehen, und im allgemeinen hat er gute Anlagen, befriedigende Beziehungen einzugehen und aufrechtzuerhalten.

Eine mitteldicke Hand – bei Männern wie Frauen – spiegelt eine kraftvolle, herzliche Person wider. Das Schlüsselwort für ihre Sexualität lautet *Ausgewogenheit,* und gleiches gilt auch für ihre Einstellung zu Essen und Trinken. Sie ist zwar nicht unbedingt eheunlustig oder sexuell desinteressiert, aber ihr Sinnen und Trachten ist nicht ausschließlich oder auch nur überwiegend auf Sex gerichtet.

Die Berge

Der Venusberg liefert die Hauptinformation über die Leidenschaftlichkeit und den Geschlechtstrieb. Er sagt etwas aus über die Vitalität und die Fähigkeit zu Freundschaft und Liebe.

Im Idealfall nimmt dieser Berg etwa ein Drittel der Handfläche ein und ist weder zu hart noch zu schwach ausgeprägt. »Hübsch rund« wäre die beste Beschreibung für einen gut geratenen Venusberg. Er spiegelt Vitalität, Herzenswärme und Energie wider und läßt auf eine sehr gute Veranlagung schließen, zu lieben und geliebt zu werden.

Wenn der Venusberg sehr groß ist, ist oft ein Übermaß an physischer und sexueller Leidenschaftlichkeit vorhanden. Ist er außerdem auch noch hart, liegt meist sexuelle Aggressivität, Brutalität und Grausamkeit vor, insbesondere, wenn der Berg eine rötliche Färbung hat und der große Marsberg markant ausgeprägt ist. Starke Raster auf dem Venusberg stehen für vermehrte physische Begierden und Sexualinteressen.

Ein kleiner, flacher Venusberg ist ein Anzeichen für einen generellen Mangel an Vitalität und Sexualkraft. Der betreffende Mensch mag zwar starke Liebesgefühle haben und leidenschaftlich sein, drückt seine Empfindungen jedoch nicht hauptsächlich durch sexuelle Körperkontakte aus. Wenn die Lebenslinie in den Berg einschneidet, statt sich in weitem Bogen um ihn herumzuschwingen, handelt es sich häufig um eine kalte, prüde Person. Die Sexualität nimmt keinen besonderen Stellenwert in ihrem Leben ein.

Hautstruktur und Sexualität

Wie sich die Haut anfühlt, spielt ebenfalls eine wichtige Rolle bei der Bestimmung der psychosexuellen Veranlagung und sollte bei einer sorgfältigen Handanalyse unbedingt beachtet werden. Eine glatte, feinporige Haut verrät ein hohes Maß an Sensibilität und Beeindruckbarkeit. Sexualität und körperliche Kontakte werden oft romantisiert und idealisiert. Der betreffende Mensch spricht bei sexuellen Beziehungen vorwiegend auf Vorstellungsbilder und Phantasien an und läßt sich im allgemeinen eher von der Energie, den Gedanken und Worten seines Partners beeinflussen als von Taten.

Rauhe Hände lassen auf eine weniger sensible Natur schließen, auf einen Menschen, der meist rein körperlichen Impulsen und Regungen folgt. Ihm mangelt es häufig an Takt und Einfühlungsvermögen bei sexuellen Kontakten, und selten geht er auf die Bedürfnisse seines Partners ein. Hat ein Mann dicke Hände mit grober Haut und seine eventuelle Partnerin überwiegend dünne, zarte Hände, kann man davon ausgehen, daß die beiden weder sexuell noch emotional zueinander passen.

Eine mittelfeine Hautstruktur zeigt ein hohes Maß an Sensibilität sowie eine gute Ausgewogenheit zwischen passivem und aktivem Verhalten an, und das um so mehr, wenn die Haut an den Fingerkuppen kleine Kissen bildet. Der betreffende Mensch ist für Eindrücke von seiten seines Partners empfänglich und geht auf dessen Gefühle und Bedürfnisse ein, vermag sich jedoch in der jeweiligen Beziehung auch selbst auf gesunde Weise zur Geltung zu bringen.

Die Flexibilität der Hand im allgemeinen und des Daumens im besonderen sagt eine Menge darüber aus, wie sich der Betreffende in einer Beziehung verhält. Wie schon erwähnt, reflektieren harte, unbewegliche Hände, die sich nicht zurückbiegen lassen, eine halsstarrige, rigide Persönlichkeit. Ihr Besitzer hält sich an ausgetretene Geleise und hat Schwierigkeiten, sich mit neuen Ideen vertraut zu machen oder unerwarteten Situationen anzupassen. Wenn der Daumen ebenfalls steif ist, wie es meistens der Fall ist, geizt der betreffende Mensch höchstwahrscheinlich sowohl mit materiellen Dingen als auch mit seinen Gefühlen. Andererseits kann ein unbiegsamer Daumen auch Positives für eine Beziehung bedeuten, nämlich Verläßlichkeit und Stabilität.

Je flexibler die Hand ist, um so größer ist die Anpassungsfähigkeit. Der betreffende Mensch ist entsprechend aufgeschlossen neuen Ideen gegenüber und läßt sich willig auf neue Situationen ein. Bei Leuten mit beweglichen Händen besteht meist eine größere Bereitschaft, die in einer Beziehung auftretenden Probleme gemeinsam mit dem Partner zu lösen, sie sind umgänglicher und gehen nicht so leicht in Abwehrstellung wie Menschen mit steifen Händen. Meistens stecken sie auch voller Überraschungen. Wenn sich der Daumen leicht nach hinten biegen läßt, ist mit ausgesprochener Großzügigkeit in materieller wie emotionaler Hinsicht zu rechnen.

Menschen mit extrem flexiblen Händen, die leicht bis zu einem Winkel von 90 Grad zurückgebogen werden können, sind unter Umständen aufregende Partner. Sie zeichnen sich aus durch ihre Spontaneität, Anpassungsfähigkeit und Großherzigkeit und sind oft ziemlich unberechenbar. Aber wenn darüber hinaus auch der Daumen haltlos und übergelenkig ist, heißt das, daß die Empfindungen leicht umschlagen können und eine feste monogame Beziehung kaum zu erwarten ist.

Finger und Sexualität

Der Winkel, den der Daumen mit der übrigen Hand bildet, ist ein guter Indikator dafür, ob sexuelle Hemmungen vorhanden sind oder nicht. Doch sei daran erinnert, daß beide Hände miteinander verglichen werden sollten, um festzustellen, ob der betreffende Mensch mit fortschreitendem Alter sexuell freier geworden ist oder die Blockierungen mit den Jahren noch zugenommen haben.

Ein hoch ansetzender Daumen, der mit dem Zeigefinger einen Winkel von 45 Grad formt, ist ein Zeichen für eine verklemmte Einstellung zur Sexualität. Sein Träger ist meist über die Maßen vorsichtig und zurückhaltend; sexuelle Dinge sind ihm wahrscheinlich peinlich, und vielleicht meidet er sie sogar ganz.

Wenn der Daumen in einem 60-Grad-Winkel von der Hand absteht, ist die psychische Aufgeschlossenheit größer. Aber obgleich der betreffende Mensch schon viel freizügiger ist als der oben genannte, hat er doch auch ziemliche Angst, sich »gehen« zu lassen, insbesondere dann, wenn die Hand steif ist und Kopf- und Lebenslinie miteinander verschmolzen sind.

Je größer der Winkel zwischen Daumen und Hand ist, um so ungehemmter ist die Sexualität des Betreffenden. Wenn der Winkel, den der Daumen zum Zeigefinger bildet, 90 Grad überschreitet, akzeptiert der betreffende Mensch seine Sexualität als Teil seiner selbst. Dann ist kaum mit einer Verdrängung der Sexualität und mit Furcht vor Experimenten zu rechnen. Sind zusätzlich noch Kopf- und Lebenslinie getrennt, liebt er seine Unabhängigkeit und ist sehr selbstsicher, was sich auf die jeweilige Beziehung auswirkt.

Außer dem Daumen liefern auch die übrigen Finger der

Hand etliche Informationen über das Verhältnis ihres Trägers zu anderen Menschen. Wenn sie schlank sind und spitz zulaufen, sind die triebhaften Begierden oft nicht angemessen zu kontrollieren. Gesellt sich dazu noch ein überbiegsamer Daumen, bereitet es unter Umständen Schwierigkeiten, eine Liebesbeziehung mit nur einem Menschen aufrechtzuerhalten. Finger, deren Kuppen eher quadratisch oder leicht abgerundet sind, weisen auf vorwiegend monogame Bestrebungen bei einer Beziehung hin, sollten jedoch nicht als absolute Garantie für Treue angesehen werden. Gleichermaßen deutet ein kräftiger Daumen dauerhafte, feste Bindungen an. Doch sind auf jeden Fall alle Handcharakteristika zusammen zu berücksichtigen, bevor irgendwelche Schlüsse gezogen werden.

Ideal wäre es, wenn Jupiter- und Apollofinger gleich lang und etwa 6 mm kürzer als der Saturnfinger sind. In diesem Fall müßte ein gutes Maß an Selbstachtung vorhanden sein und nicht zuletzt die Fähigkeit, sich in einer Beziehung partnerschaftlich zu verhalten, was das Geben und Nehmen betrifft. Wenn der Jupiterfinger kürzer als der Apollofinger ist, mangelt es häufig an Selbstachtung, was zu Selbstverleugnung und Aufgabe der eigenen Rechte führen kann. Diese Tendenz wird unter Umständen gemindert, wenn sich die Lebens- und Kopflinie gleich zu Anfang voneinander trennen.

Im Falle daß der Jupiterfinger länger ist, ist sein Träger wahrscheinlich stolz und eitel und will in einer Beziehung unbedingt dominieren. Psychisch besteht meist ein Bedürfnis nach sexuellen Eroberungen. Wenn Lebens- und Kopflinie zusammenlaufen, hat der Betreffende häufig Angst, an die Leine gelegt zu werden, sofern er das Zepter aus der Hand gibt. Verlaufen Kopf- und Lebenslinie getrennt, sind Freiheitssinn und Impulsivität stärker ausgeprägt. Die betreffende Person mag zwar dominant sein und den Ton angeben wollen, aber jedenfalls nicht aus Angst heraus, sondern weil sie vermutlich Führungsqualitäten hat.

An anderer Stelle wurde bereits hervorgehoben, daß ein gerader Jupiterfinger die edelsten Jupitereigenschaften verheißt: Großzügigkeit, Inspiration, Führungsstärke und Warmherzigkeit. In dem Maße, wie dieser Finger sich zum Saturnfinger krümmt, ist der betreffende Mensch eifersüchtig und besitzergreifend. Wenn der Merkurfinger ebenfalls einwärts gebogen ist, besteht möglicherweise die Tendenz, alles Erdenkliche zu tun, damit die Beziehung sich nach dem Willen des Betreffenden gestaltet.

Ist der Saturnfinger leicht in Richtung Apollofinger gekrümmt, ist sein Träger gern für sich und braucht in einer Beziehung Freiraum. Das heißt nicht unbedingt, daß er ungesellig oder in sich gekehrt wäre – er hat einfach das Bedürfnis, ab und zu allein zu sein. Beschreibt der Finger eine scharfe Kurve auf den Apollofinger zu, liegt ein starker Hang zu Melancholie und Depression vor. Wenn der Abstand zwischen Kopf- und Herzlinie eng ist, neigt der Betreffende darüber hinaus zur Verschlossenheit. Leute mit solchen Händen brauchen verständnisvolle, vertrauenswürdige Freunde, die ihnen geduldig helfen, sich zu öffnen und über ihre Probleme und Empfindungen zu sprechen.

Ein langer Merkurfinger weist auf besonderes Kommunikationstalent hin und auf die Fähigkeit, gute Liebesbeziehungen pflegen zu können. Sollte dieser Finger kurz sein und etwa 6 mm unter dem obersten Gelenk des Apollofingers enden, ist die zwischenmenschliche Kommunikation vermutlich erschwert (Abb. 7.1). Wenn der Finger leicht einwärts gekrümmt ist, steht er für Schlauheit und

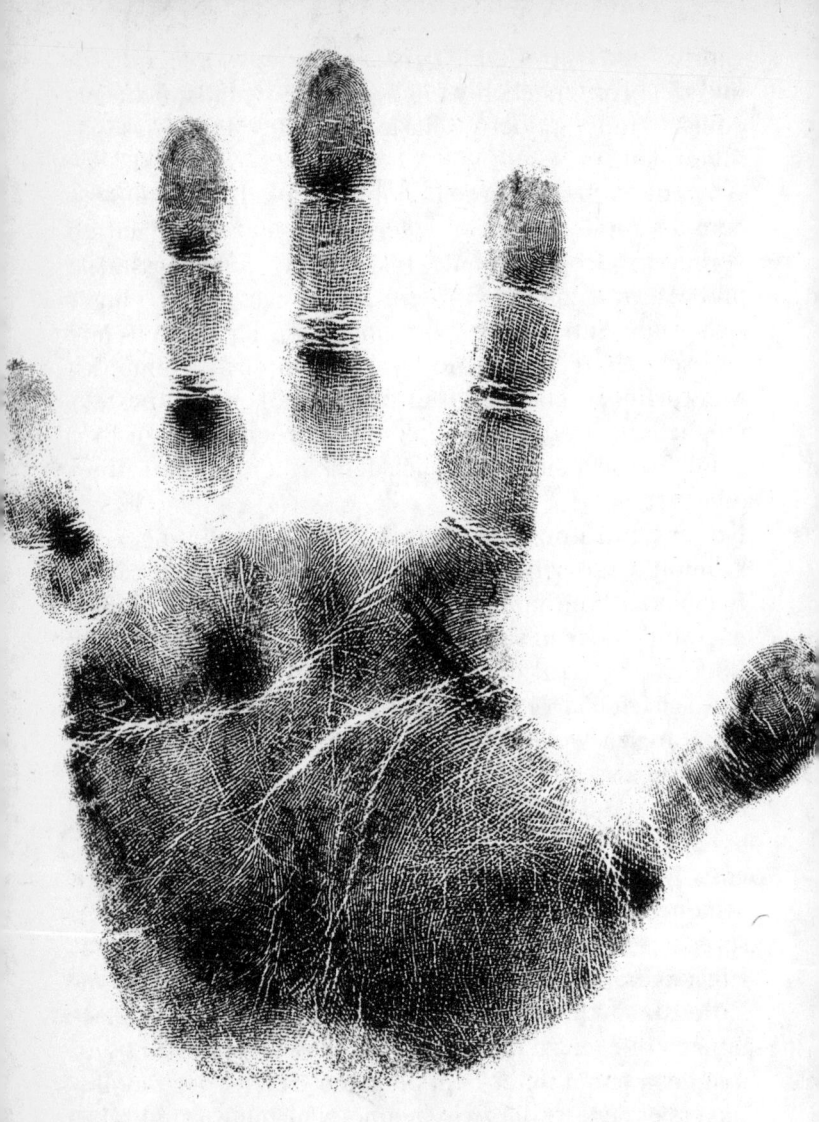

Abb. 7.1: Handabdruck mit kurzem Merkurfinger.

diplomatisches Geschick. Doch je mehr er zum Apollo-finger hinüberneigt, um so stärker ist der Hang zu Manipulation und Unehrlichkeit. Ein gerader Merkurfinger zeugt von einem aufrichtigeren Menschen, der meist weder diplomatisch noch mit Schläue vorgeht, es sei denn, sein Daumen hat eine »Taille«. Sehr häufig wird diese Person von anderen übervorteilt (für gewöhnlich von solchen mit stark gekrümmtem Merkurfinger) und als einfältig und naiv betrachtet. Diese Charakterzüge treten noch deutlicher zutage in den seltenen Fällen, wo sich der Merkurfinger nach außen von der Hand weg biegt.

Die Fingernägel

Auch die Nägel liefern nützliche Informationen über den Charakter und die Art des Umgangs mit anderen Menschen. Lange, breite, leicht gewölbte Nägel sind ein Anzeichen für Offenheit, geistige Aufgeschlossenheit, Großzügigkeit und eine positive Einstellung. Lange, schmale Nägel deuten – sofern nicht andere Handmerkmale dem widersprechen – auf Argwohn, Eigennutz sowie einen Hang zu Tücke und Berechnung in einer Beziehung hin. Kurze Nägel lassen auf einen kritischen Menschen schließen, der nicht nur die Schwächen anderer aufs Korn nimmt, sondern auch selbstkritisch ist. Er legt sich oft selbst Steine in den Weg und spielt seine Talente und seine guten Seiten herunter, obwohl sie eigentlich Anerkennung verdienten und richtig zur Geltung kommen sollten.

Die Farbe der Nägel ist wieder ein Spiegel der sexuellen Vitalität. Wer rötliche Nägel hat, besitzt meist einen starken Geschlechtstrieb und vermag seine Leidenschaft rein körperlich auszuleben. Leuchtend rosa Nägel mildern diesen Sexualtrieb im allgemeinen etwas ab; ihr Träger genießt eher ein ausgewogenes Liebesleben, in dem sich Zuneigung und Leidenschaft sowohl körperlich als auch emotional ausdrücken. Leute mit bläulichen Fingernägeln haben häufig Schwierigkeiten, sich körperlich zu verwirklichen. Es fehlt ihnen zwar nicht an Leidenschaftlichkeit und starken Liebesempfindungen, aber sie brauchen oft Zeit, um in einer Beziehung mit jemandem »warm zu werden«.

Die Linien

Von allen Linien der Hand ist die *Herzlinie* der Hauptindikator für die Gefühle, die anderen Menschen entgegengebracht werden, für die Art des Umgangs mit anderen. Sie ist nicht nur so etwas wie ein Gefühlsbarometer in bezug auf das Leben, sondern offenbart auch die Kraft und den Typ des sexuellen Selbstausdrucks.

Wie zuvor bereits erwähnt, ist eine gute Herzlinie verhältnismäßig lang, tief eingegraben, glatt und frei von großen Inseln oder Brüchen. Eine solche Linie ist ein Zeichen für starke Zuneigung, verbunden mit verläßlichen, gleichbleibenden Gefühlen. Wer diese Art von Herzlinie besitzt, ist sich in Liebesdingen sicher und seinem Partner treu ergeben.

Wenn die Herzlinie tief ist und eine Kette bildet, wie in Abbildung 7.2 zu sehen, ist der betreffende Mensch höchst sensibel und fühlt sich in einer Beziehung schnell verletzt. Er sehnt sich zwar sehr nach intimen Kontakten, hat aber gleichzeitig große Bindungsangst. Ein solcher Mensch muß mit seinen Gefühlen aufrichtig sein und versuchen, seine psychischen Abwehrmechanismen abzubauen. Sonst wird er womöglich für zugeknöpft und des-

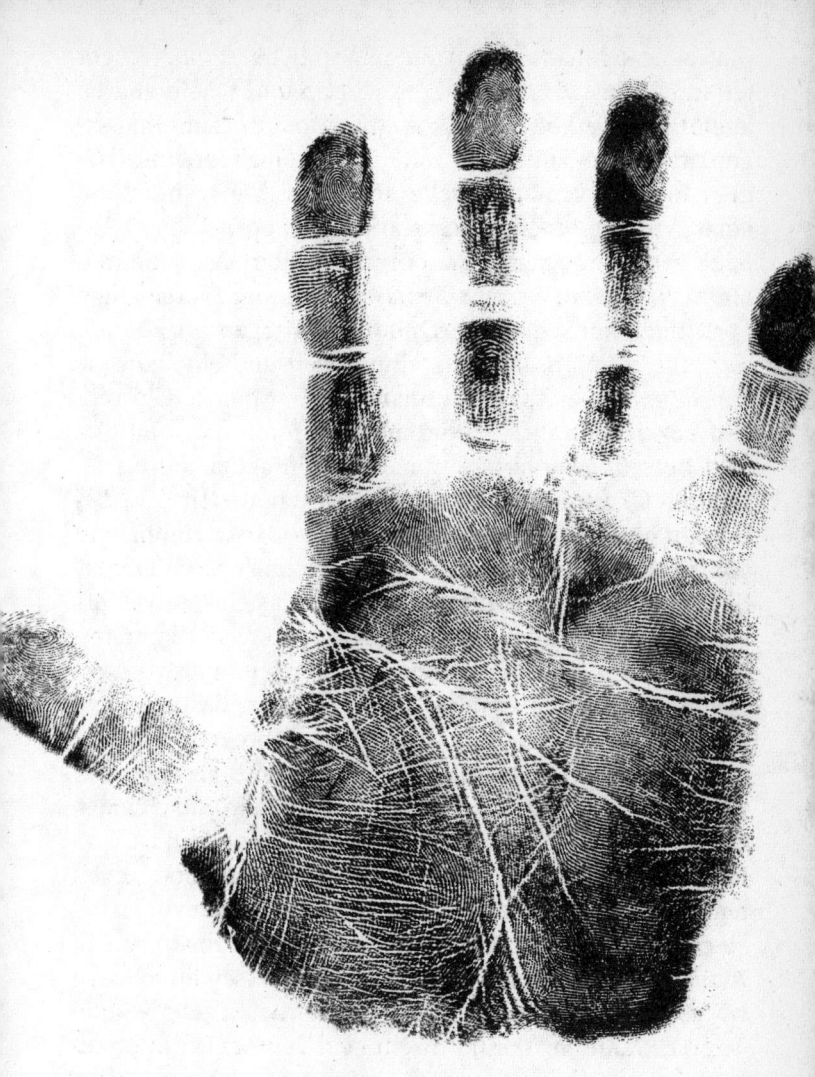

Abb. 7.2: Handabdruck mit tiefer, kettenförmiger Herzlinie.

interessiert gehalten, obwohl in Wirklichkeit das Gegenteil der Fall ist. Herzlinien mit Ketten und Inseln deuten auch Gefühlsunbeständigkeit an, wobei die Empfindungen oft wirr sind und schwanken. Wenn die Herzlinie darüber hinaus auch noch wellenförmig verläuft, sind diese Charakterzüge meist noch stärker ausgeprägt.

Eine *gerade Herzlinie,* die horizontal über den Handteller läuft, läßt auf eine im Grunde feinfühlige, vergeistigte Persönlichkeit schließen. Dabei überwiegen oft Phantasie, eine romantische Vorstellungswelt und eine gewisse Empfänglichkeit für emotionale Reize. Manche Chirologen bezeichnen diese Handlinie als »feminin«, weil Gefühlsbetontheit und emotionale Empfänglichkeit als feminine Charakteristika gelten. Trotzdem tritt sie bei Frauen und Männern gleichermaßen in Erscheinung und sollte präziser »geistig-rezeptive« Herzlinie genannt werden. Leute mit diesem Linientyp lassen sich – besonders wenn die Linie am oder nahe beim Jupiterberg endet – eher von romantischen Empfindungen leiten als vom gesunden Menschenverstand und bekunden deshalb auch lieber ihre Liebe zur Menschheit als solcher, statt sich auf eine Liebesbeziehung mit einem einzigen Menschen einzulassen. Es sollte jedoch die ganze Hand auf etwaige modifizierende Faktoren hin untersucht werden.

Eine *runde Herzlinie,* die sich in einem anmutigen Bogen nach oben schwingt, ist eher als physisch denn als geistig zu bewerten und eher als aggressiv denn als rezeptiv. Ein Mensch mit dieser Linienform steht wahrscheinlich vorwiegend unter dem Einfluß körperlicher Reize und Triebe. Seine Sexualität bricht sich vermutlich in erster Linie physisch Bahn und ist aktiv und aggressiv.

Auch die *Länge* der Herzlinie ist von Bedeutung. Wenn die Linie unter dem Saturnberg endet, hat der betreffende Mensch zwar überwiegend körperliche Begierden, läßt sich aber tiefinnerlich mehr von seinem Verstand als von seinem Gefühl leiten. Im allgemeinen sind seine sexuellen Impulse stark ausgeprägt, besonders dann, wenn der Venusberg groß ist und die Herzlinie »physischen« Charakter hat. Ist die Herzlinie kräftig und klar und weist sie nur ein Minimum an Zweigen auf, darf man annehmen, daß es ihrem Besitzer an feinerem Gespür für die Bedürfnisse seines Partners fehlt; eine kleine Gabel am Ende der Linie ist allerdings ein Zeichen für etwas vermehrte Sensibilität.

Eine Herzlinie, die zwischen Saturn- und Jupiterberg oder -fingern endet, gilt als »ideal«, weil sie ein gesundes Gleichgewicht zwischen Herz und Kopf beziehungsweise Verstand und Gefühl anzeigt. Der Betreffende ist warmherzig, großzügig und sympathisch, darüber hinaus ausgewogen und objektiv.

Wenn die Herzlinie unter dem Jupiterberg endet, überwiegt das Gefühl vor dem Verstand. Idealisierte Liebe, Sentimentalität und ein hohes Maß an Treue sind bei diesem Herzlinientyp die Regel. Häufig zeichnet sich auch verstärkt eine Neigung zu Besitzdenken und Eifersucht ab, besonders wenn der Jupiterfinger sich zum Saturnfinger krümmt.

Läuft die Herzlinie deutlich über den Handteller, um dann jäh zur Kopf- und Lebenslinie hin abzufallen (Abb. 7.3), liegt oft ein ernster Konflikt zwischen Herz und Kopf vor, der großes Leid mit sich bringen kann. Wenn die Herzlinie eine Kette bildet, was sie für gewöhnlich tut, ist der betreffende Mensch verletzlich und hat meist eine schwierige Kindheit hinter sich. Er verliebt sich oft und wahllos, und es fällt ihm häufig schwer, seine Zuneigung zu allem und jedem mit den Erwartungen in Einklang zu bringen, die gesellschaftlich in ihn gesetzt werden. Ein solches Gefühlsleben wird durch einen kräf-

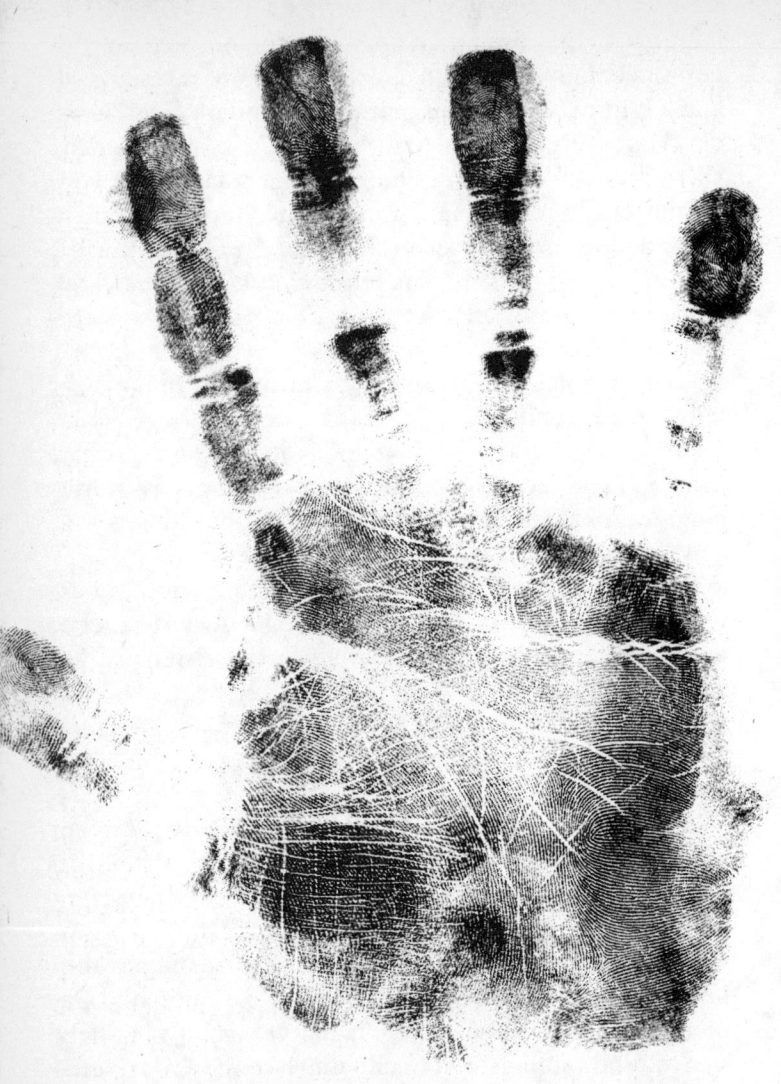

Abb. 7.3: Handabdruck mit abfallender Herzlinie, die Kopf- und Lebenslinie berührt.

tig ausgeprägten Venusgürtel noch verstärkt. Andererseits sind die Betreffenden mitleidsvoll und mitfühlend gegenüber ihren Mitmenschen und identifizieren sich leicht mit Leidenden und Bedürftigen. Darum sind viele Leute mit diesem Herzlinientyp ausgezeichnete Ärzte, Lehrer, Therapeuten, Geistliche und ähnliches, weil sie anderen gern helfen.

Ein weiter Raum zwischen Herz- und Kopflinie deutet Weitherzigkeit und eine unkonventionelle Denkweise an, insbesondere bei einem weiten Abstand von Apollo- und Merkurfinger. Ein enger Zwischenraum zwischen Herz- und Kopflinie läßt auf große Verschwiegenheit und ein Gefühl des »Nicht-daheim-Seins« in der Welt schließen. Menschen mit diesem Linienbild haben häufig Schwierigkeiten, ihre Empfindungen zum Ausdruck zu bringen, und sind in Gesellschaft oft befangen.

Zweige am Ende der Herzlinie verweisen auf eine erhöhte Empfindsamkeit und Empfänglichkeit bei dem betreffenden Menschen. Wenn die Linie in drei kleine Äste einmündet, sind Gefühl, Leidenschaftlichkeit und praktische Vernunft ausgewogen.

Hinsichtlich der Sexualität und der zwischenmenschlichen Beziehungen ist auch die Richtung zu berücksichtigen, die die *Kopflinie* in der Hand nimmt. Wenn diese Linie geradewegs über die Handfläche läuft, hat der betreffende Mensch eine realistische Einstellung zu Liebe und Freundschaft und ist häufig zweckgerichtet und praktisch, was die Liebe angeht. Je mehr die Kopflinie zum Mondberg hin abfällt, um so ausgeprägter sind Phantasie und Vorstellungsvermögen. Da diese Eigenheiten je nach anderen Charaktermerkmalen sowohl positiv als auch negativ sein können, sollte die Hand unbedingt auf modifizierende Faktoren hin untersucht werden, ehe endgültige Schlüsse gezogen werden, wobei besondere

Aufmerksamkeit den Fingern und der Fingerform zu schenken ist.

Der *Venusgürtel* ist ein Hinweis auf eine starke emotionale Veranlagung. Im allgemeinen lassen sich Leute mit einem Venusgürtel leicht von Vorstellungen und sexuellen Phantasien beeinflussen. Allerdings hängt die Emotionalität von der Klarheit, Länge und Tiefe dieser Linie und von der Ausgeprägtheit, Richtung und Eindeutigkeit der Kopflinie ab.

Hand und sexuelle Vorlieben

Es ist schwierig, von ein paar Aspekten der Hand sexuelle Neigungen abzuleiten, da Sexualität ein Ausdruck des *ganzen Menschen* und seines Verhältnisses zum Leben ist. Die Sexualität wurzelt in der genetischen Grundstruktur, in der Erziehung und kulturellen Konditionierung und speziell in den Primärbindungen an Mutter oder Vater.

Jede sexuelle Beziehung aktiviert bei jedem einzelnen andere Aspekte dieser Vorgegebenheiten. Deshalb muß die Sexualität unbedingt als Teil der Gesamtpersönlichkeit betrachtet werden statt als losgelöstes Element im Leben des einzelnen.

Wenn es um bestimmte Probleme geht, übergehen die meisten Bücher über die Handlesekunst das Thema Sexualität entweder ganz oder behandeln es mit moralisierendem Unterton.

Angesichts der großen Bedeutung dieses Themas – wie auch der drängenden Fragen eines jeden Hilfesuchenden – sollten sexuelle Dinge mit Achtung und Feingefühl angesprochen werden, ohne kritische oder wertende Bemerkungen.

Masturbation

Früher erregte die Masturbation Abscheu und galt als Hauptursache für Depressionen und Wahnsinn. Entsprechend der Auffassung ihrer Zeit hielten auch viele Chirologen die Masturbation für sündhaft und erklärten, Leute, die sich derart »selbst verunreinigten«, seien (zu ihrer Schande!) an schwitzenden Handflächen oder einem großen roten Raster auf dem Venusberg zu erkennen. Inzwischen wird das Masturbieren zwar in einem ganz anderen Licht gesehen, wirft aber noch immer erhebliche Mißverständnisse auf. Es sollte den Handleser auf jeden Fall interessieren, ob sexuelle Schuldgefühle – die in erster Linie von überholten Moralvorstellungen herrühren – und Verdrängung für den Ratsuchenden ein ernstes Problem sind.

Nach heutiger Psychologenmeinung dient die Masturbation den verschiedensten, zum Teil sogar therapeutischen Zwecken. Durch sie kann sexuelle Energie abgelassen und Spannung abgebaut werden, wenn kein passender Sexualpartner da ist. Außerdem bringt sie einen in engere Berührung mit dem eigenen Körper und den eigenen Empfindungen. Viele Frauen masturbieren, um später einmal befriedigendere Beziehungen mit ihrem Partner zu erreichen. Andererseits kann die Masturbation auch Bindungsangst dokumentieren. Wenn sie eine reine Zwangshandlung ist oder ein Mittel, einer Beziehung zu einem anderen Menschen zu entgehen, kann sie ein echtes Problem darstellen. Die Hand offenbart, warum die Situation solcherart ist, insbesondere bei eingehender Betrachtung der Herz-, Kopf- und »Ehe«-Linien sowie des Venusberges und des Venusgürtels, falls vorhanden. Dadurch gewinnt man Einblick in das gesamte Persönlichkeitsbild und kann vorsichtig raten, wie mit derartigen Problemen fertig zu werden ist.

Gleichgeschlechtliche Neigungen

Das Thema Homosexualität ist schon schwerwiegender, und nahezu jedes Buch der Handlesekunst hat zu der allgemeinen Verwirrung noch beigetragen, was die gleichgeschlechtliche Sexualität betrifft. Die Hand eines Homosexuellen – natürlich immer männlichen Geschlechts – war angeblich schwach, hatte einen überbeweglichen Daumen (ein Zeichen für eine labile Persönlichkeit), eine Kopflinie voller Brüche und Inseln (Sinnbild emotionaler Probleme), eine lange, gekettete Herzlinie (derzufolge das Gefühl über die Vernunft siegt), einen langen, aufgesplitterten Venusgürtel (ein Hinweis auf Sensibilität und sexuelle Gelüste) und spitze Finger (deutlicher Beweis für künstlerische Neigungen, kapriziöse Launen und emotionale Unausgeglichenheit). Diese Charakterisierung hat sich in allen mir bekannten Fällen als völlig haltlos erwiesen (Abb. 7.4).

Es ist außerordentlich schwierig, wenn nicht unmöglich, die sexuelle Orientierung nach der Hand zu bestimmen. Leute mit gleichgeschlechtlichen Tendenzen finden sich in jeder Kultur und Berufsgruppe, sie repräsentieren ein weites Spektrum von Persönlichkeitsmerkmalen und menschlichen Empfindungen. Psychologen haben herausgefunden, daß »Normale« und Homosexuelle auf fast allen Gebieten außer im sexuellen Bereich vollkommen identisch sind. Manche Homosexuelle tun sich schwer mit ihrer Selbstachtung, während andere in dieser Hinsicht keinerlei Probleme haben; manche sind sensibel, andere nicht; manche sind gesellschaftlich angepaßt, andere nicht. Während manche Homosexuelle Freude am Ikebana haben, sind andere Fußballfans, und wieder andere mögen beides, Ikebana *und* Fußball.

Vielfach sind die Grenzen zwischen homosexuellen, bisexuellen und heterosexuellen Verhaltensformen fließend,

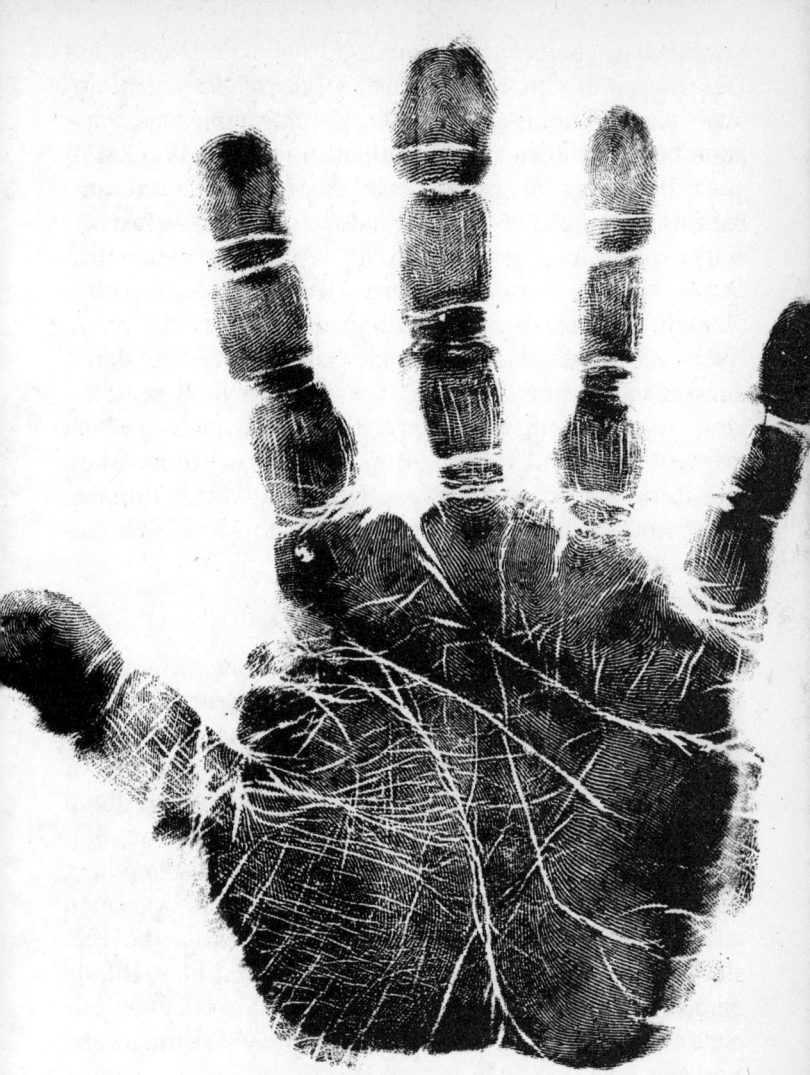

Abb. 7.4: Handabdruck eines erfolgreichen 45jährigen Homosexuellen, der zeit seines Erwachsenenlebens in Umwelt- und Na-
turschutzorganisationen engagiert war.

so daß Pauschalurteile selten zutreffen. Die Hand kann natürlich Aufschluß geben über Feinfühligkeit, emotionale Ansprechbarkeit, sexuelle Verdrängungsmechanismen der jeweiligen Persönlichkeit, über ihre Aggressivität oder Passivität, einen etwaigen Hang zur Grausamkeit und über die Fähigkeit zur Liebe und zur Selbstverwirklichung in einer Beziehung. Ob solche Gemütsregungen nun vorrangig Männern oder Frauen gelten (oder beiden), läßt sich so gut wie überhaupt nicht feststellen. Wer weiß oder intuitiv merkt, daß die Person, deren Hand er analysiert, homosexuell oder bisexuell ist, sollte das Gespräch mit dem Betreffenden selbstverständlich dementsprechend führen. Zum Beispiel wird er, wenn die Rede auf den zukünftigen Lebensgefährten kommt, von einer Primärbeziehung sprechen, ohne sich geschlechtlich festzulegen.

Andere Neigungen

Brechen sich noch andere sexuelle Neigungen Bahn – so etwa sadomasochistische, inzestuöse, voyeurhafte oder fetischistische –, sind sie oftmals ein sichtbarer Beweis für Energieblockierungen sowohl auf physischer als auch auf psychischer Ebene und können schwerlich allein durch eine Handanalyse ermittelt werden. Wie bei der sexuellen Grundeinstellung sind die Übergänge zwischen dem Vorhandensein solcher Neigungen und ihrem Ausleben oft verwischt. Nach Auffassung der Psychologie hegt jeder Mensch irgendwann einmal Gedanken in Richtung Sadismus, Masochismus, Inzest oder Voyeurtum, nur daß diese selten, wenn überhaupt, in die Tat umgesetzt werden.

Klischees sollten bei der Handcharakterisierung vermieden werden. Die »Hand eines Sadisten« ist angeblich grobschlächtig, hart und rot. Es heißt, Venus- und Mars-

berg seien groß und hart, und häufig wäre ein »Mörderdaumen« vorhanden. Die Sache hat nur den Haken, daß
etliche Leute solche Hände haben, ohne Sadisten zu sein,
wohingegen andere mit zarten Händen, langen, schlan-
ken Fingern und seidiger Haut womöglich sieben Tage in
der Woche ihre sadistischen Tendenzen ausleben. Wichtig ist eben immer, die Hand in ihrer *Ganzheit* zu sehen
und lieber auf die eigene Intuition zu vertrauen, als ste-
reotype Vermutungen aufzugreifen.

Impotenz und Frigidität
Für Impotenz und Frigidität sind physische, energetische
und psychische Ursachen verantwortlich. Die Hand gibt
zwar keine absolut stichhaltigen Anhaltspunkte über
diese Sexualprobleme, läßt jedoch immerhin verschiedene Merkmale erkennen, die zumindest einiges darüber
aussagen. Ein kleiner, nur schwach ausgebildeter Venusberg und eine schwach abgezeichnete Herzlinie verraten
unter Umständen, daß die Sexualität keinen Vorrang im
Leben des/der Betreffenden genießt.
Allerdings müssen weitere Faktoren berücksichtigt werden. Die oben erwähnten Kennzeichen deuten zwar
Möglichkeiten an, aber davon abgesehen ist die Frage
wesentlich wichtiger, wie es um die Beziehung der beiden
betroffenen Personen bestellt ist. Ehe ein Problem für
sich betrachtet wird, sollte es erst einmal im Kontext der
jeweiligen Beziehung und der bewußten oder unbewußten energetischen Verbindung der beiden Partner gesehen werden. In einer bestimmten Beziehung ist vielleicht
die Frau frigide, in einer anderen der Mann impotent.
Menschen reagieren ganz unterschiedlich aufeinander, je
nach ihrer »Chemie«, negativen Erfahrungen, die sie früher einmal gemacht haben, aus Angst- oder Schuldgefüh-
len oder auch aus sexueller Gehemmtheit heraus. Auch

Streß im Berufsleben oder andere äußere Faktoren können eine Rolle spielen. Das anliegende Problem muß immer mit der betreffenden Beziehung in Zusammenhang gebracht werden. Nur wenn es sich um ein wiederkehrendes Problem handelt – wenn beispielsweise der Mann in vier früheren Verbindungen ebenfalls impotent war –, ist es losgelöst zu betrachten und dementsprechend zu behandeln.

Es sei daran erinnert, daß verängstigte, niedergedrückte oder aufgebrachte Menschen nicht unbedingt impotent oder frigide sind, Verallgemeinerungen also fehl am Platz sind. Wenn jedoch ein Ratsuchender eine Sexualstörung erwähnt, kann man durchaus mit einer Menge lohnender Informationen über die Hauptursachen aufwarten, die dem Betreffenden die Freude einer befriedigenden Liebesbeziehung versagen.

Hand und Ehe

Die sogenannte »Ehelinie« in der Hand ist in Wirklichkeit eine Linie der Verbundenheit. Sie zeigt die Möglichkeit – und den möglichen Zeitpunkt – einer wichtigen Verbindung beziehungsweise mehrerer wichtiger Verbindungen im Leben eines Menschen auf. Wie schon an anderer Stelle erwähnt, kann diese Verbindung mit einem Mann oder einer Frau eingegangen werden und sexuelle Kontakte beinhalten oder auch nicht. Manchmal – etwa bei Leuten, die eine standesamtliche Heirat für überflüssig halten oder denen sie psychisch fernliegt – ist die Linie der Verbundenheit ein Hinweis auf einen engen Freund, zu dem eine Primärbeziehung besteht, die nicht unbedingt sexueller Natur ist.

Aus diesem Grunde ist es schwierig, festzulegen, ob eine

Linie der Verbundenheit auf eine traditionelle Ehe hindeutet oder nicht. Wie zum Verständnis anderer wesentlicher Handmerkmale kommt es auch bei der Abschätzung gegenwärtiger oder zukünftiger Verbindungen hauptsächlich auf die Intuition des Handlesers an.

Allgemein gilt, daß eine Beziehung um so dauerhafter ist, je länger die Linie der Verbundenheit ist, und je tiefer die Linie ist, desto bedeutender ist die Rolle, die diese Beziehung im Leben der betreffenden Menschen spielt. Aufsplitterungen oder Inseln kündigen Probleme innerhalb einer Beziehung an, durch die ein endgültiger Bruch eintreten kann. Wenn die Linie gegen Ende leicht abfällt, soll der Betreffende seinen Partner angeblich überleben.

Zukunftspläne

Besonders verlockend ist der Trend in der Chirologie, eine vergleichende Studie über die Hände beider Partner zu erstellen, um Gemeinsamkeiten und Widersprüche aufzuzeigen und Aufschluß über Anlagen zu Eifersucht, Neid und Herrschsucht zu erhalten.

Eine derartige Studie ist sicher oft nützlich für die Beteiligten, nur läßt der Handleser allzuleicht seine eigenen Empfindungen in seine Deutung und damit in die Beziehung einfließen. Warum zwei Menschen eine Beziehung miteinander eingehen, muß seinen Grund nicht unbedingt in sexueller Begierde, sonstiger Sinnenlust und Freude an der Zweisamkeit haben (manche Leute müssen womöglich eine alte »karmische« Rechnung begleichen), so daß der Handleser sich sehr vorsehen muß, keine Äußerungen darüber fallenzulassen, ob es ratsam ist, eine Beziehung aufzubauen oder weiterzuführen. Oftmals ist eine vergleichende Handanalyse Anlaß zur Fortsetzung eines Verhältnisses, das eigentlich besser beendet würde, oder aber sie versetzt einer Beziehung, die ihren Lauf nehmen sollte, den Todesstoß.

Aus der Hand zu lesen ist schon bei einem einzelnen ein schwieriges Unterfangen, bei einem Paar jedoch, wenn die Sache nicht an der Oberfläche bleiben soll, eine höchst knifflige Angelegenheit. Ein Handleser, der sich auf eine derart heikle Aufgabe einläßt, muß meines Erachtens über hohes fachliches Können und Erfahrung verfügen.

8. Der Wille: von der Trägheit zur Aktion

Der Wille ist etwas universal Göttliches und eine unerschöpfliche Kraft- und Energiequelle. Er bringt eine Pflanze dazu, durch Beton hindurchzuwachsen, und verleiht vielen Tierarten ihre erstaunliche, fast schon unheimliche Fähigkeit, sich anzupassen und in einer feindlichen Umwelt zu gedeihen.

Bei den Menschen steht er mit der Seele, dem »Wesen«, der »Substanz«, dem »Lebensprinzip« oder dem »Urantrieb des Lebens« in Beziehung. Es ist der Wille, der zu Leben und Wachstum anregt und durch den Begabungen und Fähigkeiten zum Ausdruck gebracht werden. Ohne Willen hätte die Menschheit sich nicht weiterentwickeln können. Er ist die Kraft, die neue Horizonte erschließt und Städte, Nationen und Zivilisationen entstehen läßt.

Auf psychologischer Ebene hängt er eng mit dem Ego zusammen, mit dem »Ich bin«. Er hat etwas mit dem Bewußtsein, das ein jeder von sich als Mensch hat, zu tun, mit der Fähigkeit zu Liebe, Kreativität und Selbstverwirklichung. Die esoterische Philosophie lehrt, daß man zwei Egos besitzt: das *sterbliche* oder *persönliche* Ich, das die Grundbedürfnisse und -wünsche der Persönlichkeit regelt, und das *göttliche* Ich, das den Geist, den »Christus in uns«, das höhere Selbst repräsentiert.

Auf elementarer Ebene ist der Wille eng mit dem sterblichen Ego verknüpft und verkörpert den Urtrieb zum Überleben. Außer zur Selbsterhaltung wird der Wille auch zum Aufbau und zur Erhaltung der Familienstruktur gebraucht.

Als Ausdruck des sterblichen Ichs ist der Wille zudem an komplexen psychologischen Vorgängen beteiligt, etwa der Lebenslust, dem Machtstreben sowie dem Bedürfnis nach gesellschaftlicher Anerkennung und nach Sicherheit. Wille ist auch oft bei Herrschsucht, Besitzdenken und Dominanzstreben in der Familie im Spiel, insbesondere im Hinblick auf Ehepartner und Kinder. Am Arbeitsplatz äußert er sich unter Umständen in Habgier, Konkurrenzverhalten und Führungsansprüchen. Im Gesellschaftsleben kann er zum Kampf um soziale Werte wie Status, Popularität und Achtung führen.

In dem Maße, wie die Persönlichkeit eines Menschen reifer wird – und die Seelenkräfte von niederen zu höheren Bewußtseinsschichten aufsteigen –, wandelt sich die Willenskraft und spiegelt dann verstärkt das göttliche Ego wider. Auf dieser Ebene drückt sich der Wille eher in einem Gefühl des Verbundenseins aus, in weiser Einsicht und der Fähigkeit, sich dem göttlichen Willen zu öffnen. Je nachdem, wie gut das persönliche Ich mit dem höheren Selbst in Einklang steht, gelingt auch die persönliche Integration und ist vermehrt innerer Frieden und Selbsterfüllung gegeben.

Der Willen ist an der Hand abzulesen. In erster Linie zeigt er sich an der Kraft, Form und Lage des Daumens, daran, wie stark die Berge ausgeprägt sind, und an der Klarheit und Ausformung der Hauptlinien. Wer seine Stärken und Schwächen erkennt – und etwaige negative Neigungen in positive Kerneigenschaften umwandelt –, kann seine Willenskraft mobilisieren.

Hände quadratischen, spatelförmigen oder gemischten Typs reflektieren häufig einen starken Willen, und das um so mehr, wenn sie darüber hinaus fest, kräftig und verhältnismäßig biegsam sind. Schmale, blasse, übermäßig weiche Hände mit schwachen oder ungemein beweglichen Fingern sind im allgemeinen ein Anzeichen für emotionale Labilität, mangelnde Entschlußkraft und für Schwierigkeiten im Kampf gegen Mißgeschicke.

Der Daumen: fleischgewordenes Ego

Der Daumen stellt die Individualität dar und die Fähigkeit, sich mit der Welt auseinanderzusetzen. Rein physisch unterscheidet der den übrigen Fingern gegenübergestellte Daumen den Menschen von den anderen Tieren – einschließlich der Affen – und versetzt ihn in die Lage, Aufgaben zu erfüllen (beispielsweise im Bauwesen, auf mechanischem Gebiet oder in der Chirurgie), die keine andere Spezies bewältigen könnte. Ohne diesen Daumen hätten wir sehr viel geringere Möglichkeiten zur Kommunikation und Kreativität, zum Bauen, Erfinden, Reparieren usw.

In psychologischer Hinsicht repräsentiert der Daumen die Macht des Egos sowohl auf »sterblicher« als auch auf »göttlicher« Ebene. Er symbolisiert die Kraft der Persönlichkeit und das Vermögen, Wünsche, Hoffnungen und Begabungen im täglichen Leben auszudrücken. Es ist bekannt, daß Kinder ihre Daumen gern vor der Welt verstecken, bis sie in ihrer Entwicklung so weit fortgeschritten sind, daß sie sich in der feindlichen Umwelt wohler fühlen. Erwachsene, die gerade eine Zeit der Ängste und extremen Anspannungen durchmachen, verbergen oft ihre Daumen in den Händen, eine Geste des Rückzugs in ein beschütztes Kinderdasein.

Je markanter der Daumen ist, desto größer ist die Ich-Stärke. Ein langer, starker, fester, »ausdrucksvoller« Daumen verrät Mut, Festigkeit und Willenskraft. Seine Spitze verleiht dem Daumen zusätzlich Charakter und Richtung. Eine spatelförmige Daumenspitze beispielsweise läßt auf einen tatkräftigen Menschen schließen, der sich mit Vergnügen in Geschäfte, kreative Vorhaben und alle Arten von Abenteuern stürzt. Ist die Spitze quadratisch, verwirklicht sich das Ego wahrscheinlich bei organisatorischen und Verwaltungsangelegenheiten, während eine konische Kuppe die künstlerischen Fähigkeiten und den kreativen Schaffensdrang begünstigt, sei es in der Bildhauerei, beim Programmieren von Computern oder beim Komponieren eines Musikstücks.

Der kräftige, wohlgerundete Daumen des amerikanischen Komponisten und Dirigenten Aaron Copland (Abb. 8.1) ist ein gutes Beispiel dafür, welch eine entscheidende Rolle der Willen für die Kreativität spielt.

Abb. 8.1: Der amerikanische Komponist Aaron Copland hat einen kräftigen, ausdrucksvollen Daumen.

Der Daumen verleiht nicht nur generell seinen Händen Kraft, sondern tritt überdies ganz besonders in Aktion, wenn der Maestro dirigiert.

Ein kurzer, dünner, flacher Daumen deutet im allgemeinen auf mangelndes Selbst- und Geltungsbewußtsein hin. Der betreffende Mensch unterschätzt meist die eigenen Begabungen und Fähigkeiten und hat Schwierigkeiten, mißliebige Situationen durchzustehen.

Obwohl ein flexibler Daumen vorwiegend Anpassungsfähigkeit, Großzügigkeit und Spontaneität repräsentiert, kann er auch ein Hinweis auf Willensschwäche sein. Leuten mit biegsamen Daumen fällt es oft schwer, sich an eine bestimmte Diät oder ein festgesetztes Budget zu halten. Immerhin können eine feste Hand, kräftige Mars- und Venusberge sowie ein markanter, langer Jupiterfinger zur Stärkung des Daumens beitragen.

Allgemein gilt, daß die Willenskraft und die Fähigkeit, Gedanken in die Tat umzusetzen, um so besser ausgeprägt sind, je länger die Willensphalanx ist. Die einzelnen Daumenglieder werden in Kapitel 4 näher behandelt.

Auch die Lage des Daumens ist von Bedeutung. Je weiter der Daumen von den anderen Fingern abgespreizt wird, um so größer sind Mut, Selbstbewußtsein und Unabhängigkeit. Kräftige Daumen, die von der Hand abstehen (in einem Winkel von 60 Grad und mehr), finden sich häufig bei Beamten, militärischem Führungspersonal und anderen, die wichtige Entscheidungen treffen und dafür geradestehen müssen. Der tief ansetzende Daumen eines 22jährigen, im Exil lebenden Südamerikaners (Abb. 8.2) offenbart dessen politisches Engagement, Abenteuerlust und Unabhängigkeitsstreben: Der junge Mann beteiligte sich auf dem College an regierungsfeindlichen Aktivitäten.

Umgekehrt deutet ein hoch angesetzter, eng mit der übri-

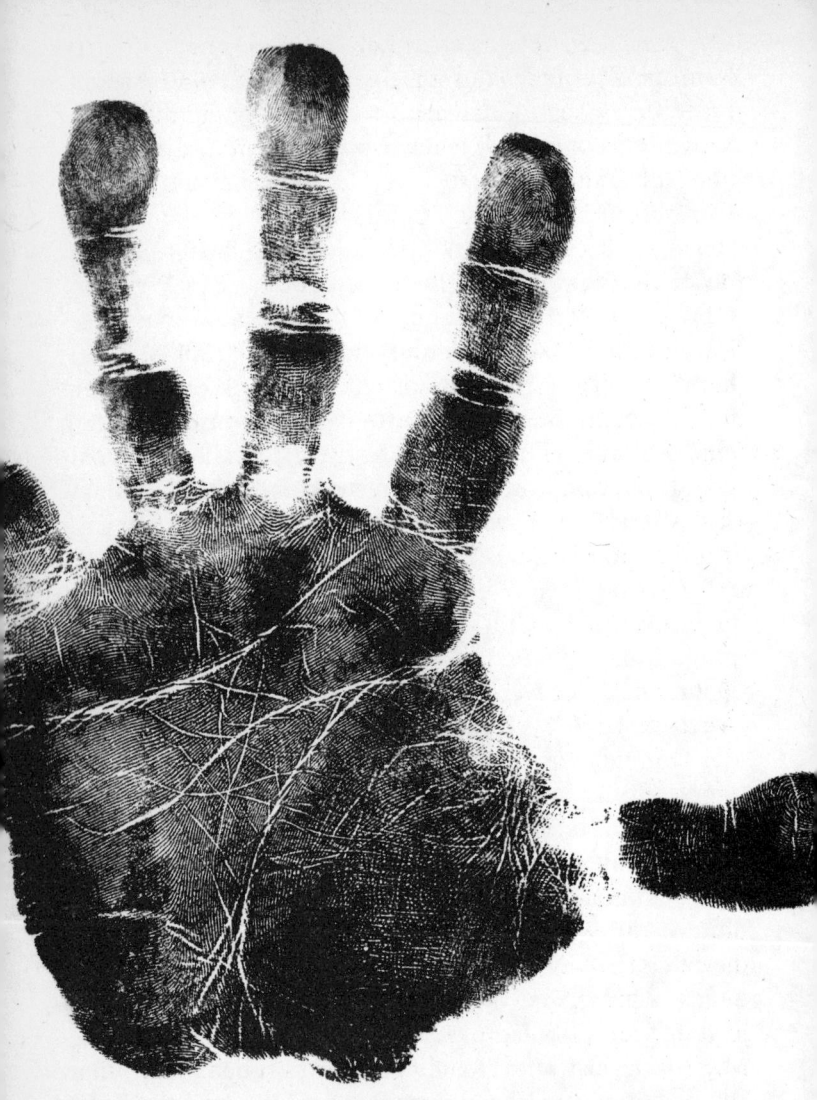

Abb. 8.2: Handabdruck mit niedrig angesetztem Daumen von einem Mann, der zu seinen politischen Überzeugungen steht.

gen Hand zusammenstehender Daumen eine sehr verkrampfte Persönlichkeit an, die nur unter Schwierigkeiten einen eigenen Standpunkt einnehmen und durchsetzen kann, besonders dann, wenn der Daumen auch noch kurz, dünn oder flach ist.

Modifizierende Faktoren

Während der Daumen im wesentlichen Aufschluß über die Ich-Stärke und Willenskraft gibt, liefern die anderen Handcharakteristika ebenso wichtige Informationen, durch die sich die vom Daumen angezeigten Grundeigenschaften verändern können.

Ein Jupiterfinger, der länger als der Apollofinger ist, kräftigt unter Umständen den Daumen. Geltungsbedürfnis, Optimismus, Führungsqualitäten und Inspirationskraft sind einige der Züge, die ein markanter Jupiterfinger andeutet.

Wenn Kopf- und Lebenslinie getrennt verlaufen, sind die Jupiterkräfte noch wirksamer. Dann hat der betreffende Mensch vermehrt die Fähigkeit, aus natürlichem Führungsvermögen heraus anzuspornen, zu handeln und Vorhaben auszuführen. Verbinden sich die Linien, ist ein langer Jupiterfinger meist ein Hinweis auf Dominanzbestrebungen und Herrschsucht. Das starke Ego wird durch mangelndes Vertrauen untergraben, was Ausdruck eines schwachen Willens ist. Im Klartext heißt das: »Ich muß der Boß sein, denn andernfalls wird mich jemand anderes herumkommandieren.« Ein solcher Mensch will unbedingt Herr der Lage sein, statt sich den natürlichen Strömungen und Bewegungen des Lebens zu öffnen.

Die Berge können ebenfalls die Eigenschaften eines kräftigen Daumens verstärken oder schwächen. Ein stark ausgeprägter Jupiterberg steigert das Selbstbewußtsein und die Führungsqualitäten, während ein markanter Saturnberg die emotionale Stabilität und die Gründlichkeit betont. Ragt der große Marsberg besonders hoch, sind Mut und Widerstandskraft größer, speziell bei Druck von außen. Ist dieser Berg jedoch nur schwach ausgebildet oder weich, hat der betreffende Mensch Probleme, für sich selbst einzutreten, und kann leicht von anderen manipuliert werden. Ein kräftiger kleiner Marsberg, der oft wie eine Schwiele oder »Geschwulst« auf der Handfläche in Erscheinung tritt, verrät Aggressivität und überschäumendes Temperament. Wenn der Venusberg ausgeprägt ist, hat der Daumen mehr Kraft und Energie, wodurch die Fähigkeit verstärkt wird, voranzukommen und schöpferisch tätig zu werden.

Des weiteren sind auch die Linien der Hand modifizierende Faktoren. Ausgeprägte, klare Linien wie in Abbildung 8.3 tragen dazu bei, alle Persönlichkeitsmerkmale einschließlich des Willens zu verstärken. Was bestimmte Linien betrifft, so zeugt beispielsweise eine lange, sensible Herzlinie von einer äußerst mitfühlenden Natur und mildert einen festen, geraden, »störrischen« Daumen ab. Eine klare, tief eingegrabene Kopflinie wirkt dahingehend kräftigend auf einen schwachen Daumen oder Zeigefinger ein, daß Gedanken mit Bestimmtheit in die Tat umgesetzt werden können.

Bei der Auswertung einer Hand muß abgewogen werden; was sichtbar ist, muß auf seinen Wahrheitsgehalt überprüft werden, und unter Umständen braucht die Person, aus deren Hand gelesen wird, Rat und Hilfe, um über Schwächen und Schwierigkeiten hinwegzukommen. Außerdem darf man nicht vergessen, daß negative Züge, auf die die Hand hinweist, oftmals nur Verzerrungen der

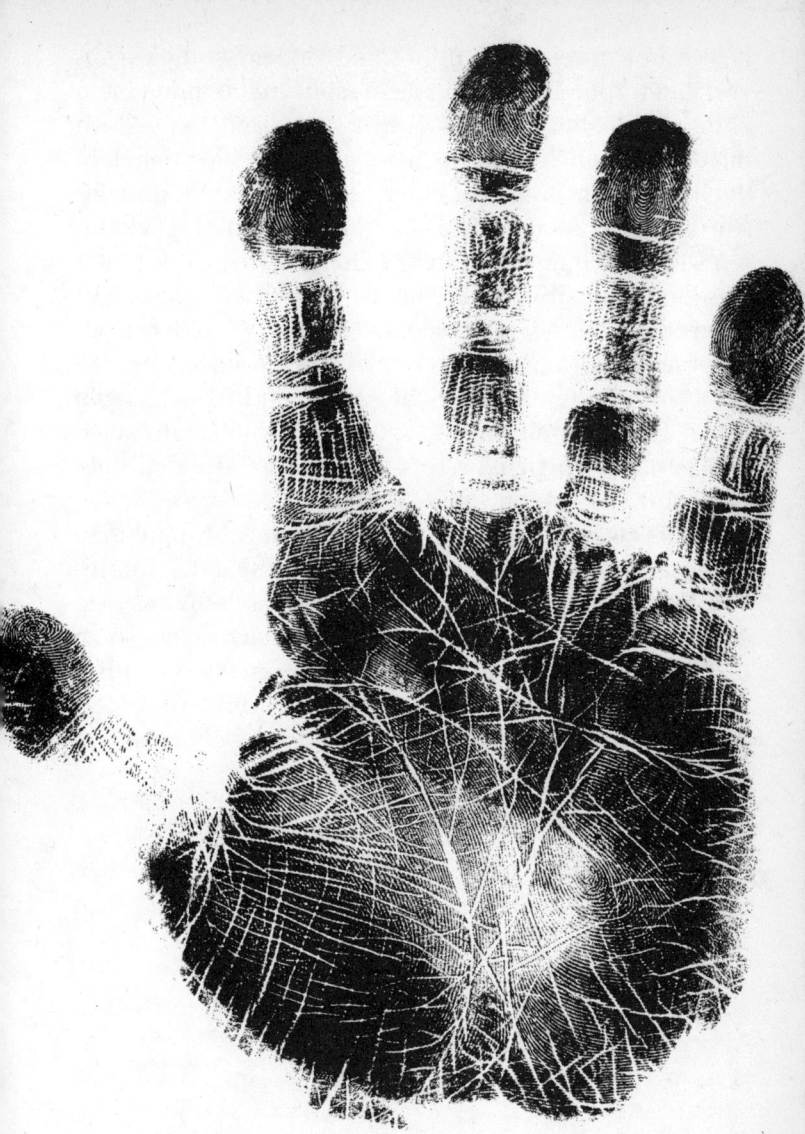

Abb. 8.3: Handabdruck mit klaren modifizierenden Linien.

positiven Kerneigenschaften sind. Ein langer Jupiterfinger kann zum Beispiel eine Persönlichkeit mit einem Hang zu Dominanz und Kontrolle anzeigen, der jedoch mit der nötigen Selbsterkenntnis und Entschlossenheit in die Fähigkeiten umgewandelt werden kann, andere zu inspirieren und dazu anzuhalten, ihre eigenen Möglichkeiten wahrzunehmen. Ein steifer Daumen mag zwar Starrsinn und Inflexibilität andeuten, kann aber genausogut innere Festigkeit widerspiegeln, die für Veränderungen aufgeschlossen macht. Sitzt der Daumen hoch oben an der Hand, bestehen vielleicht Ängste und Abneigungen gegen Lebenserfahrungen, aber andererseits kann auch eine gesunde Vorsicht und ein feines Gespür für den eigenen Wert vorhanden sein.

Gerade was Selbstachtung und Willen angeht, muß man behutsam und mitfühlend vorgehen und sich den intuitiven Erkenntnissen öffnen, die dem Menschen, aus dessen Händen man liest, wirklich helfen, sich selbst so zu akzeptieren, wie er ist. Dann wird man auch mit den Bereichen, die Aufmerksamkeit erfordern und verändert werden müssen, den Umständen und Fähigkeiten des Betreffenden entsprechend umgehen.

Teil III: Gesundheit, Spiritualität und Lebensziele

Die letzten drei Kapitel waren der Persönlichkeit gewidmet, wie sie sich in der menschlichen Hand abzeichnet. In den folgenden drei Kapiteln wird untersucht, wie Intellekt, Liebe und Willen sich im täglichen Leben praktisch auswirken, wobei wir das Hauptgewicht auf Gebiete wie Gesundheit, Spiritualität und beruflichen Werdegang legen wollen.

9. Hand und Gesundheit

Obgleich die Kunst der Handanalyse Tausende von Jahren alt ist, steht sie bei der Ärzteschaft heute im Blickpunkt eines neuen Interesses als Möglichkeit, zu einem besseren Verständnis der Dynamik von Gesundheit und Krankheit zu finden.

Orthodoxe Mediziner begutachten schon seit Jahrzehnten die Farbe der Fingernägel sowie die Temperatur und Beschaffenheit der Haut; inzwischen sind immer mehr Ärzte der Meinung, daß Oberflächenbeschaffenheit, Flexibilität, Färbung, Erhöhungen und auch die Linien der menschlichen Hand eine wichtige Richtschnur hinsichtlich der Vorbeugung, Diagnose und Linderung von Leiden sein können.

Was ist Gesundheit?

Wie es die Weltgesundheitsorganisation (WHO) der Vereinten Nationen formuliert hat, ist Gesundheit »ein Zustand vollkommenen physischen, psychischen und sozialen Wohlbefindens, nicht etwa nur die Abwesenheit von Krankheiten und Behinderung«. Und in einem medizinischen Wörterbuch heißt es: »Gesundheit ist ein Zustand oder eine Form der Ganzheit, in der alle Körperteile und -funktionen in der richtigen Weise zusammenarbeiten.«

Das Gesamtbefinden eines jeden wird teilweise durch Vererbung bestimmt, hängt aber überwiegend davon ab, inwieweit er sich seiner Umwelt anpaßt: vom Kampf gegen Bazillen, Verhalten bei Streß und von der Widerstandsfähigkeit gegen Umweltverschmutzung und Unfälle. Eine gesunde Kost, die Meisterung von Streßsituationen, eine positive Geisteshaltung, Ruhe und regelmäßige körperliche Ertüchtigung sind die wesentlichen Faktoren, durch die eine gute Gesundheit erlangt und erhalten werden kann. Da meist nur ein geschwächter Körper den Nährboden für Krankheiten darstellt, sollte es ein vorrangiges Ziel im Leben jedes Menschen sein, den Körper gesund zu erhalten. Bereits seit Hippokrates betrachten die Heilkundigen die Hand als verläßlichen Indikator für Veranlagung, Gemütszustand und körperliche Verfassung. Heute kann die Hand mehr als je zuvor mit wesentlichen Informationen zu einem besseren Verständnis des Gesundheitsbildes beitragen und dazu anregen, auf das gewünschte Wohlbefinden hinzuarbeiten.

Die Hände zeigen Tendenzen und keineswegs immer festgelegte Tatsachen auf, und die Linien der Hand können sich sogar drastisch verändern – manchmal innerhalb von wenigen Wochen. Darum sind Bemerkungen wie

»Ihre Lebenslinie sagt aus, daß Sie im Alter von 40 Jahren sterben« oder »Sie werden an Krebs erkranken« unverantwortlich. Daß jemand eine lange Lebenslinie hat, ist noch längst keine Garantie dafür, daß er nicht auf seinem Weg zur Arbeitsstelle von einem Taxi überfahren wird, und ein Hinweis auf eine mögliche Krebserkrankung bedeutet nicht etwa, daß der Betreffende nicht ein langes Leben ohne Krebs vor sich haben kann.

Doch je nachdem, wie gut der Handleser die Veranlagung für bestimmte Gesundheitsprobleme zu erkennen vermag, kann die Chirologie bei der Vorbeugung und Heilung von Krankheiten von großem Nutzen sein. Sie liefert nicht nur Anhaltspunkte über mögliche Gesundheitsbeschwerden, sondern Struktur, Oberflächenbeschaffenheit und Linien der Hand bieten darüber hinaus jedem die Möglichkeit, Wege zur Verbesserung seiner Gesundheit zu erkennen.

Die Hand ist einem komplizierten Puzzle vergleichbar, das sich immer wieder anders darstellt. Wer die einzelnen Charakteristika – so etwa Temperatur, Beschaffenheit und Linien – in ihrer Bedeutung erkennt und sie mit Verstand und Intuition in die richtige Beziehung zueinander setzt, kann sich mit Hilfe der Informationen aus der Hand seiner eigenen Gesundheit wie auch des Wohlbefindens derer versichern, die bei ihm Rat suchen.

Die Hand: Textur, Temperatur und Farbe

Die Hautbeschaffenheit gibt nützliche Aufschlüsse über den inneren Zustand eines Menschen. Wenn die Haut weich und zart ist, spiegelt sie Anfälligkeit gegenüber Umwelteinflüssen wider. Eine gröbere Hauttextur hingegen deutet darauf hin, daß die Gesundheit des betreffenden Menschen nicht besonders stark von äußeren Faktoren wie Temperatur, Lärm und Luftverschmutzung beeinflußt wird.

Ärzten ist seit langem bekannt, daß trockene, rauhe, schuppige Hände eine Unterfunktion der Schilddrüse vermuten lassen, während sehr warme, geschmeidig glatte, seidige Hände ein Anzeichen für eine Schilddrüsenüberfunktion sein können. Weiche, dickliche Wurstfinger deuten unter Umständen ebenfalls Schilddrüsenprobleme an.

Wenn die Hände kalt und klamm sind, ist der Betreffende womöglich nervös (besonders wenn er sich zum ersten Mal aus der Hand lesen läßt). Dann gilt es herauszufinden, ob die Unruhe nur zeitweilig auftritt oder chronisch ist, denn feuchtkalte Hände können auch Schlafstörungen anzeigen. Fühlen sich die Hände und speziell die Fingerspitzen kalt an, selbst an einem warmen Tag, ist wahrscheinlich die Blutzirkulation schlecht, was bei zusätzlicher bläulicher Färbung der Fingernägel ziemlich sicher anzunehmen ist.

Normalerweise ist die Handfläche rosig oder blaßrosa, ganz unabhängig von Rasse oder Hautfarbe, ein Beweis für eine gute Durchblutung und normale Körperfunktionen. *Starke Rotfärbung* ist ein Hinweis auf eine übermäßige Durchblutung der Hände und möglicherweise auf eine Neigung zu Bluthochdruck, Diabetes, Gicht, Herzkrankheiten und Schlaganfällen. Eine *blasse Haut* verrät normalerweise innere Unruhe oder Blutarmut. In seinem ausgezeichneten Buch *A Doctor's Guide to Better Health Through Palmistry* (»Ärztlicher Ratgeber zur Verbesserung der Gesundheit mit Hilfe der Handlesekunst«) schlägt Dr. Scheimann vor, die Hand zurückzubiegen und die Hauptlinien zu betrachten: Sind sie weißlich, liegt unter Umständen Eisenmangel vor.

Warme, bläuliche Hände deuten auf eine schlechte Blutzirkulation oder eine mögliche Herzerkrankung hin und sind häufig mit der Raynaud-Krankheit, Arteriosklerose und gewissen Nebenwirkungen von Medikamenten in Beziehung zu setzen. Wenn die Hände kalt und bläulich sind, ist die Durchblutung nur örtlich gestört. Dann sollte zwecks entsprechender Diagnose und Behandlung ein Arzt aufgesucht werden.

Gelbliche Hände kommen relativ selten vor, legen aber die Vermutung auf eine Lebererkrankung wie Hepatitis oder Gelbsucht nahe. Ehe jedoch solche Schlüsse gezogen werden, sollten erst einmal die Ernährungsgewohnheiten der betreffenden Person in Augenschein genommen werden. Gelbliche Hände findet man nämlich oft bei Leuten, die große Mengen Möhrensaft trinken.

Handbeschaffenheit und Gesundheit

Die Beschaffenheit der Hände ist ein wertvoller Gradmesser des Wohlbefindens, weil dadurch das Maß an Energie bestimmt werden kann, das dem Betreffenden zur Verfügung steht.

Schlaffe, weiche Hände lassen verminderte Muskelspannkraft erkennen und sind oft klein, breit und bei Berührung nachgiebig. Leute mit schlaffen oder sehr weichen Händen geben sich meist zu ungehemmt den Freuden des Lebens hin, das heißt dem zu reichlichen Genuß von Speisen, Alkohol und Sex (besonders, wenn die Hände dick sind). Sie sind häufig träge und willensschwach, insbesondere bei flexiblem, kraftlosem Daumen. *Dünne, flache, schwache Hände* offenbaren einen Mangel an Energie sowie Schwierigkeiten, einer Tätigkeit über längere Zeit nachzugehen. Wer solche Hände hat, ist in der

Regel sehr krankheitsanfällig und zeigt häufiger Vitamin-
mangelerscheinungen als andere.

Feste Hände, die muskulöser sind, lassen auf einen energischen, starken, aktiven Menschen schließen, dessen
Leben ausgewogener verläuft. Sie verraten ein hohes
Maß an Verantwortungsgefühl und Selbstbeherrschung,
kennzeichnen jedoch darüber hinaus eine Person, die
sich unerwarteten Umständen anpassen kann und neuen,
unvertrauten Ideen gegenüber aufgeschlossen ist. Dementsprechend sind Leute mit festen Händen widerstands-
fähiger gegen Krankheiten.

Harte, steife Hände lassen sich auch mit Kraftaufwand
nicht biegen. Im Gegensatz zur festen Hand, die für Ausgeglichenheit und Anpassungsvermögen steht, zeichnet
die starre Hand das Bild eines unflexiblen, verkrampften
Menschen voller aufgestauter Energie. Leute mit starren
Händen müssen ihre Energien konstruktiv »ablassen«
(beim Sport, Gärtnern oder anderen Aktivitäten), um
streßbedingte Krankheiten wie etwa Bluthochdruck,
Schlaganfälle, Herzkrankheiten, Magengeschwüre, Mi-
gräne und Rückenschmerzen zu vermeiden.

Die Linien

Auch die Linien der Hand können uns wertvolle Hinweise auf die Gesundheit geben. Sie zeigen den Grad der
inneren Ausgeglichenheit und des emotionalen Aus-
drucksvermögens an, den Pegel der körperlichen Vitalität und die Anfälligkeit für seelische Schocks durch
Krankheit, Ereignisse mit beinahe tödlichem Ausgang
und Unfälle.

Von allen Linien der Hand ist der Linie der Vitalität oder
Lebenslinie in diesem Zusammenhang die größte Bedeu-

tung beizumessen. Sie ist die erste Linie, die sich beim Embryo entwickelt, und ihre Tiefe, Klarheit und Länge gibt Aufschluß über die vorhandene Lebenskraft und körperliche Verfassung.

Wie zuvor bereits herausgestellt, läuft die Lebenslinie von dem Punkt, wo Daumen und Zeigefinger zusammenstoßen, zur Handwurzel hinab. Der oberste Linienabschnitt gibt das erste Lebensjahr an, während der untere Teil, in dem sie sich auf das Handgelenk zuzukrümmen beginnt, etwa das siebzigste Lebensjahr anzeigt. Als zentrale Linie der Hand, die eigentlich jeder haben müßte, zeichnet die Lebenslinie alle einschneidenden Ereignisse auf wie Krankheiten, Begegnungen mit dem Tod, wesentliche Lebensumstellungen, Traumata sowie Kräfte- und Vitalitätsschwund. Die gebrochene Lebenslinie in Abbildung 9.1 zeugt von einer lebensbedrohlichen Operation, der sich eine junge Frau im Alter von etwa 25 Jahren unterziehen mußte. Die junge Frau hätte die Operation beinahe nicht überlebt, und als sie aus dem Operationssaal getragen wurde, war ihre Körpertemperatur bei 42 Grad. Die Ärzte mußten sie 24 Stunden in Eis packen, bis die Temperatur wieder sank, und niemand hatte damit gerechnet, daß sie sich wieder erholen würde. Interessant dabei ist die kleine Einflußlinie, die durch den Bruch läuft und die Kopflinie berührt. So knapp dem Tod entronnen zu sein, hatte einen starken Einfluß auf das Leben der jungen Frau, und daraus resultierte vermehrte Kreativität und persönliche Freiheit.

Da sich die Lebenslinie verändern kann, sind allerdings auch die Hinweise auf Zukunftsereignisse und Krankheiten einem Wandel unterworfen. Alle Erkrankungen, Schockerlebnisse und dergleichen haben, wiewohl sie oft sehr schmerzhaft und manchmal sogar lebensgefährlich sind, doch auch eine positive Komponente. Sie erteilen

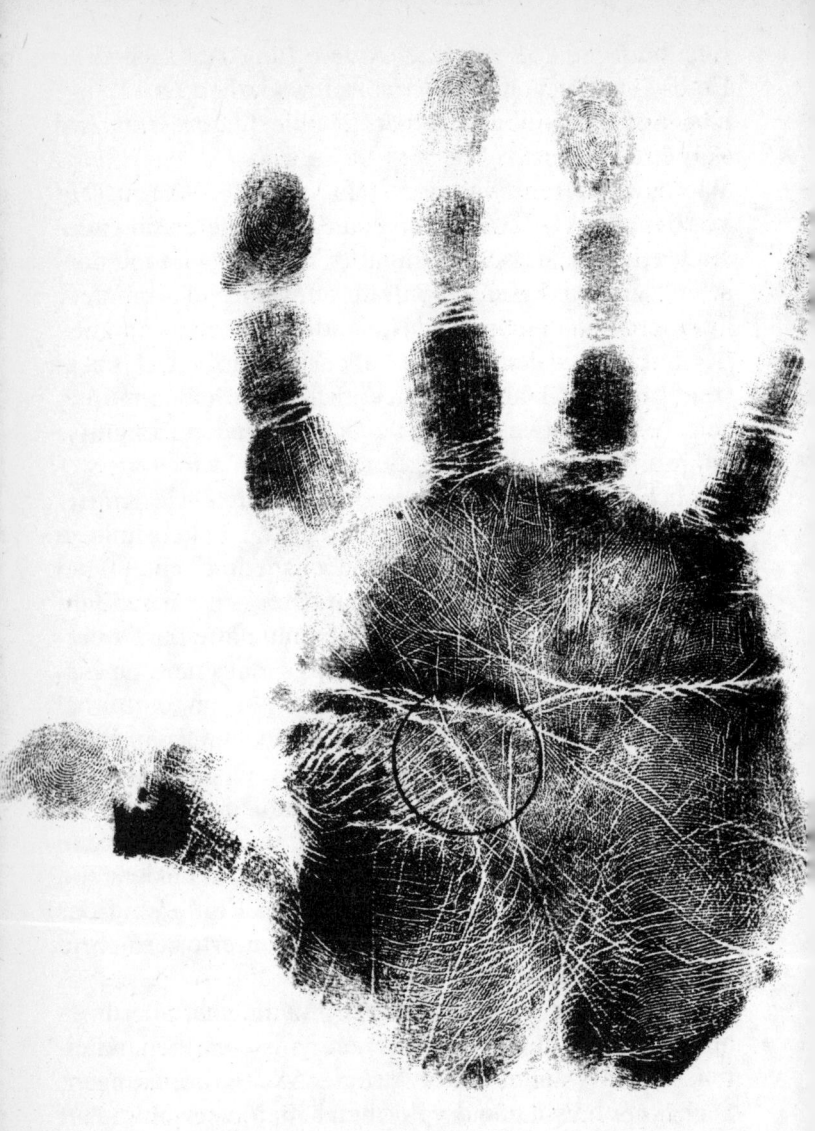

Abb. 9.1: Handabdruck mit gebrochener Lebenslinie.

eine nützliche Lektion, was Anfälligkeit, Frustrationen, Gesundheitsvorsorge und Lebensfreude betrifft.

Können die angeschnittenen Probleme ausgeschaltet werden? Vielleicht. Wer sich bewußt den Lehren stellt, die das Leben fortwährend erteilt und die gelernt sein wollen, *ohne* erst durch eine Krankheit oder einen anderen seelischen Schock schmerzhaft dazu gezwungen werden zu müssen, kann derlei unter Umständen vermeiden. Das veranschaulichen die Handabdrücke eines 34jährigen Rechtsanwalts in Abbildung 9.2 und 9.3. Seine Lebenslinie wies ungefähr beim 65. Lebensjahr einen Bruch auf, der eine lebensbedrohliche Erkrankung bedeuten konnte. Besorgt über diese Möglichkeit verbesserte er seine Ernährungsgewohnheiten und rauchte weniger. Nach einigen Jahren war die Bruchstelle vollkommen verschwunden (Abb. 9.3). Der Gedanke an eine ernste Krankheit half dem Mann dabei, sich einen gesünderen Lebensstil anzugewöhnen. Er übernahm die Verantwortung für seine Gesundheit, *ehe* Krankheitssymptome auftraten.

Eine lange, klare, tiefe Lebenslinie (Abb. 9.2) verrät Vitalität und eine kräftige Konstitution, während eine kurze oder schwach ausgeprägte Linie voller Inseln und Brüchen (Abb. 9.4) körperliche Schwäche und erhöhte Krankheitsanfälligkeit andeutet. Dieser Typ Lebenslinie verurteilt aber niemanden zu einem kurzen Leben oder einem langen Leiden. Sie mahnt nur, daß keiner seine Gesundheit als gegeben hinnehmen sollte, sondern sich lieber bewußt richtig ernähren, regelmäßig körperlich ertüchtigen und kleinere Gebrechen sofort behandeln sollte, ehe sie sich zu schweren Krankheiten auswachsen. Durch gesunde Lebensweise kann man eine schwache, gebrochene oder kurze Linie allmählich in eine klare, lange, kräftige verwandeln.

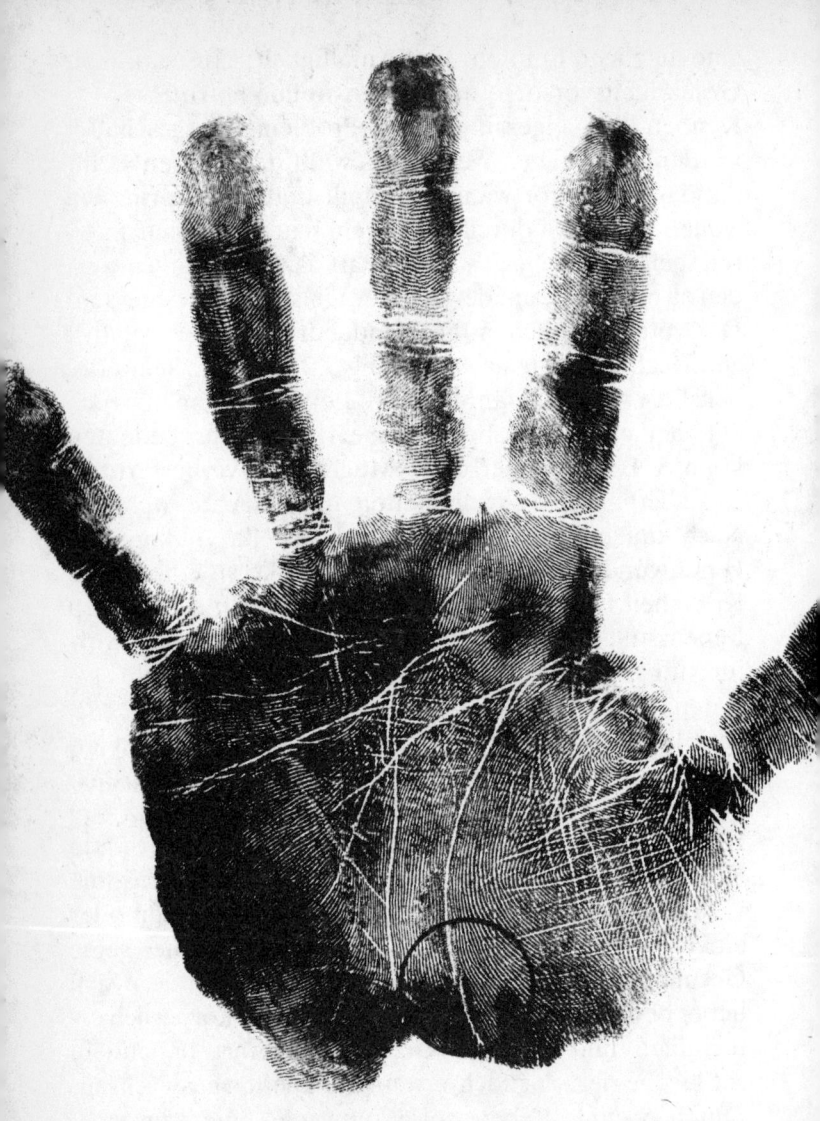

Abb. 9.2: Handabdruck mit klarer, gebrochener Lebenslinie.

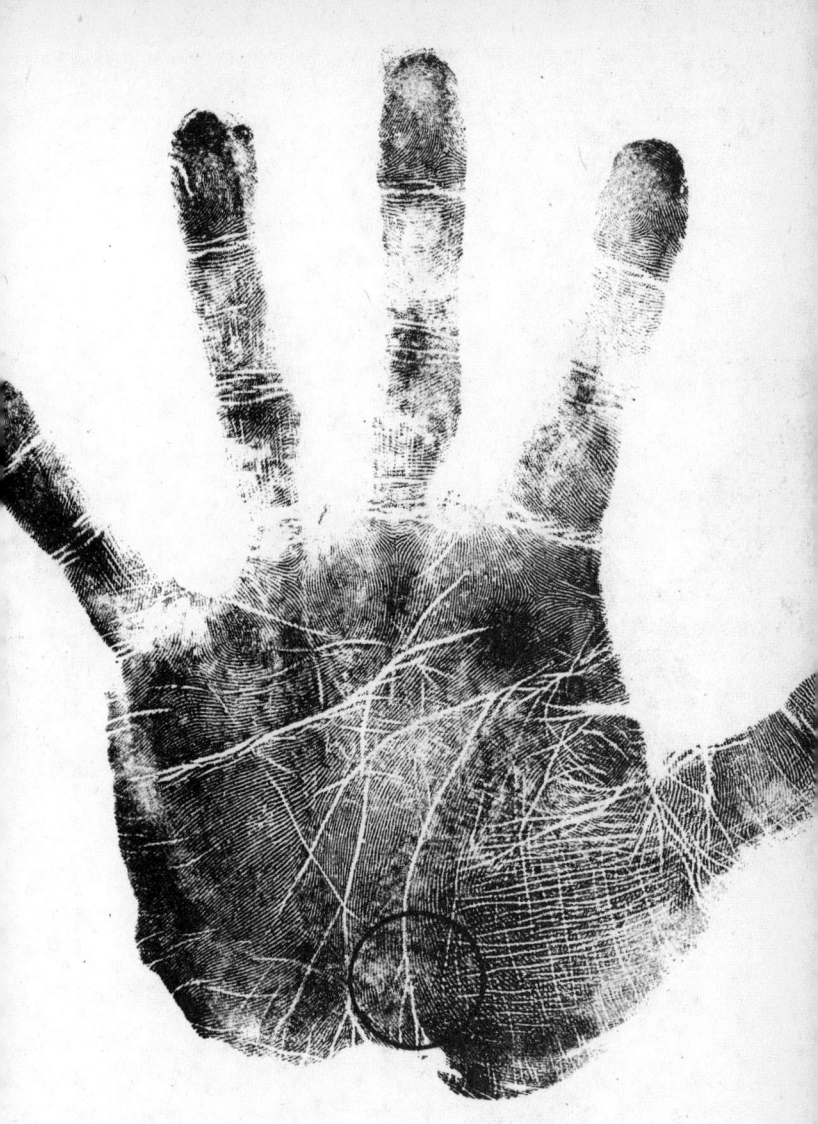

Abb. 9.3: Handabdruck mit wiederhergestellter Lebenslinie.

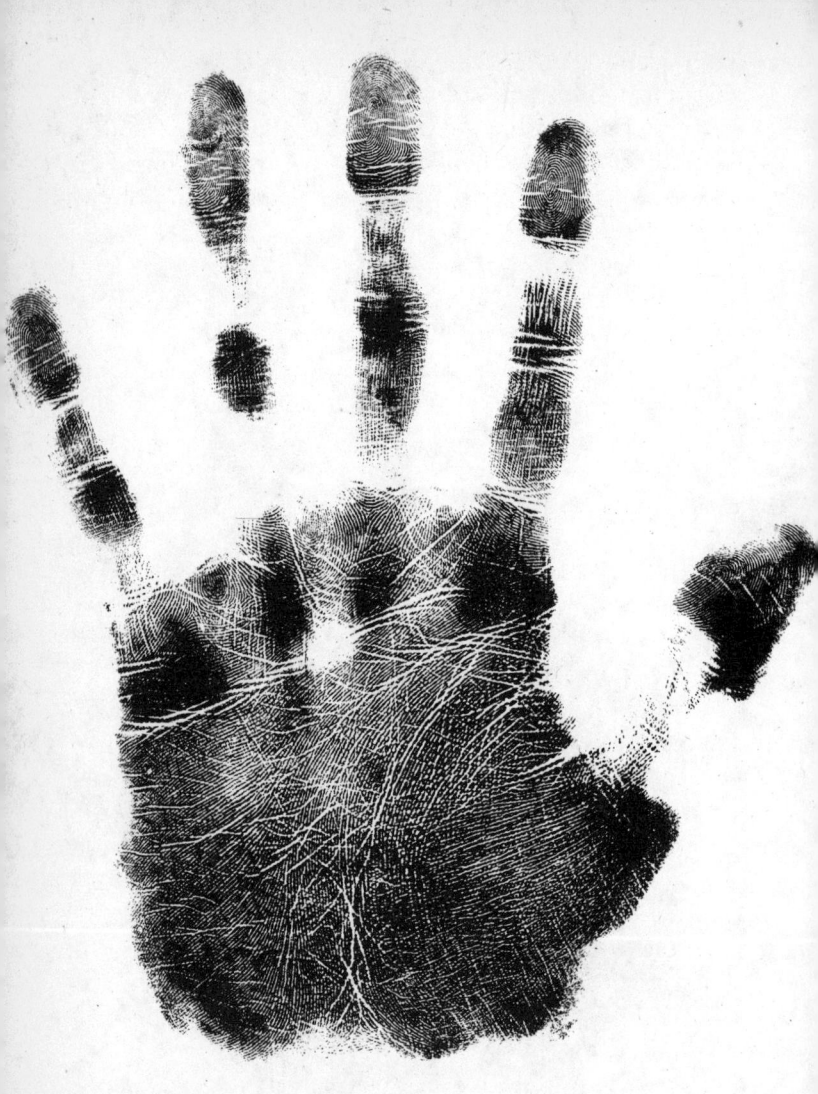

Abb. 9.4: Handabdruck mit schwacher Lebenslinie.

Inseln auf der Lebenslinie künden meist Zeiten niedriger Vitalität und erhöhter Krankheitsanfälligkeit an. Wenn sie zeitlich mit Inseln auf der Kopf-, Herz- oder Schicksalslinie zusammenfallen, weisen sie darüber hinaus auf Verwirrungen und Sorgen oder Ziellosigkeit und mangelnde Perspektiven hin.

Eine eiförmige Insel am Ende der Lebenslinie tritt manchmal bei Krebskranken in Erscheinung. Sie ist jedoch kein absolut sicheres Zeichen für das Krebsleiden, sondern zeigt nur eine gewisse Veranlagung für diese Krankheit an. Leute mit einer solchen Insel sollten keinesfalls in Panik geraten; nur wäre es ratsam, wenn sie Faktoren ausschließen würden, die erwiesenermaßen krebsfördernd sind: Rauchen, Nahrungsmittel mit einem hohen Gehalt an Fetten und Zusatzstoffen, aber wenig Ballaststoffen, Umweltverschmutzung und Dauerstreß. Sie sollten sich überdies über die Anzeichen einer Krebserkrankung informieren und etwaige Erscheinungen dieser Art sofort ihrem Arzt mitteilen.

Rote oder blaue Punkte auf der Lebenslinie deuten häufig auf eine ernste Erkrankung oder einen Unfall mit hohem Fieber hin. Wenn ein entsprechender Punkt an der gleichen Altersstelle auf der Herz-, Kopf- oder Bauchlinie erscheint, ist wahrscheinlich das betreffende Organ geschädigt, besonders dann, wenn der Punkt auf beiden Händen auftritt.

Wird die Linie von einer Einflußlinie unterbrochen, die vom Venusberg kommt, kann ein schwerer Unfall angezeigt sein. Zur Bestätigung sind beide Hände zu überprüfen.

Die *innere Lebenslinie* (Abb. 9.1) verläuft parallel zur Lebenslinie und verleiht bei einer Krankheit, einem Unfall oder bei Vitalitätsschwund zusätzliche Kraft. In dem abgebildeten Handabdruck »überdeckt« diese kurze Linie die Bruchstelle in der Lebenslinie und mildert deren Auswirkungen ab.

Gelegentlich übernimmt die Saturnlinie die Aufgaben einer schwachen oder verschwindenden Lebenslinie, wie in Abbildung 9.5 zu sehen. In diesem Fall erfüllt die Saturnlinie eine »doppelte Pflicht« und ist sowohl eine ergänzende Lebenslinie als auch ein Richtungsweiser für den beruflichen Werdegang.

Wie zuvor bereits erwähnt, ist eine gute *Kopflinie* klar, kräftig und frei von Inseln und Brüchen. Im Hinblick auf die Gesundheit deuten Inseln Phasen voller Sorgen und Unschlüssigkeit an, die Spannungen und streßbedingte Krankheiten hervorrufen können. Wer in seiner Kopflinie eine Insel oder einen Bruch findet, sollte geistige Anspannung und Ärger vermeiden. Darüber hinaus wäre es ratsam, keine scharfgewürzten, anregenden Speisen zu essen, weder Koffein noch weißen Zucker zu sich zu nehmen und sich häufig zu entspannen, auszuruhen und zu meditieren.

Die *Herzlinie* ist ein Gradmesser des Gefühlslebens und gibt Aufschluß über viele körperliche und seelische Störungen. Eine Herzlinie voller Brüche oder Ketten verrät ein hohes Maß an innerer Empfindsamkeit, die unter Umständen für Streßkrankheiten prädestiniert. Blaue oder rote Punkte auf der Herzlinie deuten die Möglichkeit eines Herz- oder Gefäßleidens an.

Die *Merkur-* oder Bauchlinie nimmt ihren Anfang etwa dort, wo die Lebenslinie endet, und läuft dann aufwärts auf den Merkurfinger zu. Nach Meinung vieler Ärzte wäre es besser, wenn diese Linie überhaupt nicht in Erscheinung träte, weil sie Magen-Darm-Probleme sowie Leber-, Bauchspeicheldrüsen- und Nierenstörungen vermuten läßt.

Unterleib und Solarplexus werden auch »Spiegel der Ge-

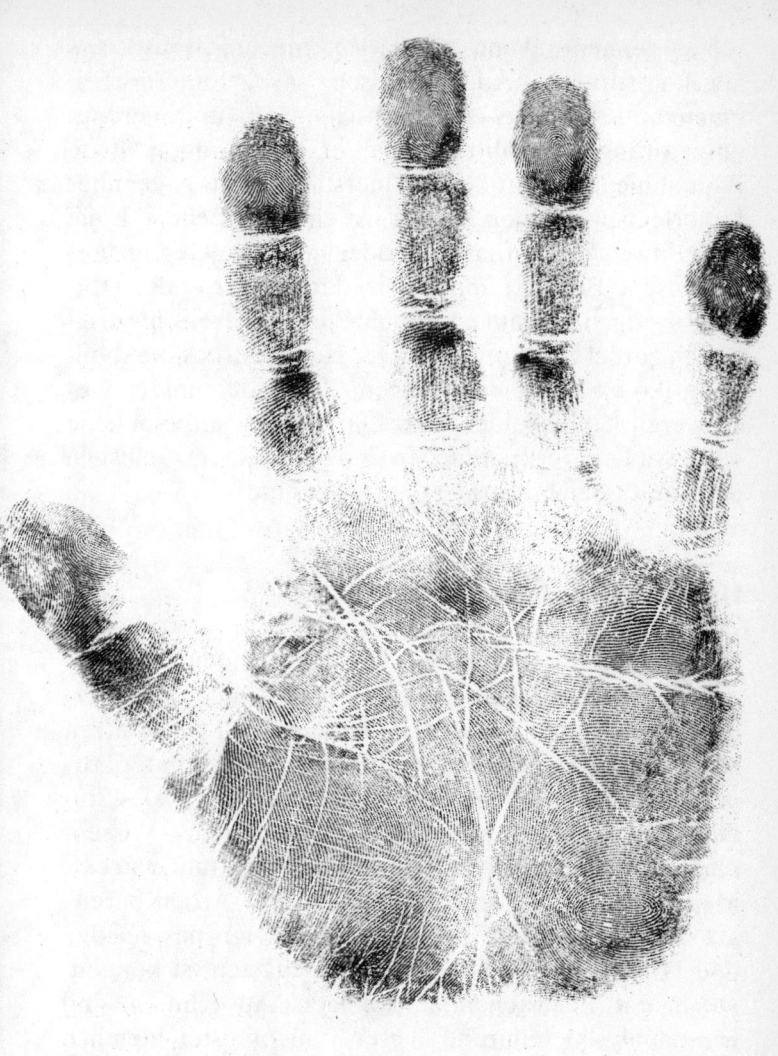

Abb. 9.5: Handabdruck mit Saturnlinie als ergänzender Lebenslinie.

fühle« genannt. Wenn Ärger, Kummer und Frustrationen unterdrückt werden, »fressen« sie sich häufig nach innen und verursachen Bauchschmerzen und Verdauungsstörungen. Während eine kräftige, ungespaltene Bauchlinie eine größere Widerstandskraft gegenüber Unterleibsproblemen anzeigt, ist eine gebrochene Linie ein Hinweis auf vorhandene oder mögliche Geschwüre, chronische Bauchkrämpfe, Dickdarmkatarrh oder Drüsenstörungen, die auf emotionale und andere Schwierigkeiten zurückzuführen sind. Der Handabdruck in Abbildung 9.6 ist von einem jungen Mann, der unter einer schweren Kolitis leidet. Spezielle Gesundheitsprobleme wie etwa Lebererkrankungen sind oft an einem Gelbstich der Haut oder Fingernägel zu erkennen.

Hautmusterung und Gesundheit

In den letzten Jahren haben Mediziner und andere Wissenschaftler entdeckt, daß die feinen Linien oder *Dermoglyphen* in der Handfläche und an den Fingerspitzen zuverlässige Anhaltspunkte hinsichtlich bestimmter körperlicher und emotionaler Gegebenheiten sind. Das Studium dieser Linienmuster ist eine faszinierende Wissenschaft, die allerdings noch in den Kinderschuhen steckt. Manche Handleser stützen sich bei ihrer Arbeit bereits auf dermoglyphische Untersuchungen, um das geistige und körperliche Wohlbefinden einschätzen zu können. Doch mit nachstehenden wenigen Ausnahmen sind Handanalysen aufgrund dieser Linienmuster ziemlich spekulativ und nur mit Vorbehalt zu gebrauchen.

Die Hände sind mit verschiedenen Systemen paralleler Dermoglyphen gemustert, die bei jedem Menschen einzigartig sind. Wo immer sich diese feinen Linien treffen,

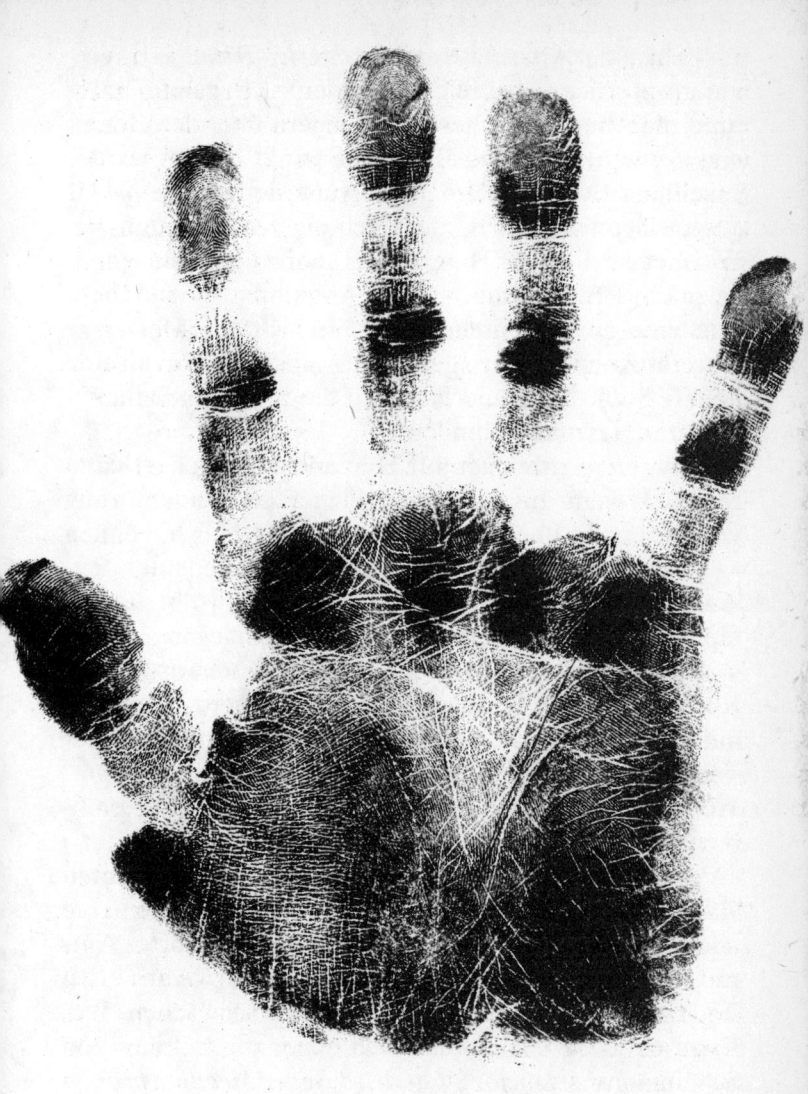

Abb. 9.6: Handabdruck mit gebrochener Merkurlinie.

entsteht eine Art dreistrahliger Stern *(Triradius)*. Vier unterschiedliche Triradien befinden sich genau unter (und manchmal zwischen) den Fingern über der Herzlinie; sie wurden bereits als Scheitelpunkt oder Apex der jeweiligen Berge beschrieben. Außerdem tritt ein klar ausgeprägter Triradius, der auch als Axialtriradius bezeichnet wird, an der Handwurzel knapp über dem Handgelenk in Erscheinung, wie auf Abbildung 9.7 zu sehen. Wie eine amerikanische Fachzeitschrift für Mediziner schreibt, kann die Verlagerung des Axialtriradius an eine höhere Stelle der Handfläche auf die Anfälligkeit für ein ererbtes Herzleiden hindeuten.

Ein weiteres Anzeichen für Herzerkrankungen ist dann gegeben, wenn zuvor normale Finger sich keulenförmig verbreitern (Abb. 9.8.). Keulenförmige Finger können zwar ererbt sein, aber ihr Vorhandensein bedeutet dennoch – insbesondere mit uhrglasförmig gewölbten oder hippokratischen Nägeln, auf die später eingegangen wird – eine Neigung zu Herz- und Lungenbeschwerden an. Kommt noch ein fehlplazierter Axialtriradius hinzu, ist mit ziemlicher Sicherheit ein bereits vorhandenes oder sich anbahnendes Herzleiden anzunehmen.

Wenn Dermoglyphen mißgeformt sind oder nicht zusammenhängen, zeichnet sich eine »Perlenschnur« ab (Abb. 9.9), die eine Veranlagung zu Neurosen vermuten läßt. Spiralen oder Schlingen auf dem Mondberg, eine anomale Anzahl feiner Hautlinien oder vermehrtes Auftreten von Spiralen auf den Fingerspitzen (Abb. 9.10) sind fast immer ein Hinweis auf ererbte Schwächen. Wer Englisch lesen kann, sollte sich durch die Lektüre von Scheimanns *A Doctor's Guide to Better Health Through Palmistry* (siehe Bibliographie im Anhang) genauer informieren.

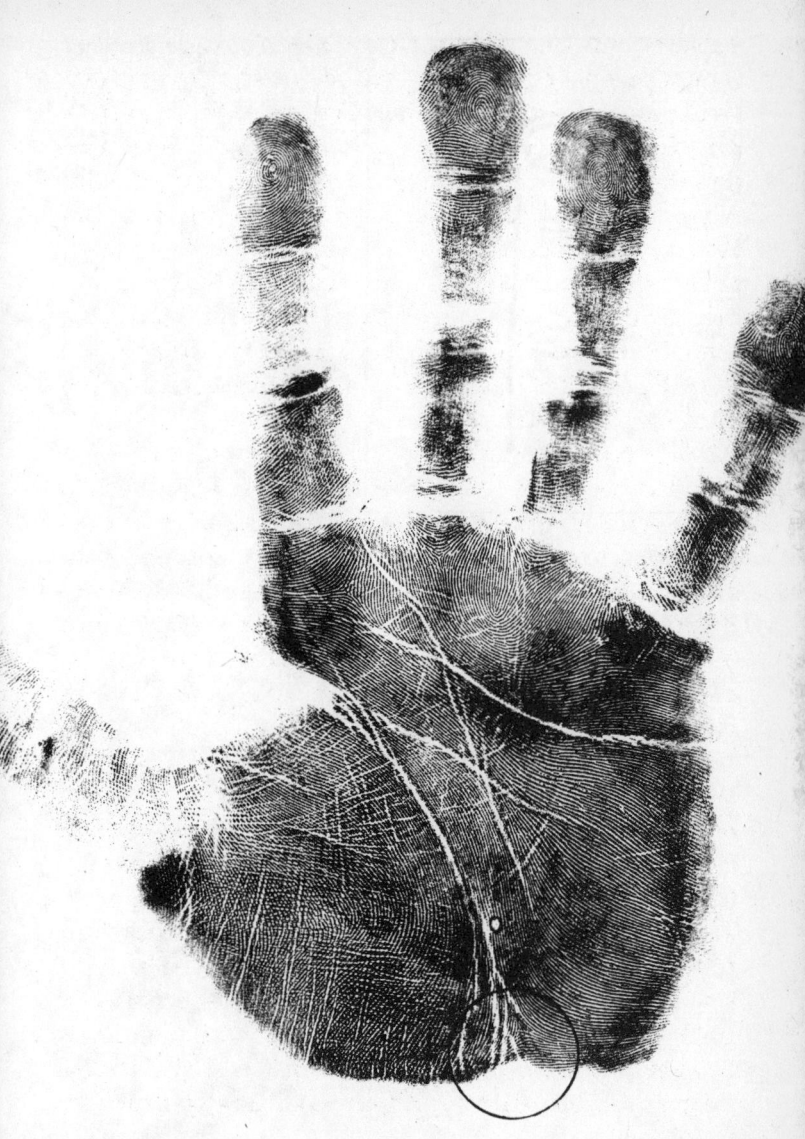

Abb. 9.7: Handabdruck mit axialem Triradius.

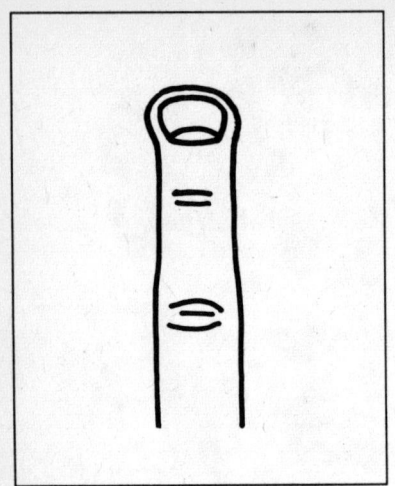

Abb. 9.8: Keulenförmiger Finger.

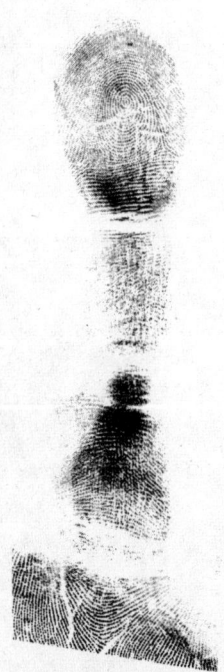

Abb. 9.10: Spiralförmiger Fingerabdruck.

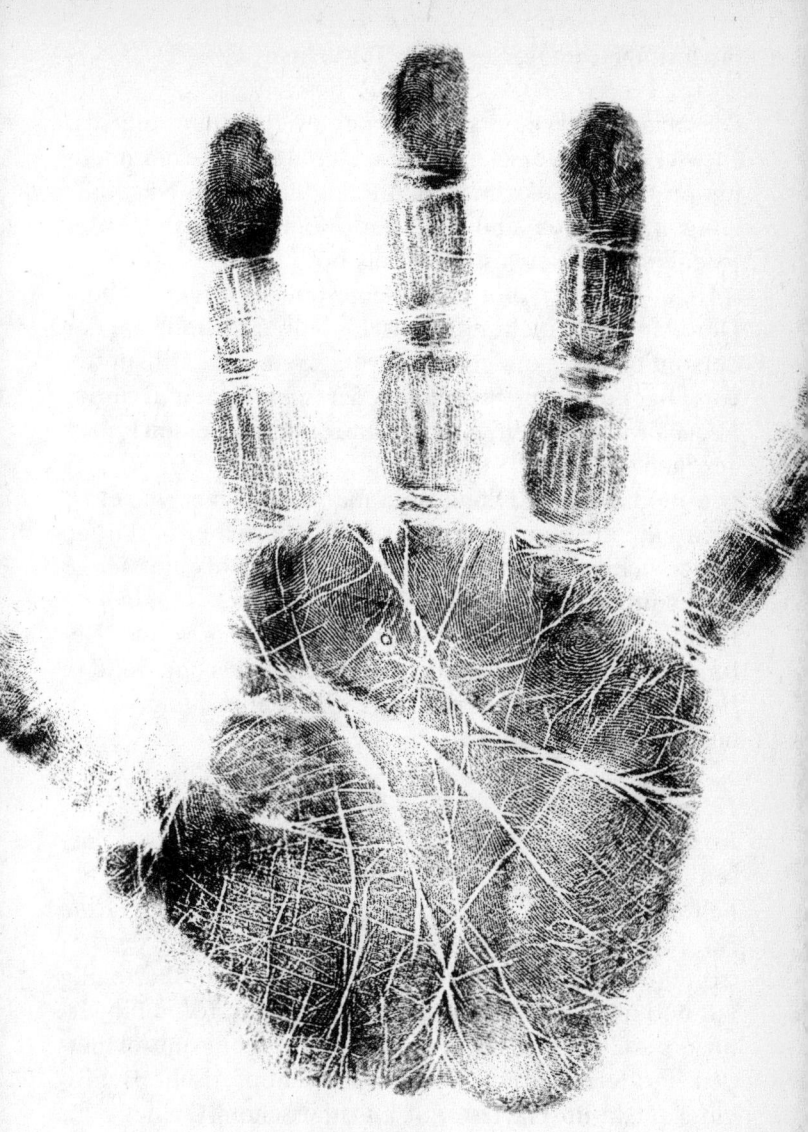

Abb. 9.9: Handabdruck mit »Perlenschnur«.

Fingernägel: ungeschminkte Tatsachen

Die Nägel sind die ersten Körpergewebszellen, die sich entwickeln, und erscheinen manchmal schon in der neunten pränatalen Woche. Es gibt alle möglichen Nagelfärbungen, -formen und - größen, aber trotzdem ist der »ideale« Nagel etwas länger als breit, eher elastisch als spröde, sanft gewölbt und von gesunder rosiger Farbe.

Der Nagel gibt nicht nur Aufschluß über Grundzüge der Persönlichkeit, sondern wird von Ärzten als Hilfsmittel zur Diagnose von Störungen der endokrinen Drüsen, Kreislaufproblemen, Anämie und anderen Leiden hinzugezogen.

Die medizinische Diagnose anhand der Fingernägel ist zwar eine noch junge Wissenschaft, aber eine sorgfältige Untersuchung der Nägel liefert auf jeden Fall eine Menge Daten über Charakter und Gesundheit und sollte in jede Handanalyse einbezogen werden. Allerdings sollten Befunde unbedingt mit anderen Hinweisen aus der Hand in Beziehung gesetzt werden, ehe eine Beurteilung vorgenommen wird.

Farbe
Rosige Fingernägel, die glatt sind und matt glänzen, lassen auf eine ausgeglichene Gemütslage, angemessene Ernährung und gutes Allgemeinbefinden schließen. *Rote Nägel* sprechen für eine stärkere Durchblutung; der betreffende Mensch braust leicht auf, regt sich übermäßig auf und neigt zu Bluthochdruck. Leute mit roten Fingernägeln sollten Koffein und andere Anregungsmittel meiden und lernen, sich durch Sport, schöpferische Betätigung (etwa im Garten, auf künstlerischem Gebiet oder als Hobby-Handwerker) und regelmäßiges Meditieren von aufgestauten Emotionen zu befreien.

Blaue oder bläuliche Nägel deuten auf Kreislaufprobleme hin. Wenn die Nägel an beiden Händen bläulich sind, handelt es sich eher um allgemeine Beschwerden, während einige bestimmte blaue oder bläuliche Nägel eine lokalisierbare Durchblutungsstörung anzeigen. Sind die Nägel bläulich, ohne daß die betreffende Person über Kreislaufstörungen klagt, handelt es sich mit ziemlicher Wahrscheinlichkeit um eine reservierte, kalte Persönlichkeit. Wärme und Leidenschaftlichkeit werden in diesem Fall hinter einer Fassade kühler Gleichgültigkeit und Zurückhaltung versteckt. Arbeit am Körper (z. B. durch Reichsche Therapie oder Bioenergetik), Jogging, Handball, Fechten, Kampfsportarten und andere dynamische Körperübungen verbessern oft die Blutzufuhr zu den Extremitäten und verhelfen zu einem direkteren, vollkommeneren Ausleben der Gefühle.

Blasse Nägel sind – wie blasse Haut – ein Hinweis auf schwache Lebenskräfte und eine schlechte Ernährung, während *gelbliche Nägel* unter Umständen auf eine Leberstörung zurückzuführen sind.

Weiße Punkte oder Flecken auf den Fingernägeln sind ein generelles Anzeichen für innere Unruhe oder Streß und finden sich oft bei Leuten, die unter chronischen Depressionen leiden. Sie können allerdings auch Kalziummangel anzeigen, insbesondere bei weichen Nägeln.

Monde sollten idealerweise auf allen Fingernägeln in Erscheinung treten und verheißen eine gute Gesundheit und eine kräftige Körperverfassung. Sind überhaupt keine zu sehen, liegt vielleicht eine Unterfunktion der Schilddrüse vor (besonders bei spröden, gerippten oder kurzen Nägeln), wohingegen ungewöhnlich große Monde (die mehr als ein Drittel der Nagelfläche einnehmen) allgemeine Schwächlichkeit und eine Überfunktion der Schilddrüse vermuten lassen.

Form

Zum Zweck der Gesundheitsanalyse beschränken wir uns auf fünf Grundtypen: fächerförmige Nägel; lange, schmale Nägel; kurze Nägel; uhrglasförmig gewölbte beziehungsweise hippokratische Nägel; löffelartige Nägel.

Fächerförmige und *lange, schmale Nägel* (Abb. 9.11 und 9.12) lassen auf einen Menschen schließen, der chronisch nervös ist und eine äußerst niedrige Frustrationstoleranz hat. Solche Leute leiden oft unter nervösen Beschwerden und psychosomatischen Erkrankungen.

Kurze Nägel (Abb. 9.13) findet man oft bei Menschen, die äußerst kritisch und ungeduldig gegenüber sich selbst, anderen und dem Leben ganz allgemein sind. Herzbeschwerden und Depressionen stehen mit kurzen Fingernägeln in Zusammenhang.

Hippokratische oder »*uhrglasförmige*« Nägel (Abb. 9.14)

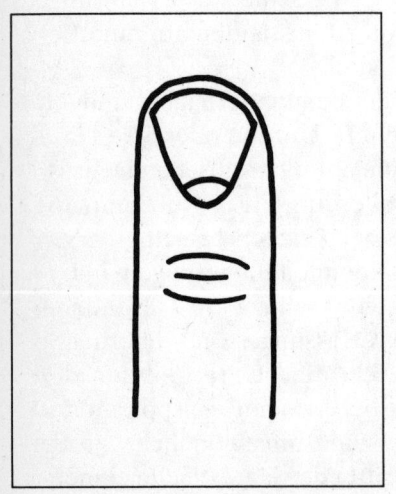

Abb. 9.11: Fächerförmiger Fingernagel.

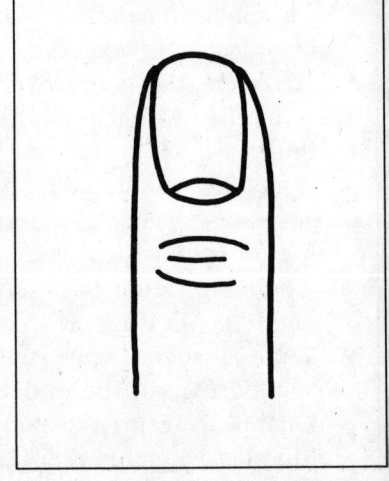

Abb. 9.12: Langer Fingernagel.

sind wie ein Uhrglas gewölbt. Sie deuten auf eine allgemeine Schwäche des Atemsystems hin und treten häufig bei starken Rauchern, Tuberkulosekranken und anderen Lungenleidenden auf. Hippokratische Nägel können aber auch eine Veranlagung zu Herzleiden (besonders, wenn sie zusätzlich bläulich gefärbt sind) oder Leberzirrhose (wobei die Nägel meist eine gelbliche Tönung haben) kennzeichnen. Wenn jemand derartig gewölbte Nägel hat, sei ihm, selbst bei nur milder Rundung, angeraten, das Rauchen aufzugeben und sich eine möglichst saubere Umgebung zu suchen.

Löffelartige Nägel (Abb. 9.15) sind ihrer Form nach konkav und deuten auf Mangelerscheinungen durch Fehlernährung hin (besonders Eisenmangel), auf eine Unterfunktion der Schilddrüse und möglicherweise auf chronische Hautleiden.

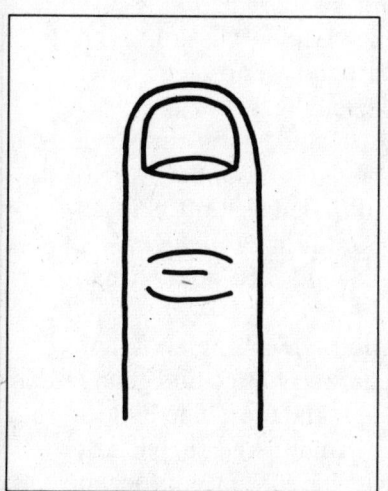 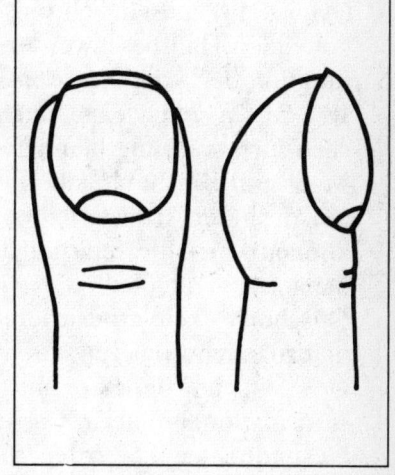

Abb. 9.13: Kurzer Fingernagel. *Abb. 9.14:* Hippokratischer oder uhrglasförmiger Fingernagel.

Streifen, Rillen und andere Zeichen

Gesunde Fingernägel sind wohlproportioniert in der Größe, hart, ohne spröde zu sein, haben eine frische, rosige Färbung und weisen 75 bis 100 feine, flache, parallele Rillen auf, die von der Nagelwurzel vertikal zum Nagelrand laufen.

Beau-Rillen (Abb. 9.16) sind tiefe horizontale Rillen oder »Dellen«, die an der Nagelwurzel beginnend mit dem Nagel weiter herauswachsen. Sie hängen meist mit Nervenschocks, akuten Infektionen, ernährungsbedingten Mangelerscheinungen und anderen körperlichen und seelischen Erschütterungen zusammen.

Mee-Streifen (Abb. 9.17) gleichen den Beau-Rillen, bilden jedoch keine spürbaren Furchen in der Nageloberfläche. Sie sollen hohes Fieber, Arsenvergiftungen und Herzkranzgefäßleiden anzeigen.

Im Gegensatz zu Beau-Rillen oder Mee-Streifen, die auf akute Störungen hinweisen, sind ausgeprägte *Längsrillen* (Abb. 9.18) meist mit chronischen Leiden wie Kolitis, anhaltenden Hautbeschwerden, Rheuma und einer Überfunktion der Schilddrüse in Beziehung zu setzen.

Weiche Nägel, die leicht einreißen, sind häufig ein Anzeichen für ernährungsbedingte Mängel (besonders für Eiweiß- und Kalziummangel) und finden sich oft bei Leuten, die unter Arthritis leiden. *Spröde* und *brüchige Nägel* können eine Unterfunktion der Schilddrüse oder Hirnanhangdrüse andeuten.

Obschon es keine todsichere Methode gibt, eine Krankheit zu diagnostizieren, kann eine sorgfältige und genaue Untersuchung der menschlichen Hand doch eine Fülle an Informationen liefern, was die Anfälligkeit für vielerlei Gesundheitsbeschwerden sowie bereits ausgebrochene Krankheiten und Störungen betrifft. Und obgleich es keine einzige allgemeingültige Methode zur Diagnose

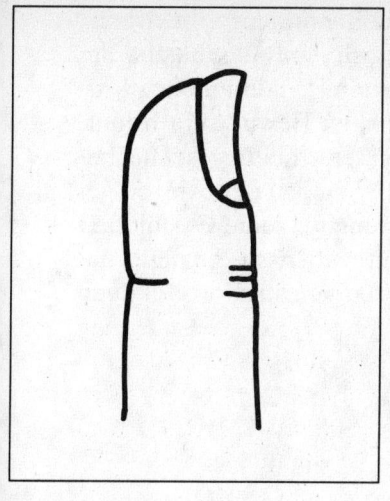

Abb. 9.15: Löffelartiger Fingernagel.

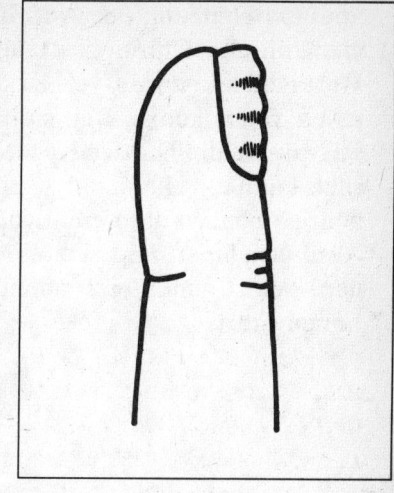

Abb. 9.16: Beau-Rillen.

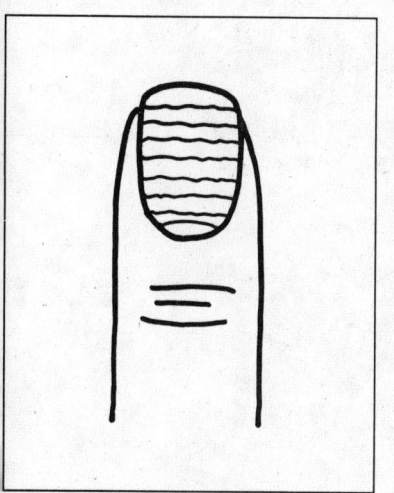

Abb. 9.17: Mee-Streifen.

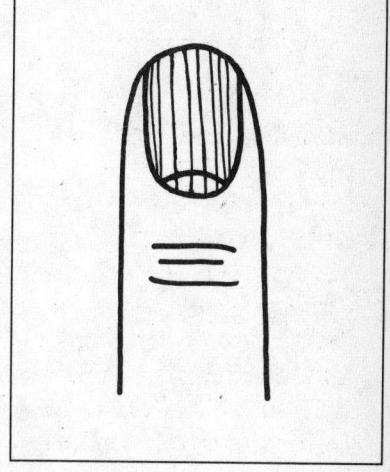

Abb. 9.18: Längsfurchen.

und Einschätzung des Allgemeinbefindens gibt, ist die medizinische Chirologie dennoch von unschätzbarem Wert – allein oder in Verbindung mit anderen diagnostischen Techniken –, weil sie uns zu Bewußtsein bringt, was uns fehlt. Da der Körper Selbstheilungskräfte besitzt, kann die Handanalyse einem jeden den Anstoß geben, persönlich die Verantwortung für seine Gesundheit zu übernehmen und sich einen Lebensstil anzugewöhnen, der zu einem gesunden, aktiven und produktiven Leben führt.

10. Hand und Geist

Immer wieder in der Geschichte der Menschheit haben
Weise gelehrt, daß jeder Mensch ein geistiges Zentrum,
einen *Wesenskern,* besitzt. Er ist das beseelende Grund-
prinzip allen bewußten Lebens und wird als innerer Christus, höheres Selbst oder *Atman* bezeichnet. Dr. John C.
Pierrakos, Mitbegründer des *Institute for the New Age,*
schreibt:

> Kernbewußtsein ist universelles Bewußtsein. Der
> Kern ist ein Quell der bewußten Wahrnehmung, ein
> Born, aus dem die Kommunikation mit der Außenwelt
> gespeist wird, der Nukleus für den Ausdruck der eige-
> nen Persönlichkeit. Sich aus dem Kern, aus dem höhe-
> ren Selbst heraus weiterzuentwickeln, heißt, der Aus-
> schöpfung großer innerer Möglichkeiten immer näher
> zu kommen.

Ziel der spirituellen Revolution ist es, sich seines inneren
Kerns bewußt zu werden und darauf hinzuwirken, daß er
sich im Leben manifestiert.
Betrachtet man die menschliche Hand einmal unter geistigen Gesichtspunkten, darf man nicht vergessen, daß
eine spirituelle Lebensführung nicht unbedingt bedeutet,
sich von der Welt abzukehren oder die niederen Instinkte
zu unterdrücken. Vielmehr gründet sie sich auf die be-
wußte Wahrnehmung dessen, *was ist,* und die Einheit
von Körper, Geist und Gefühl im geistigen Zentrum
oder *Kern.* Im Gegensatz zu den alten religiösen Vorstellungen von Asketentum und Weltverleugnung besteht
das geistige Ziel hierbei im wesentlichen darin, die richtigen zwischenmenschlichen Beziehungen aufzunehmen,

Wohlwollen zu bekunden und sein Teil – jeder auf seine Art – zum Weltfrieden beizutragen. Zur Spiritualität gehört ferner, neben dieser nach außen gerichteten Arbeit, das Vertiefen der Verbindung zum höheren Selbst und universellen Bewußtsein, das manche Leute Gott nennen.

Seriöse Handleser beschäftigt seit Jahren die Frage, wie die Handanalyse einem dazu verhelfen kann, die eigenen spirituellen Möglichkeiten zu verwirklichen. Leider kursieren aber noch immer eine Menge Märchen darüber, was eine »spirituelle« Hand ausmacht. In den meisten Büchern heißt es, lange, spitz zulaufende Finger und das Vorhandensein von mystischen Kreuzen, Intuitionslinien, Salomonringen und ähnlichem sei sozusagen ein Beweis für spirituelle Fähigkeiten. Verschiedentlich sind solche Zeichen unter Anhängern des Okkultismus sogar zum Statussymbol avanciert (»Hier, sieh mal mein mystisches Kreuz!«). Außerdem haben Chirologen immer gern betont, wie wichtig es sei, durch Vervollkommnung der Intuition und des spirituellen Bewußtseins mittels Meditation und des selbstlosen Dienstes am Mitmenschen mediale Fähigkeiten zu entwickeln.

Auf den folgenden Seiten soll erforscht werden, inwieweit ein tieferes Verständnis der menschlichen Hand einem jeden dabei helfen kann, sich spirituell zu verwirklichen. Da die Hand der Spiegel der geistigen Substanz ist, wie sie sich durch Persönlichkeit, Talente und Geistesgaben ausdrückt, wird letztendlich deutlich, daß durch das Studium der Grundtypen und -merkmale der Hand das Wahrnehmungsvermögen gesteigert, die Eingebung verbessert und ein enger Kontakt zum spirituellen Kern hergestellt werden kann. Wenn diese Erkenntnisse ins tägliche Leben einbezogen werden, eröffnen sich unter Umständen neue Wege, wie sich ein jeder seinen Energien,

Begabungen und Hoffnungen entsprechend spirituell entfalten und auch anderen dabei behilflich sein kann. Alle Handtypen – ob quadratisch, spatelförmig oder »psychisch« – sind Ausdruck bestimmter Kerneigenschaften, die der geistigen Verwirklichung und Bewußtseinserweiterung förderlich sind. Neben diesen für sich allein schon wesentlichen Qualitäten gibt die Hand unter Umständen auch an, wodurch im Leben des Betreffenden eine tiefergreifende persönliche Integration und Ausgeglichenheit erreicht werden kann. Oftmals, insbesondere bei Unzufriedenheits- und Frustrationserscheinungen, deutet ein bestimmter Zug die Notwendigkeit an, daß eine ergänzende oder *komplementäre* Eigenschaft entwickelt werden muß, wenn sich die Persönlichkeit vervollkommnen soll. Wer beispielsweise in erster Linie intellektuell orientiert ist, sollte danach streben, sein Gefühlsleben zu aktivieren, während ein überwiegend sinnlicher Mensch vielleicht eher intuitives Gespür entwickeln müßte.

Die nachstehenden Kurzbeschreibungen der Handtypen sind einer Beurteilung der spirituellen Anlagen und Ausdrucksmöglichkeiten sehr nützlich; dennoch sollte wichtigen modifizierenden Faktoren wie den Linien, Bergen, Fingern, Zwischenräumen, der Hauttextur und der Flexibilität der Hand besondere Aufmerksamkeit gewidmet werden.

Spatelförmige Hände

Die klassische spatelförmige Hand kann als »sensorisch« eingestuft werden. Schlüsselworte bei der Beschreibung spatelförmiger Hände sind unter anderem Tatkräftigkeit, Aufgeschlossenheit gegenüber Neuerungen und die Fähigkeit, Vorhaben auch auszuführen. Leute mit spatelförmigen Händen sind fest in der dreidimensionalen Wirklichkeit verankert, dabei sinnlich, impulsiv und praktisch. Sie haben weder Angst vor neuen Ideen noch davor, in ihrer Tätigkeit oder in ihrer Weiterbildung Neuland zu betreten. Häufig sind es Leiter religiöser Gruppen und Organisatoren spiritueller Veranstaltungen, ferner Spendensammler und Erweckungsprediger, auf die diese Charakteristika zutreffen. Voller Begeisterung erkunden die Betreffenden in ihrem Leben geistige Bereiche, machen neue Erfahrungen, überwinden Hindernisse und schreiten vorwärts.

Wenn die Finger knotig sind, treten analytische Fähigkeiten stärker zutage, die – falls auch noch Kopf- und Herzlinie zusammenlaufen – die angeborene Impulsivität dämpfen, dafür aber die Neigung zur Beobachtung des eigenen Innern wecken, die Menschen mit spatelförmigen Händen im allgemeinen abgeht. Auch die geistigen »Antennen« brauchen eine Stärkung, und nicht zuletzt muß die Fähigkeit entwickelt werden, ruhig zu sitzen und nach innen zu lauschen. Ist die erste Phalanx des Daumens dünn, muß unter Umständen durch entsprechende Körperübungen, Ernährung und Meditation Streß abgebaut werden. Ziel wäre es, geistig empfänglicher zu werden und gleichzeitig aktiv und dynamisch zu bleiben, wie es für spatelförmige Hände typisch ist.

Quadratische Hände

Die quadratische Hand reflektiert in erster Linie einen intellektuellen Charakter. Praktische Vernunft, Ordnungssinn, methodisches Vorgehen und Zielstrebigkeit sind nur einige der Wesenszüge, die eine viereckige Hand repräsentiert. Solche Eigenschaften zeigen sich oft bei Verwaltungsbeamten, Forschern und Lehrern sowie bei Menschen, die sich zu traditionellen religiösen Lehren hingezogen fühlen. Die Betreffenden sind ordnungsliebend, haben entschieden etwas für Regeln und Stabilität übrig und können ihre Gedanken klar verständlich machen. Während die spatelförmige Hand sozusagen das geistige Prinzip einer »aktiven Spiritualität« kennzeichnet, spiegelt die quadratische Hand eher das Prinzip der »göttlichen Ordnung und Autorität« wider.

Allerdings besteht häufig eine Tendenz, Veränderungen zu fürchten und sich neuen Ideen zu verschließen, besonders dann, wenn die Hand zugleich steif ist. Eine gesunde Skepsis ist sicher oftmals von Nutzen, nur sind die Betreffenden, falls ihre Fingernägel quadratisch und womöglich auch noch von Natur aus kurz sind, meist sehr kritisch und warten erst, bis eine Idee über jeden Zweifel erhaben ist, ehe sie sich dafür erwärmen. Sofern Hand und Daumen unbiegsam sind, hält das Leben eine wichtige Lektion bereit, die gelernt werden muß, nämlich mit anderen teilen zu können – seien es nun Gefühle, Gedanken oder Besitztümer.

Eine weitere wichtige Aufgabe ist die Entwicklung der sinnlichen und emotionalen Persönlichkeitszüge. Leute mit quadratischen Händen müssen spontaner werden und lernen, »lockerzulassen«. Während es dem Besitzer der spatelförmigen Hand vielleicht nottut, zu meditieren und sein Leben besser zu organisieren, widmet sich sein Gegenpart mit den quadratischen Händen womöglich lieber dem Yoga, um beweglicher zu werden, aktivem Sport, um seine Körperkräfte zu mobilisieren, und aerobischem Tanz oder Ballett, um seine »Kopflastigkeit« aufzuheben und mit seinem Körperrhythmus in Einklang zu kommen.

Konische Hände

Wer konische beziehungsweise Künstlerhände hat, ist höchstwahrscheinlich ein Gefühlsmensch. Er läßt sich von seinen Empfindungen leiten und ist oft spirituell interessiert. Spitze Finger offenbaren im allgemeinen ausgeprägte Naturliebe, und ein einzelner spitz zulaufender Jupiterfinger reflektiert große Eingebungskraft und Hingabe, besonders, wenn er lang ist und noch ein kräftiger Berg hinzukommt. Leute mit konischen Fingern versuchen meist, ihre spirituellen Ideale durch Meditation, Gebet, Gesang und Rezitation oder durch Drogen zu verwirklichen. Sie haben überdies oft einen Hang zum Übersinnlichen, der besonders dann in Erscheinung tritt, wenn der Mondberg markant ist und kräftige Intuitionslinien aufweist. Außerdem haben sie die bemerkenswerte Fähigkeit, ihre geistigen Ideale in Schönheit und Kunst zum Ausdruck kommen zu lassen, ferner die natürliche Begabung, anderen in spirituellen Dingen beizustehen. Andererseits sind Menschen mit konischen Händen und speziell solche mit flexiblen Daumen und Händen ziemlich unbeständig und neigen dazu, schnell von einer spirituellen Gruppe oder Lehre zur anderen zu springen, ohne tiefer einzudringen oder sich ganz der Lehre zu verschreiben. Sie können zudem kapriziös sein und sind häufigen Stimmungsschwankungen unterworfen. Wenn die Hände dick und weich sind, besteht unter Umständen eine zu große Liebe zu materiellen Dingen und die Tendenz, sich auf die Sinnenfreuden des Lebens zu konzentrieren.

Allgemein gesprochen müssen Leute mit konischen Händen ihren Intellekt weiterentwickeln. Sie sollten mehr von ihren analytischen Fähigkeiten Gebrauch machen, öfter zweifeln und sich nicht rein gefühlsmäßig und impulsiv verhalten. Sind die Finger glatt, wird eine Hinwendung zum Detail nötig sein. Auch dann heißen die Schlüssel zur spirituellen Entfaltung Ordnung, Takt, Verantwortungssinn und Konsequenz.

Falls die Hände dünn und von zahlreichen Linien durchzogen sind, erscheint eine Diät mit Vollkornprodukten und Hülsenfrüchten angeraten, bei der weitgehend auf raffinierten Zucker, rotes Fleisch, scharfe Gewürze und andere Reizmittel verzichtet wird, um nervöse Spannungen abzubauen und die Gefühle zu stabilisieren. Yogaübungen und Meditation ergänzen eine solche Kost vorteilhaft. Und schließlich ist für alle diejenigen, die konische Hände haben, auch der praktische *Dienst* am Nächsten ein guter spiritueller Pfad.

»Psychische« oder sensitive Hände

Sensitive Hände in reiner Form sind außerordentlich selten; sie lassen eine natürliche Hinwendung zu Spiritualität und Religion erkennen. Dieser Handtyp spiegelt alle positiven Aspekte der konischen Hand wider, wobei Schönheitsliebe, Harmoniestreben und religiöse Inspiration besonders hervortreten. Meditation, Gebet und Philosophie werden bei diesem Handtyp begünstigt, insbesondere, wenn die Finger knotig sind.

Allerdings besteht für die Betreffenden die Notwendigkeit, sich mehr um die praktischen Dinge des Lebens zu kümmern oder zumindest jemanden zu haben, der sich mit solchen Nebensächlichkeiten befaßt. Da Leute mit sensitiven Händen äußerst feinfühlig sind, brauchen sie eine besonders vollwertige Kost und dürfen Alkohol, Tabak, Zucker und andere Genußgifte nur in ganz geringen Mengen zu sich nehmen. Drogenmißbrauch kann für sie zum Problem werden. Außerdem verlieren sie sich gern in Träumereien und sind wirklichkeitsfremd, so daß Aktivitäten wie Gartenarbeit oder ausgedehnte Spaziergänge in der Natur anzuempfehlen wären, um die Erdverbundenheit wiederherzustellen. Auch körperliche Ertüchtigung ist wichtig, speziell Übungen, die Beine und Knöchel kräftigen. Entscheidend für diese Menschen sind starke, feste Freundschaftsbande, insbesondere mit Bekannten, die mit beiden Beinen auf dem Erdboden stehen und einen entsprechenden Einfluß ausüben können.

»Philosophische« Hände

Hände mit knotigen Gelenken werden in diesem Kapitel gesondert behandelt; sie kennzeichnen den religiösen Denker und Gelehrten. Wie diejenigen mit quadratischem Handtyp sind Leute mit knotigen Fingern logisch im Denken, vernünftig und wißbegierig. Hände dieser Art findet man häufig bei Indiens Yogis, Asketen und Philosophen.
In spiritueller Hinsicht lassen sich Menschen mit solchen Händen nicht von Äußerlichkeiten irreführen; sie vermögen tief in die Natur von Wahrheit und Wirklichkeit einzudringen. Da sie ihrem Wesen nach geduldig sind, gehen sie in allem sorgfältig und gründlich vor. Als Lehrer oder Schriftsteller können sie ein Problem von allen Seiten beleuchten und Konzepte analysieren, bei denen sich andere gar nichts denken.
Andererseits jedoch sind solche Leute häufig Kleinigkeitskrämer, die eine Sache nie in ihrer Totalität sehen, und das um so mehr, wenn ihre Finger sowohl knotig als auch lang sind. Unter Umständen besteht auch die Ten-

denz, sich ohne den Rückhalt der Alltagsrealität in idealistische Vorstellungen einzuspinnen. Ein klassisches Beispiel dafür wäre der Gelehrte, der wohlbewandert ist in der hermetischen Philosophie, aber zu essen vergißt und gewohnheitsmäßig seine Schlüssel verlegt.

Manchmal entwickelt sich das analytische Verständnis für spirituelle Dinge auf Kosten der intuitiven Wahrnehmung. Deshalb sollte der Betreffende im Verlauf des geistigen Vervollkommnungsprozesses möglichst viel Frohsinn, Gemüt und Körpergespür entfalten.

Mischhände

Die Mischhand kommt bei weitem am häufigsten vor und spiegelt per Definition viele der Merkmale wider, die das Thema der letzten Seiten waren. Solche Hände verraten eine große Vielgestaltigkeit, was Tendenzen, Begabungen und Fähigkeiten angeht, sowie ein natürliches Anpassungsvermögen bei neuen Verhältnissen und Aufgeschlossenheit gegenüber ungewohnten Lehren oder spirituellen Praktiken. Sie lassen auf eine starke Neigung zum Mystischen schließen, besonders bei langem, sich verjüngendem Jupiterfinger und Auftreten eines mystischen Kreuzes oder Salomonrings, ferner auf die Fähigkeit, spirituelle Einsichten praktisch zum Ausdruck zu bringen.

Bei der Analyse einer Mischhand unter dem spirituellen Aspekt sollte nach Möglichkeit der dominante Handtyp bestimmt oder zumindest festgestellt werden, welche Typen allem Anschein nach überwiegen. Ist die Hand in erster Linie quadratisch, konisch oder spatelförmig? Welcher oder welche Finger sind am kräftigsten? Welche sind die auffälligsten Berge? Was geht aus den Linien hervor? Ist die Hand eher rezeptiv oder brechen sich die Energien aktiv Bahn? Ist die Hand fleischig oder mager? Ist sie steif oder biegsam? Wer analytisch vorgeht und dabei mit Feingefühl und gesammelter Aufmerksamkeit die Einzelheiten unter die Lupe nimmt, wird allmählich ein Gespür für die Spiritualität des betreffenden Menschen entwickeln und ihm durch seine Einblicke helfen können, seine spirituellen Bedürfnisse wahrzunehmen und seinem Lebensziel näherzukommen.

Die Linien

Einzelne Linien der Hand können weitere Aufschlüsse über die geistige Entwicklung und Entfaltung geben.

Die *Herzlinie* zeigt, wie bereits erwähnt, Tiefe und Art der Gefühle an. In einem spirituellen Zusammenhang tragen diese Gefühle – sofern sie richtig kanalisiert sind – ganz wesentlich dazu bei, die angestrebten Ziele zu erreichen.

Allgemein gesagt ist eine lange, tief eingegrabene oder sonstwie ins Auge springende Herzlinie ein Hinweis darauf, daß sich der Betreffende einer universellen Menschengemeinschaft zugehörig und dem Wohle der Menschheit verpflichtet fühlt. Er sucht den Kontakt zu seinen Mitmenschen, sei es als spiritueller Lehrer, Heiler oder Verwalter. Kürzere, eher »physische« Herzlinien deuten mehr auf Hingegebenheit persönlicher Art hin, etwa zu einer bestimmten religiösen Gestalt oder Gruppe. Die kräftig ausgeprägte Herzlinie der großen, fleischigen Hand von John B. S. Coats, dem inzwischen verstorbenen Präsidenten der Internationalen Theosophischen Gesellschaft (Abb. 10.1), reflektiert diese Attribute in schöner Ausgewogenheit. Er galt als Lehrer, der begeistern konnte, und als hervorragender Redner; doch

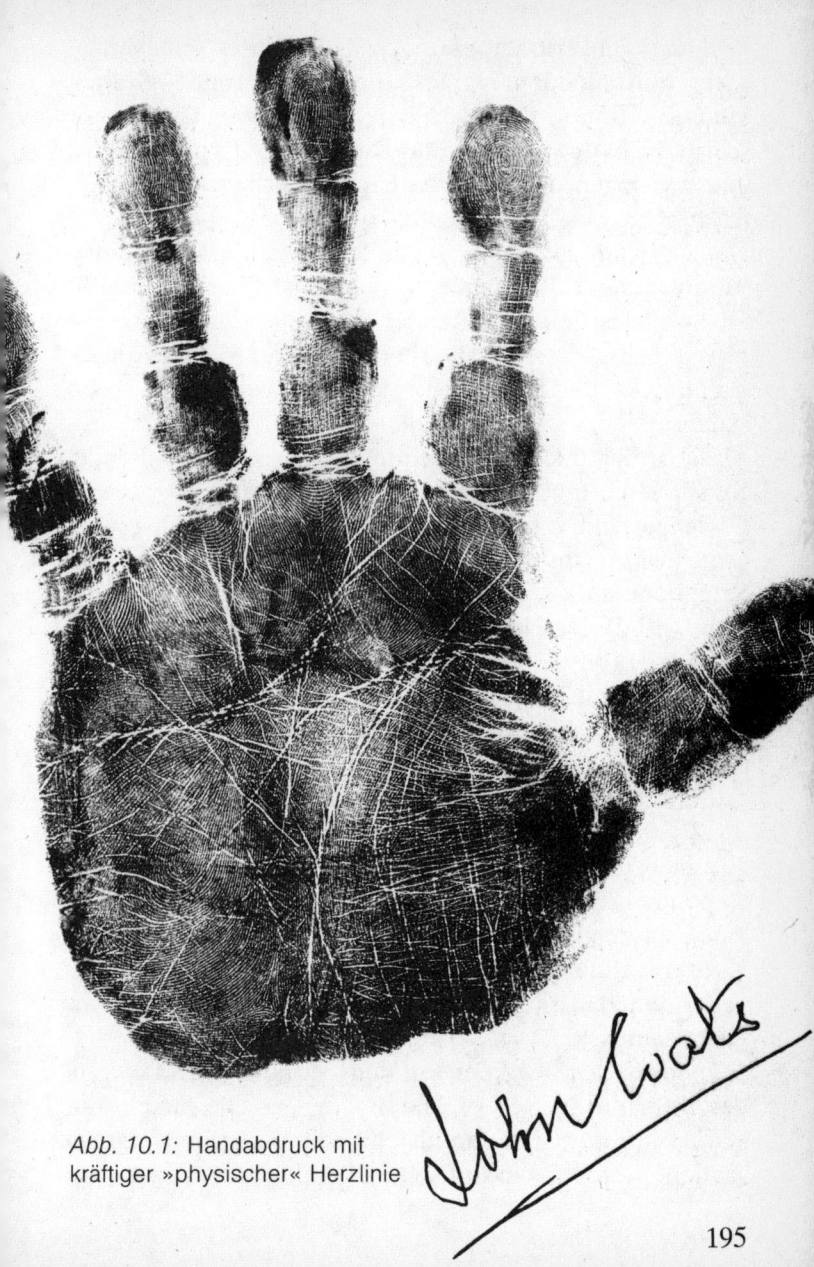

Abb. 10.1: Handabdruck mit
kräftiger »physischer« Herzlinie

195

in erster Linie erinnert man sich seiner wegen seines warmen, mitfühlenden Herzens und seines wundervollen Sinns für Humor. Da er sich einem universellen Ideal verschrieben hatte, kannten ihn Abertausende in aller Welt, von denen ihn die meisten als persönlichen Freund betrachteten.

Die *Kopflinie* gibt klare Anhaltspunkte über spirituelle Veranlagungen. Wenn sie gewichtiger ist als die Herzlinie, zieht es den betreffenden Menschen mehr zu Studien, schriftstellerischen Arbeiten und zur Meditation als zur Hingabe und zu göttlichen Eingebungen. Läuft sie geradewegs über den Handteller, wird alles Geistige wissenschaftlich und praktisch umgesetzt. Sanft abfallende Kopflinien offenbaren, auf die Spiritualität bezogen, ein Gleichgewicht von Wirklichkeitsnähe und Einfallsreichtum. Das zeigen die wunderschönen Hände von Swami Satchitananda, dem Begründer der Integral Yoga Society (Abb. 10.2). Beschreibt die Kopflinie einen starken Bogen auf den Mondberg zu, spielen Träume, Visionen und Phantasien eine wesentliche Rolle im Geistesleben. Zu den positiven Aspekten einer solchen Linie gehört unter anderem eine rasche Auffassungsgabe für abstrakte und esoterische Begriffe, während zu den negativen die Tendenz gezählt werden muß, Luftschlösser zu bauen und geistige Einsichten nicht ins praktische Leben übertragen zu können. Wie schon an anderer Stelle erläutert, deuten Inseln in der Kopflinie Sorgen oder mangelnde geistige Konzentration an. In diesem Fall kann Meditieren dazu verhelfen, daß sich die innere Unruhe verliert und der Geist sammelt.

Intuitionslinien beginnen auf dem Mondberg und laufen dann auf die Mitte des Handtellers zu. Sie lassen auf starke intuitive Erkenntnisfähigkeit und die Neigung schließen, sich lieber auf seine Instinkte zu verlassen als

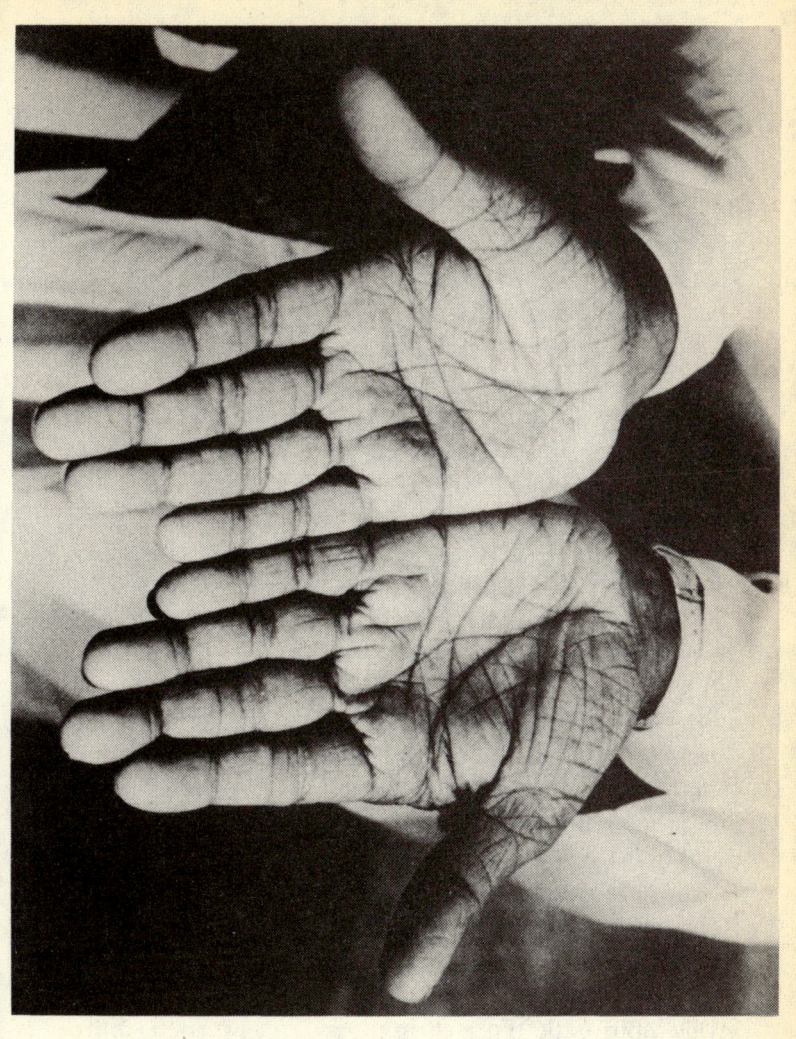

Abb. 10.2: Die Hände von Swami Satchitananda.

auf den analytischen Verstand. Wenn eine einzelne Intuitionslinie vom Mondberg ausgeht und sich in sanftem Bogen auf den Merkurberg zuschwingt, liegen möglicherweise ausgeprägte mediale Fähigkeiten vor. Diese Linie, die als *Uranuslinie* bekannt ist, findet sich oft in den Händen von Medien und Hellsehern wie etwa Gloria B., einer begnadeten Hellseherin und Heilerin (Abb. 10.3).

Auch der *Salomonring* ist in Glorias Hand zu erkennen. Das ist eine diagonale, häufig als Bogen in Erscheinung tretende Linie, die über den Jupiterberg läuft. Sie bedeutet starkes Interesse an Metaphysik, Okkultismus und unorthodoxen Religionen. Leute mit dieser Linie, die nur bei etwa fünf Prozent der Bevölkerung vorkommt, fühlen sich oft zur Mystik, zu Yoga, Astrologie und anderen New-Age-Lehren hingezogen.

Das *mystische Kreuz* gilt als Anzeichen eines besonderen Interesses an der spirituellen Entwicklung. Es erscheint als Kreuz zwischen Herz- und Kopflinie und kommt nicht etwa durch zwei lange Linien (zum Beispiel durch Überschneidung von Saturnlinie und einer vom Venusberg ausgehenden Einflußlinie) zustande, sondern bildet sich durch zwei kurze Linien, die einander kreuzen, wie in Abbildung 10.4 zu sehen. Die abgebildete Hand gehört einem jungen Mann, der seit frühester Kindheit eng mit der Theosophischen Gesellschaft verbunden war.

Es sei darauf hingewiesen, daß die Abwesenheit dieser Zeichen keineswegs gleichbedeutend ist mit ungenügender geistiger Entwicklung oder mangelnden Geistesgaben, wie auch ihr Vorhandensein nicht als Beweis für große spirituelle Fortschritte gewertet werden sollte. Derlei Ausformungen sind – für sich allein oder zusammengenommen – lediglich Hinweise auf bestimmte Interessen und Fähigkeiten.

Die Handanalyse ist ein Schlüssel zum Verständnis der

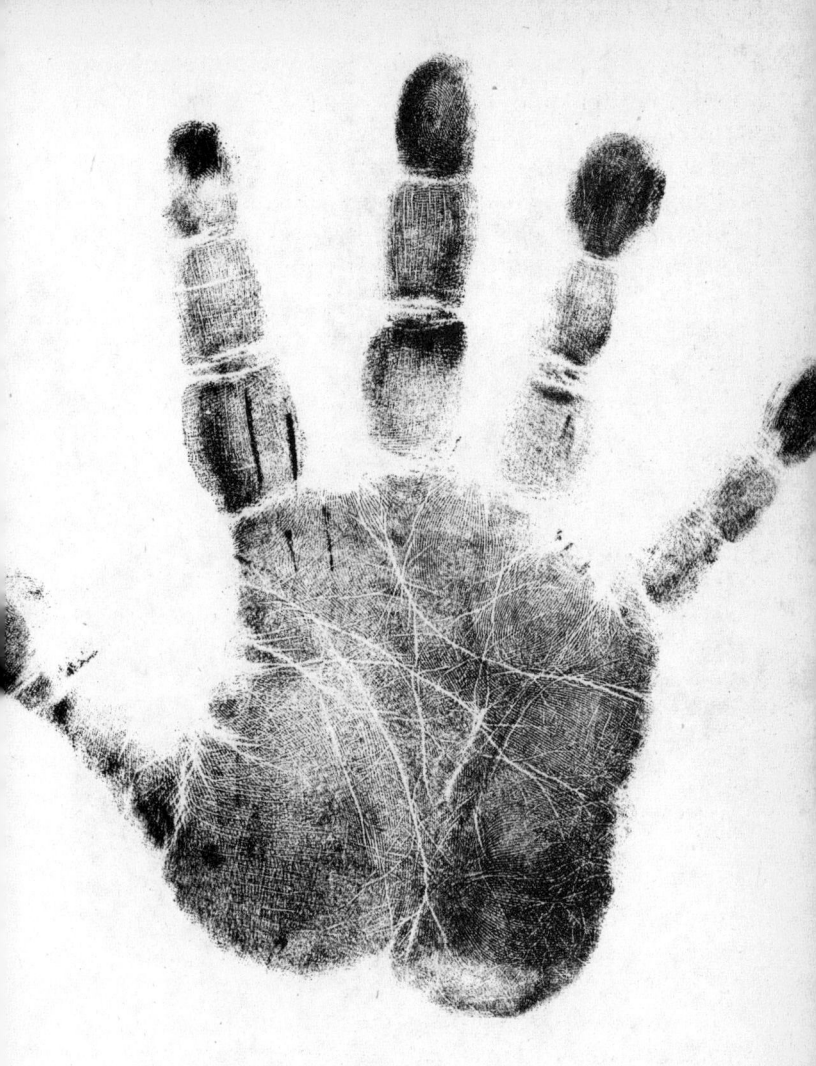

Abb. 10.3: Handabdruck mit Uranuslinie.

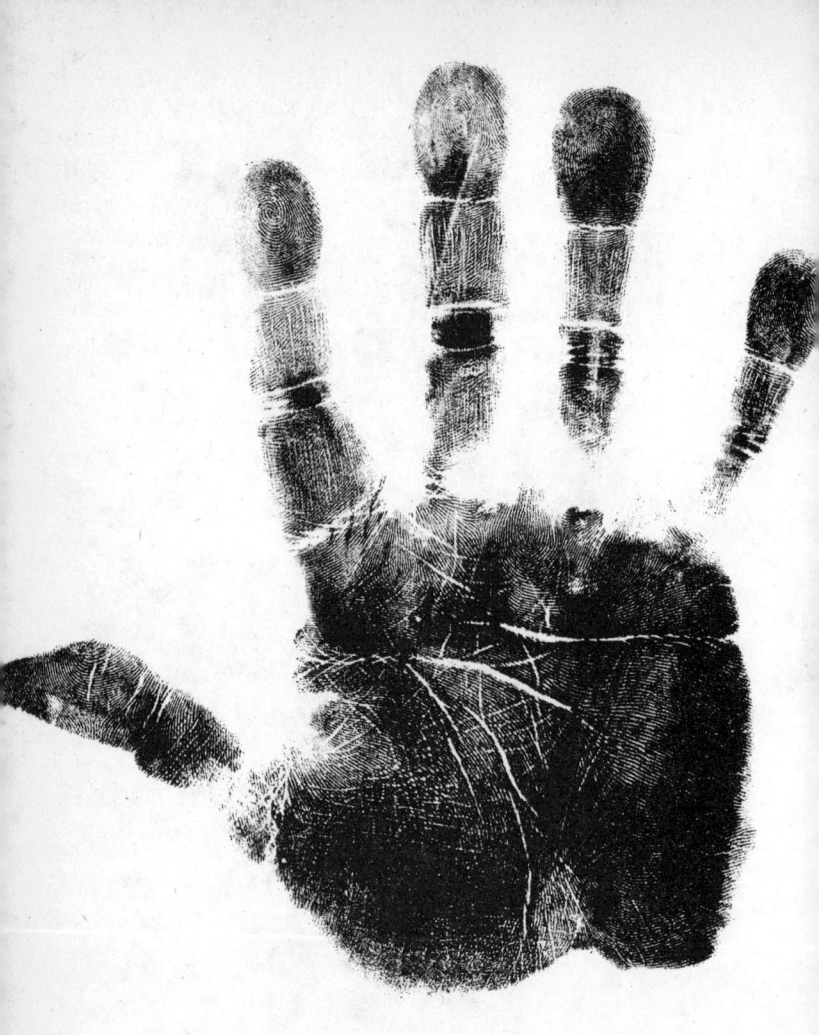

Abb. 10.4: Handabdruck mit mystischem Kreuz.

eigenen Position im Universum. Sie lehrt, daß jeder einzelne Charakter ohne Unterschied seine Berechtigung hat, weil er die geistige Wirklichkeit widerspiegelt und zeigt, wie sie auf positive, dynamische Weise aus dem Kern heraus zum Ausdruck gebracht werden kann. Vor allem aber öffnet sie einem die inneren Augen und setzt so die positiven unbewußten Kräfte frei, mit deren Hilfe auch andere dazu angeleitet werden können, sich auf ihre eigene Kreativität und Lebensfreude zu besinnen und inneren Frieden zu finden.

11. Beruflicher Werdegang und Selbstverwirklichung

Eine gute Gesundheit und befriedigende zwischenmenschliche Beziehungen sind zwar wesentliche Schlüssel zum Glück, aber nach jüngsten Forschungsergebnissen gehört die Erfüllung im Beruf zu den allerwichtigsten persönlichen Zielen. Trotzdem sind die meisten Menschen von ihrer Arbeit enttäuscht und gehen häufig einer Tätigkeit nach, die langweilig ist, Dauerstreß bedeutet oder nur wenige Entwicklungsmöglichkeiten bietet. Während sich manche mit Blick auf den fernen Ruhestand entschließen, eine frustrierende Berufslaufbahn »durchzustehen«, wechseln andere die Arbeitsstelle vielmals, ohne sich jemals richtig einzusetzen.

Im Idealfall ist der Beruf mehr als nur ein Job oder ein reiner Broterwerb; er ist etwas, wozu man sich *berufen* fühlt, wo man sich verwirklichen, vom eigenen Wert überzeugen und der Gesellschaft von Nutzen sein kann. Die Berufstätigkeit braucht nicht alle unsere Zeit, sämtliche Talente und Energien zu verschlingen, sondern sollte vielmehr dem persönlichen, beruflichen und geistigen Wohlbefinden dienlich sein. Sie soll Freude machen sowie Anreize und Gelegenheiten für das persönliche Wachstum bieten.

Die Berufswahl wird von verschiedenen Faktoren beeinflußt, die für einen Handleser von großem Interesse sind. Den stärksten Einfluß nehmen im allgemeinen die Eltern. Ob sie es bewußt tun oder nicht, bleibt dahingestellt, jedenfalls fällt ihr spezieller Berufswunsch für die Nachkommen bei der Berufswahl schwer ins Gewicht. Solche »stillschweigenden Abmachungen« mit den Eltern zwingen den Kindern meistens Berufe auf, für die sie sich gar nicht eignen.

Gelegentlich kommt es bei der Berufsfrage zur Rebellion gegen den elterlichen Druck. Häufig werden Betätigungsfelder und Interessen, an denen man als Kind Gefallen gefunden hatte, aus Trotz gegen die Eltern aufgegeben, obwohl gerade sie unter Umständen den Keim zu einem befriedigenden Werdegang gelegt hätten. Manchmal werden diese Kindheitsinteressen und -fertigkeiten wiederentdeckt. Deshalb empfehlen Berufsberater den Ratsuchenden, sich die unbewußten Entscheidungen ins Bewußtsein zurückzurufen, die vor Jahren einmal getroffen wurden, damit sie sich ihre Hauptinteressen und -empfindungen noch einmal vergegenwärtigen können.

Noch andere Barrieren stehen der beruflichen Erfüllung im Wege. So wie das gespeichert ist und im Erwachsenenalter weiterwirkt, was die Eltern einem früher »eingehämmert« haben, bleiben oft auch Minderwertigkeitsgefühle erhalten und mangelt es an Selbstachtung, was normalerweise durch einen kurzen Jupiterfinger und das Zusammenlaufen von Lebens- und Kopflinie angezeigt wird. Nur allzuoft geht aus den übrigen Handmerkmalen hervor, daß Talente, Fertigkeiten und Interessen in Hülle und Fülle vorhanden sind und nur ein schlechtes Selbstbild daran schuld ist, wenn sie nicht entwickelt werden. Jeder muß zwar seine Grenzen und Schwächen erkennen, aber er sollte sich auch der alten Wertlosigkeits- und Versagergefühle entledigen, die häufig von Kindheit an mitgeschleppt werden.

Wichtig ist ferner, Arbeit im richtigen Licht zu betrachten. Viele gleichen mit ihrer beruflichen Tätigkeit nur ihre Probleme im sozialen Bereich aus oder flüchten sich vor einer schwierigen Beziehung und ähnlichem in die Arbeit. Wenn das Berufsleben als Vorwand dient, anderen Verpflichtungen aus dem Wege zu gehen oder Einsamkeits- und Verzweiflungsgefühle zu kompensieren, gewährt es auf die Dauer weder Erfolg noch Befriedigung. Auch dieser Trend zeichnet sich auf der Hand ab, besonders bei der Herzlinie und der Linie der Verbundenheit.

Schließlich hat auch das Alter eine Menge mit der Berufswirklichkeit zu tun. Alle sieben bis zehn Jahre tritt man in einen neuen Lebenszyklus ein, der andere persönliche und berufliche Bedürfnisse mit sich bringt. Diese Lebensabschnitte sind bei jedem Menschen verschieden, aber zum Berufsleben gehören jedenfalls die folgenden Grundphasen:

Anfangsjahre (20–30): Eine Zeit, in der alle Möglichkeiten offenstehen und viele Wege erforscht werden.

Aufbaujahre (30–40): In dieser Zeit festigen sich die Berufsvorstellungen. Dynamische Veränderungen durch Schockerlebnisse, Probleme und Herausforderungen stehen an.

Übergangsjahre (40–50): Jetzt ist die finanzielle Lage relativ sicher. Neue Gelegenheiten, das Leben zu genießen, bieten sich, und das Verlangen nach persönlichem Wachstum wird stärker.

Reifejahre (50–60): Zwar läßt in dieser Zeit oft schon die Lebenskraft nach, rückt das Alter zusehends vor, dabei können durchaus noch Neuentdeckungen gemacht und neue berufliche Ziele erreicht werden.

Goldene Jahre (60+): Sie gelten zwar meist als Ruhejahre oder als Zeit der Einsamkeit und Langeweile, können aber genausogut dazu verwendet werden, mit der gesammelten Lebenserfahrung und Weisheit neue Möglichkeiten für die Kreativität, die Lebenslust und den Dienst am Mitmenschen zu erschließen.

An diesen Zyklen wird deutlich, daß das Leben einem steten Wandel unterworfen ist. Die Veränderungen müssen bewältigt und mit den jeweiligen persönlichen Bedürfnissen in Einklang gebracht werden.

Die Hand ist ein »lebendiges Spiegelbild« des Berufslebens. Während ihre Form und Beschaffenheit, die Hauttextur sowie Form und Stärke der Finger Informationen über grundlegende Fähigkeiten und Berufsinteressen liefern, geben die Linien der Hand – insbesondere die Saturnlinie – an, inwieweit der Betreffende in seiner Laufbahn Boden unter den Füßen hat und in welchem Maße er sein Lebensziel verwirklicht.

Da die Linien sich dauernd verändern können, ist die Hand ein stets aktueller Richtungsweiser, was den Berufsweg und die persönliche Entwicklung betrifft. Man darf nicht vergessen, daß das, was landläufig als sein »Glück« machen bezeichnet wird, nicht unbedingt auch die größte berufliche Erfüllung bedeutet. Aber wer ein Gespür für seine tiefinnersten Sehnsüchte, Begabungen und Fähigkeiten entwickelt, dessen Weg werden die richtigen Leute kreuzen und dem werden sich Gelegenheiten und Möglichkeiten bieten, die einer befriedigenden, sinnerfüllten Laufbahn Tür und Tor öffnen.

Die Grundtypen der Hand spiegeln bestimmte »Kerneigenschaften« wider, die jeweils zu einem erfüllten Leben gehören. Gleichzeitig kann eine Grundeigenschaft auch auf die Notwendigkeit der Entwicklung einer ergänzenden oder »Schatten«-Qualität hinweisen, mit deren Hilfe eine höhere Stufe der persönlichen Integration und Befriedigung erreicht wird. Das trifft besonders dann zu, wenn der berufliche Werdegang zu stagnieren scheint oder mit ständiger Frustration verbunden ist. Zum Beispiel empfähle sich für einen Buchhalter, dessen quadratische Hände mit knotigen Fingern auf Organisationstalent sowie Interesse am Detail und am Analysieren schließen lassen, als berufliche Alternative eine Tätigkeit, bei der er mit dem Theater, mit Kunst oder ähnlichem zu tun hätte, in die er die unterentwickelten Komplementärkräfte Intuition, Spontaneität und Gefühl einbringen müßte. Dazu muß nicht unbedingt der Beruf gewechselt werden (vom Buchhalter zum Filmstar), vielleicht sollte nur die Tätigkeit *modifiziert* werden, das hieße in diesem Falle, daß der Betreffende z. B. Prokurist oder Finanzberater bei einer Ballettschule wird oder sich in seiner Freizeit mit Malerei und Schauspiel beschäftigt. Wieder darf nicht vergessen werden, daß alles in Ordnung ist, wenn der Betreffende mit seinem Leben zufrieden ist. Sollten jedoch innere Unruhe und Frustrationsgefühle überwiegen, muß wahrscheinlich die »andere Seite« der Persönlichkeit entwickelt werden.

Modifizierende Faktoren

Bevor nun die einzelnen Handtypen, Berge und Hauptlinien im Hinblick auf die Berufswahl in Augenschein genommen werden, sind verschiedene modifizierende Faktoren zu beachten.

An der Lage des Daumens, ob er hoch, mittelhoch oder niedrig an der Hand sitzt, läßt sich das Maß an Selbstvertrauen und Unabhängigkeit abschätzen. Außerdem zeigt sich daran, ob es sich temperamentsmäßig um einen intro- oder extravertierten Menschen handelt.

Form und Größe des Daumens sind ein Gradmesser für Ich-Stärke, Führungsqualitäten und Willenskraft sowie deren Auswirkungen auf Berufswahl und -ausübung.

Wenn sich Kopf- und Lebenslinie trennen, ist der betreffende Mensch impulsiv, ungeduldig und selbstsicher. Je weiter die Linien voneinander entfernt sind, um so stärker sind Selbstbewußtsein und Extravertiertheit.

Laufen Kopf- und Lebenslinie zusammen, ist der Betreffende meist introvertiert und vorsichtig, besitzt überdies auch nicht gerade viel Selbstvertrauen und Selbstachtung. Je länger die beiden Linien miteinander verschmolzen sind, desto zurückhaltender und introvertierter ist der Betreffende.

Je beweglicher die Hand ist, um so anpassungsfähiger und flexibler ist die Persönlichkeit. Leute mit extrem beweglichen Händen sind häufig emotional labil, besonders dann, wenn weitere Faktoren dies bestätigen.

Feinporige Haut reflektiert eine sensible Natur, während grobe Haut eher bei »Dickhäutern« vorkommt. Ein Mann mit einer kräftigen quadratischen Hand mit feiner Haut geht wahrscheinlich lieber einer Kopfarbeit nach und wird Geschäftsführer, wohingegen es seinem Gegenspieler mit groberer Haut vermutlich nichts ausmacht, als Polier beim Bau zu arbeiten oder einen Ersatzteilhandel aufzuziehen.

Handtyp und Berufswahl

Quadratische Hände sind nützliche Hände. Sie lassen Organisationstalent, Beharrungsvermögen und Zielstrebigkeit erkennen. Ordnungssinn, Beständigkeit und praktischer Verstand gehören zu den hervorstechendsten Eigenschaften einer quadratischen Hand und bürgen für Präzision, Gründlichkeit und Systematik, was Ideen und Projekte anbelangt.

Quadratische Hände finden sich oft bei Verwaltungsbeamten, Organisatoren und Politikern; allerdings können Handbeschaffenheit, besonders markante Finger und

Linien die genannten Eigenschaften abwandeln. Viele Verwaltungsangestellte, kaufmännische Angestellte und Sekretärinnen weisen diesen Handtyp auf, und sie können meist gut den Büro- oder Geschäftsablauf organisieren. Des weiteren kommen Tätigkeiten im Computerwesen oder in der Telekommunikation für Leute mit quadratischen Händen in Frage, besonders, wenn die Finger knotig sind; ferner eine Tätigkeit als Lehrer (speziell für Geometrie und Sprachen), Ingenieur, Rechtsanwalt, Arzt, Bibliothekar oder Buchhalter. Landschafts- und Innenarchitektur stehen ebenfalls für eine Berufswahl zur Debatte, und das um so mehr, wenn die Kopflinie gutes Vorstellungsvermögen verheißt.

Spatelförmige Hände sind zupackende Hände. Sie zeigen bei dem Betreffenden die Fähigkeit auf, den Vorteil einer Situation zu erkennen und praktisch zu nutzen.

Wie diejenigen mit quadratischen Händen sind auch Leute mit spatelförmigen Händen meist gute Beamte, obwohl ihnen der Sinn eher nach einer leitenden Stellung steht als nach einem Verwaltungsposten. Außerdem sind sie ausgezeichnete Unternehmer, Geschäftsleute, Manager und Erfinder. Sollten Heilerkräfte erkennbar sein (kleine vertikale Linien auf dem Merkurberg, die *Samariterlinien*), liegen besondere Fähigkeiten zum geistigen Heilen vor. In diesem Fall sind Berufe auf dem Gebiet der Massagetherapie, Beratung, Lehre oder Tanztherapie günstig. Sportler, Sänger und Tänzer haben häufig spatelförmige Hände. Wenn die Hand auf Kommunikationstalent schließen läßt, kommen Öffentlichkeitsarbeit, Werbung und Design für eine Berufswahl in Frage.

Sind die Finger an spatelförmigen Händen knotig, stehen Berufe zur Wahl, bei denen es auf analytisches und diplomatisches Geschick ankommt. Wenn auch zusätzlich der Daumen kräftig ist, hat der Betreffende von Natur aus die Fähigkeit, wesentliche Ideen und Vorhaben konsequent auszuführen.

Konische Hände sind schöpferische Hände. Sie spiegeln Schönheitsliebe und einen Schönheitssinn wider, der sich in einer entsprechenden Ausgestaltung der Umgebung äußert. Da sich Leute mit konischen Händen eher von Eingebungen als vom Verstand leiten lassen, sind sie oft idealistisch und phantasievoll in ihrer Arbeitswelt.

Außer in der Kunst – einschließlich Theater, Tanz, Musik und bildender Kunst – zeichnen sich Leute mit konischen Händen häufig auf dem Gebiet der Architektur, Innenarchitektur, Werbung, Schriftstellerei sowie des Textildesigns aus. Haben die Hände eine dickfleischige Beschaffenheit, liegt der Gedanke an einen Meisterkoch nahe, der sich vorwiegend der Kreation feiner, kunstvoller und oft höchst kalorienreicher Genüsse widmet.

Es ist zwar möglich, daß Hände einem oder mehreren der eben beschriebenen Typen entsprechen, aber sie können durchaus auch eine *Kombination* der betreffenden Eigenschaften darstellen. Dann muß unbedingt jeder einzelne Finger mit besonderer Aufmerksamkeit beurteilt werden, um zu sehen, welchen Einfluß seine Qualitäten auf die Berufswahl nehmen können. Wenn zum Beispiel der Apollofinger spatelförmig ist, kann dadurch ein besonderes Redetalent oder Begabung zum Lehren und zur Schauspielkunst angezeigt sein. Ist der Jupiterfinger quadratisch, offenbart er hervorragende Verwaltungsqualitäten. Schon bei Berücksichtigung nur dieser beiden Eigentümlichkeiten wäre eine berufliche Laufbahn in der Öffentlichkeitsarbeit, Politik oder im Geschäftsleben zu empfehlen.

Die Berge

Bei der Beurteilung von beruflichen Möglichkeiten sind auch die Berge zu beachten. Sie sollten zwar im Zusammenhang mit der ganzen Hand gesehen werden, können aber dennoch wertvolle Einzelinformationen über berufliche Ausrichtung und Vorlieben liefern.

Jupiter

Ein kräftiger Jupiterberg deutet Führungsqualitäten an. Eine leitende Position in der Politik, im religiösen Leben oder Management wäre eine Standardberufsaussicht für Leute mit markantem Jupiterberg; ausgesprochen befriedigend finden sie meist die Leitung eines Unternehmens, einer Schule oder einer Organisation, des weiteren widmen sie sich gern einer Berater- oder Lehrtätigkeit und arbeiten mit Vorliebe in der Natur oder mit Tieren. Am allerliebsten jedoch ist ihnen im allgemeinen eine Stellung, in der sie Autorität besitzen und unabhängig sind; mit anderen zusammenzuarbeiten, fällt ihnen oft schwer.

Saturn

Der Saturnberg steht für Ausgewogenheit und versinnbildlicht Eigenschaften wie Weisheit, Sachlichkeit und Verantwortungsgefühl. Im Gegensatz zum Jupiter-Menschen, der gesellig ist und aus sich herausgeht, arbeitet der echte Saturn-Typ lieber für sich allein. Für Leute mit grober Hautstruktur empfiehlt sich eine Tätigkeit im landwirtschaftlichen Bereich, auf dem Bau oder im Umwelt- und Naturschutz. Anderen bieten sich die Mathematik (sowohl Lehre als auch Forschung), das Ingenieurwesen, die Physik, die Ökologie und die Computertechnik als mögliche Interessengebiete an. Ein kräftiger Saturnberg ist darüber hinaus ein günstiges Vorzeichen für philosophische und religiöse Studien, für schriftstellerische Arbeiten (insbesondere über wissenschaftliche Themen), eine kaufmännische Tätigkeit, die Bibliothekswissenschaft, für die Restauration von Altertümern und Gebäuden, für Forschungen aller Art und für minuziöse Arbeiten auf dem Gebiet der bildenden Kunst, letzteres verstärkt bei zusätzlich knotigen Fingern.

Apollo

Ein stark ausgeprägter Apolloberg ist ein Hinweis auf künstlerische Begabungen, einen durchdringenden Verstand und gute Anlagen zum Umgang mit der Öffentlichkeit. Berufliche Möglichkeiten bieten sich in den angewandten und freien Künsten (darunter Architektur, Design, Malerei, Bildhauerei, Landschaftsgestaltung und Graphik), in den darstellenden Künsten, der Werbung, in der Öffentlichkeitsarbeit, im Handel und in der Schriftstellerei, wenn Apolloberg und -finger markant hervortreten. Sollte dieses Bild durch einen kräftigen Merkurfinger ergänzt werden, ist ein noch größeres Kommunikationstalent gegeben, wie die Hand eines der berühmtesten amerikanischen Charakterdarsteller zeigt (Abb. 11.1).
Als weitere Berufe kommen für den Apollo-Typ unter anderem eine Lehrtätigkeit (insbesondere als Vortragender), Kunst- und Musiktherapie sowie alle Tätigkeiten mit Publikumskontakten in Frage, etwa im Empfang, Sekretariat, Schönheitssalon, in der Sozialarbeit oder Psychotherapie.

Merkur

Der Merkurberg verrät Geschäftssinn und Kommunikationstalent. Leute mit kräftigem Merkurberg sind bekannt für ihre Klugheit, für unternehmerische Fähigkei

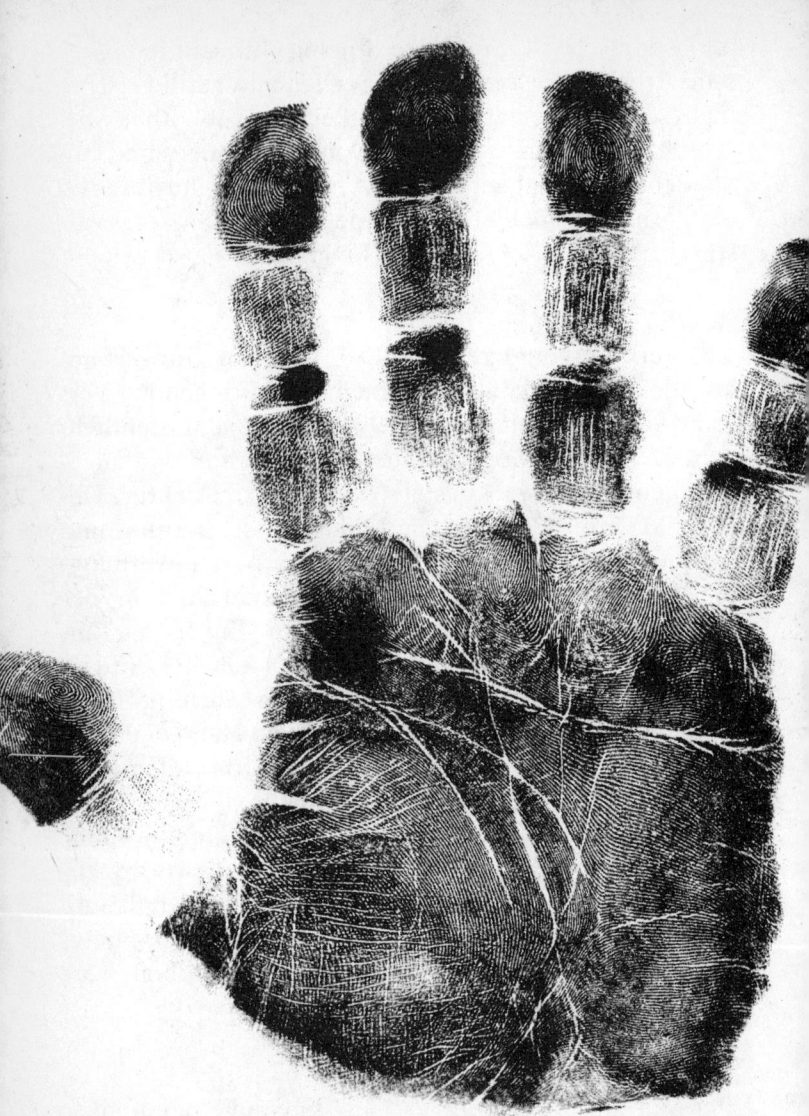

Abb. 11.1: Handabdruck mit kräftigem Apolloberg und markantem Merkurfinger.

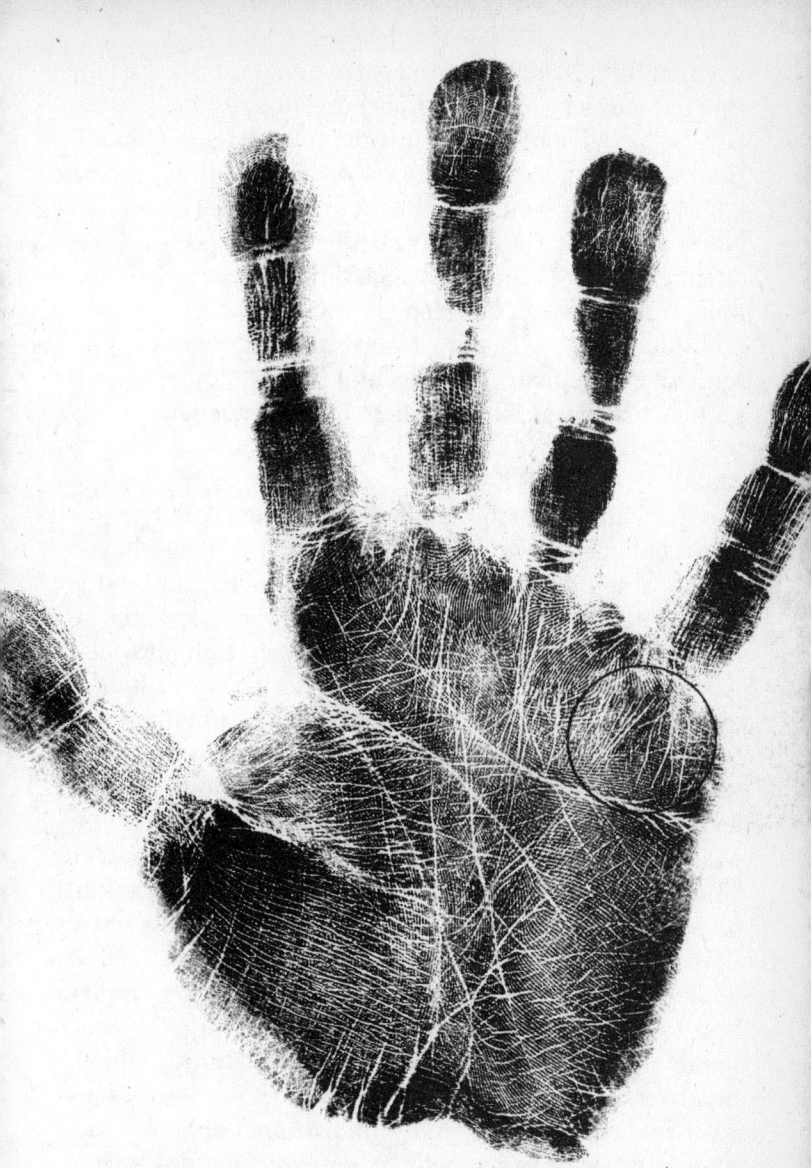

Abb. 11.2: Handabdruck mit Samariterlinien.

ten und ihr Geschick im Umgang mit anderen Menschen. Bei gut ausgeprägtem Merkurberg und -finger stehen berufliche Möglichkeiten im Geschäftsleben, Handel, Bankwesen und verwandten Bereichen offen, ferner käme eine Tätigkeit beim Rundfunk, in der Lehre, den Naturwissenschaften, im Transportwesen und im Sprachenbereich in Frage. Wenn Samariterlinien in Erscheinung treten – wie in der Hand der Krankenschwester auf Abbildung 11.2 –, ist eine Tätigkeit im Heilbereich (einschließlich Medizin, Labortechnik, Psychologie, Osteopathie, Chiropraktik, Zahnheilkunde) geeignet.

Mars

Ein markanter Marsberg läßt auf Mut und Widerstandskraft schließen sowie auf die Fähigkeit, im Angesicht von Gefahr ruhig zu bleiben. Früher rieten Handleser Leuten mit kräftigen Marsbergen, in den Militär- oder Polizeidienst einzutreten oder Berufsboxer beziehungsweise -ringer zu werden. Obwohl diese Klischeevorstellungen eine gewisse Gültigkeit haben (Menschen mit ausgeprägten Marsbergen gehen *tatsächlich* oft zum Militär oder werden Gesetzeshüter), sollten doch auch andere berufliche Möglichkeiten in Erwägung gezogen werden.
Männer und Frauen mit stark ausgebildeten Marsbergen sind fest in der dreidimensionalen Wirklichkeit verankert und stehen mit beiden Beinen im praktischen Leben. Sie lieben die Herausforderung und genießen es in vollen Zügen, wenn sie etwas geschafft haben. Beruflich kommen Sport- und Fitneßaktivitäten in Frage, ferner die Bauhandwerke (etwa das Zimmer-, Maurer- oder Klempnerhandwerk), eine Tätigkeit als Mechaniker (sei es im Kraftfahrzeugbereich, für Industriemaschinen oder Haushaltsgeräte), manuelle Arbeit, die Landwirtschaft sowie der Umwelt- und Naturschutz.

Mond

Der Mondberg symbolisiert Phantasie, Reiselust und die Schutzinstinkte gegenüber Freunden und Familie. Wenn der Mondberg gut ausgeprägt ist (und besonders, wenn auch noch Samariterlinien auf dem Merkurberg hinzukommen), ist eine Laufbahn in den »helfenden Berufen«, zum Beispiel eine beratende oder Lehrtätigkeit, Krankenpflege oder Sozialarbeit angezeigt. Da der Mondberg überdies für Reiselust steht, empfiehlt sich auch jeder Beruf, der Mobilität verspricht. Piloten, Stewardessen, Berufskraftfahrer, Reiseleiter und Wanderführer weisen häufig kräftige Mondberge auf. Ein markanter Mondberg läßt darüber hinaus auf eine gesteigerte Einbildungskraft schließen und findet sich oft auf den Händen großer Schriftsteller, Künstler und Komponisten. Wenn kleine Linien von der Basis des Mondberges nach oben laufen, sind Intuition und mediale Fähigkeiten in höherem Maße vorhanden, wie die Hand der Frau in Abbildung 11.3 zeigt, die mit großem intuitivem Gespür eine beratende Tätigkeit ausübt.

Venus

Der Venusberg spiegelt die vorhandene Leidenschaftlichkeit und Liebesfähigkeit wider. Einige Menschen mit ausgeprägtem Venusberg werden auf die Frage nach ihrem innersten Berufswunsch sicher lachend erwidern: »Sextherapeut«, aber im Grunde kann dieser Berg, für sich allein, nicht ausschlaggebend für die Berufswahl sein.

Nichtsdestoweniger zeugt ein kräftiger Venusberg bei der betreffenden Persönlichkeit von Liebe, Sympathie und Leidenschaftlichkeit und fügt der Kraft der anderen Berge Wärme, Herzlichkeit und Menschlichkeit hinzu. Im Gegensatz zu einem starken Saturnberg, der Isolation

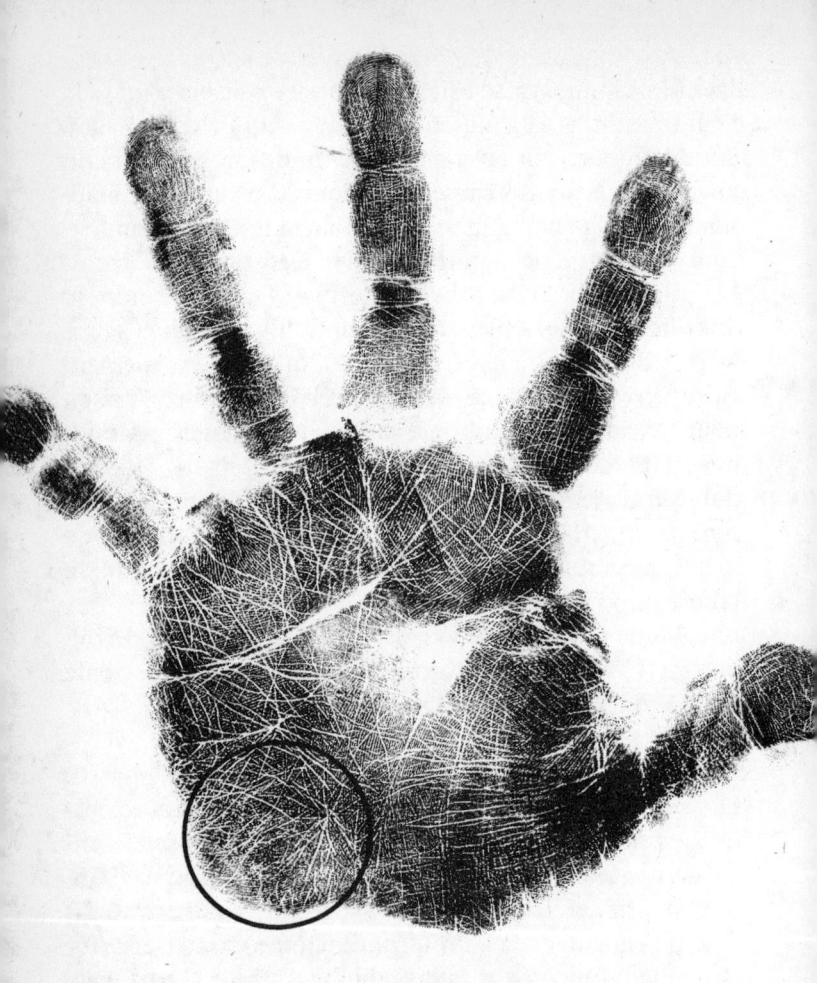

Abb. 11.3: Handabdruck mit kleinen, von der Basis des Mondberges ausgehenden Linien.

begünstigt, steigert ein markanter Venusberg das persönliche Engagement und Pflichtgefühl. Er bewirkt, daß sich ein Arzt mitfühlender, ein Lehrer teilnahmsvoller und ein Geschäftsmann menschlicher verhält, indem er mehr auf die Bedürfnisse und Belange anderer eingeht, statt nur seinen geschäftlichen Vorteil im Auge zu haben.

Die Saturnlinie als Schicksalslinie

Berge und Finger liefern zwar wichtige Anhaltspunkte bezüglich der Berufswahl, aber letztlich ist es die Saturnlinie, die Aufschluß darüber gibt, inwieweit eine Tätigkeit befriedigend ist und in welchem Maße sie zur Lebenserfüllung beiträgt.

Je ausgeprägter und klarer sie ist, um so zufriedener ist der Betreffende mit dem Verlauf seines Lebens. Wenn ein reicher Geschäftsmann sich in seinem Beruf nicht wohl fühlt, zeichnet sich seine Saturnlinie wahrscheinlich nur schwach und bruchstückhaft ab, mögen ihn auch andere für erfolgreich halten. Umgekehrt besitzt womöglich der Mann, der diesem Manager jeden Morgen die Schuhe putzt und ganz glücklich bei seiner Arbeit ist, eine klare, deutlich ausgeprägte Saturnlinie.

Wie zuvor bereits erwähnt, nimmt die Saturn- oder Schicksalslinie ihren Anfang an der Handwurzel zwischen Venus- und Mondberg und läuft dann aufwärts zum Saturnfinger, wie in Abbildung 11.4 zu sehen. Danach hätte die betreffende Person – in diesem Fall eine international bekannte Opernsängerin – ihren Lebensweg schon in der Jugend vor Augen gehabt und damals ihre Karriere begründet. Die Saturnlinie bleibt bis zum Alterspunkt von 50 Jahren kräftig, um sich dann zu verzweigen, was auf vielerlei Interessen hindeutet.

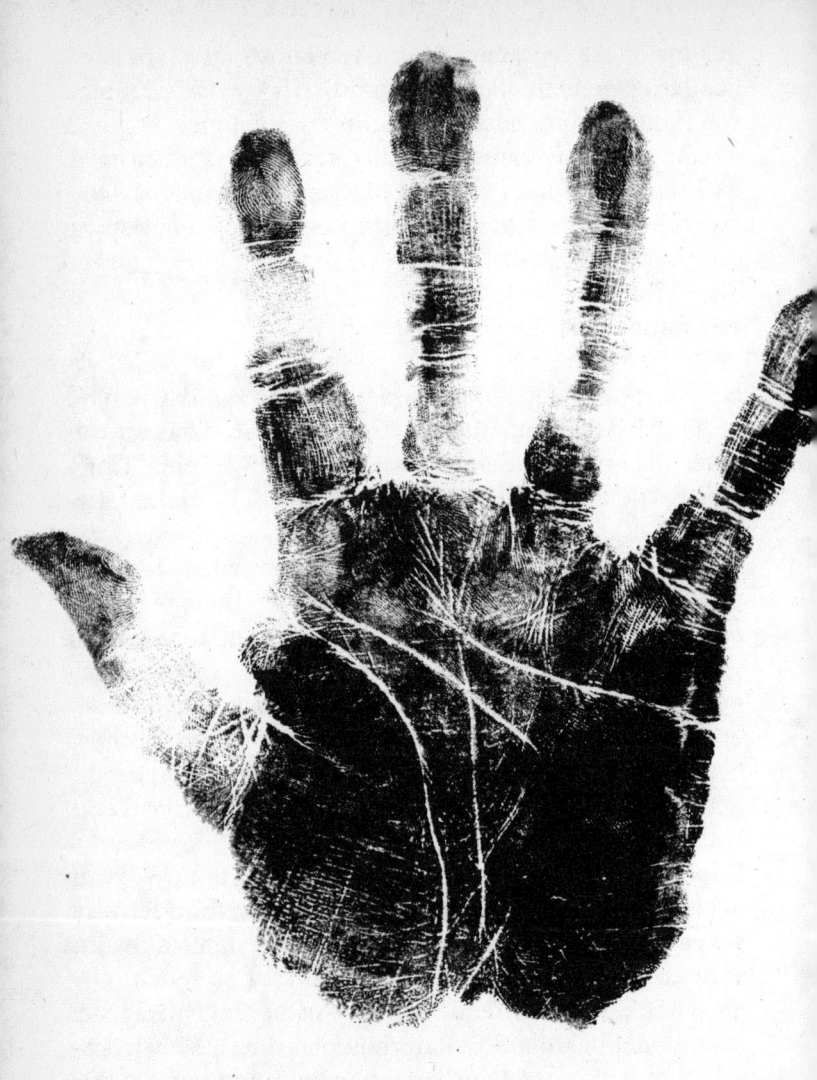

Abb. 11.4: Handabdruck mit kräftiger Saturnlinie.

Allgemein gilt, daß ein Mensch um so später im Leben seine wahre Lebensaufgabe findet, je höher auf der Hand die Saturnlinie beginnt.

Wenn die Saturnlinie gleich zu Anfang mit der Lebenslinie zusammenläuft (Abb. 11.5), bestehen häufig Schwierigkeiten, sich für einen Beruf zu entscheiden. Das liegt meist am Druck, den die Eltern ausüben, oder an ihren Erwartungen. Fängt die Saturnlinie innerhalb der Lebenslinie an, ist der elterliche Einfluß besonders stark.

Beginnt die Saturnlinie auf dem Mondberg (Abb. 11.6), verläuft das Leben des betreffenden Menschen wahrscheinlich in ganz unterschiedlichen Bahnen und läßt den verschiedensten Berufen und häufigen Umstellungen Raum. Wenn sie bis weit in den Saturnberg hineinreicht (ebenfalls Abb. 11.6), wird der Betreffende vermutlich bis ins Rentenalter aktiv sein. Der abgebildete Handabdruck gehört einem Diplomlandwirt, der noch im Ruhestand beim Entwicklungsdienst tätig war. Bis zu seinem Tode im Alter von 82 Jahren blieb er aktiv in der Theosophie, in seiner Freimaurerloge und in der Kirche engagiert, was an den drei kleinen Zweigen am Ende der Saturnlinie erkennbar ist.

Reicht die Saturnlinie weit in den Jupiterberg hinein, bedeutet das eine Führungsposition oder eine Tätigkeit in der Öffentlichkeit.

Wenn die Linie zwischen Saturn- und Apolloberg endet, hat der Betreffende vermutlich irgend etwas mit Kunst zu tun, oder es winken Geld und Ruhm.

Das Vorhandensein einer guten Apollolinie wirkt sich meist kräftigend auf die Saturnlinie aus. Eine zusätzliche vertikale Linie in der Nähe der Saturnlinie kann ein Hinweis auf einen Zweitberuf oder nebenberufliche Interessen sein. Im Handabdruck des Diplomlandwirts (Abb. 11.6) gibt die kurze Linie – die schließlich einen

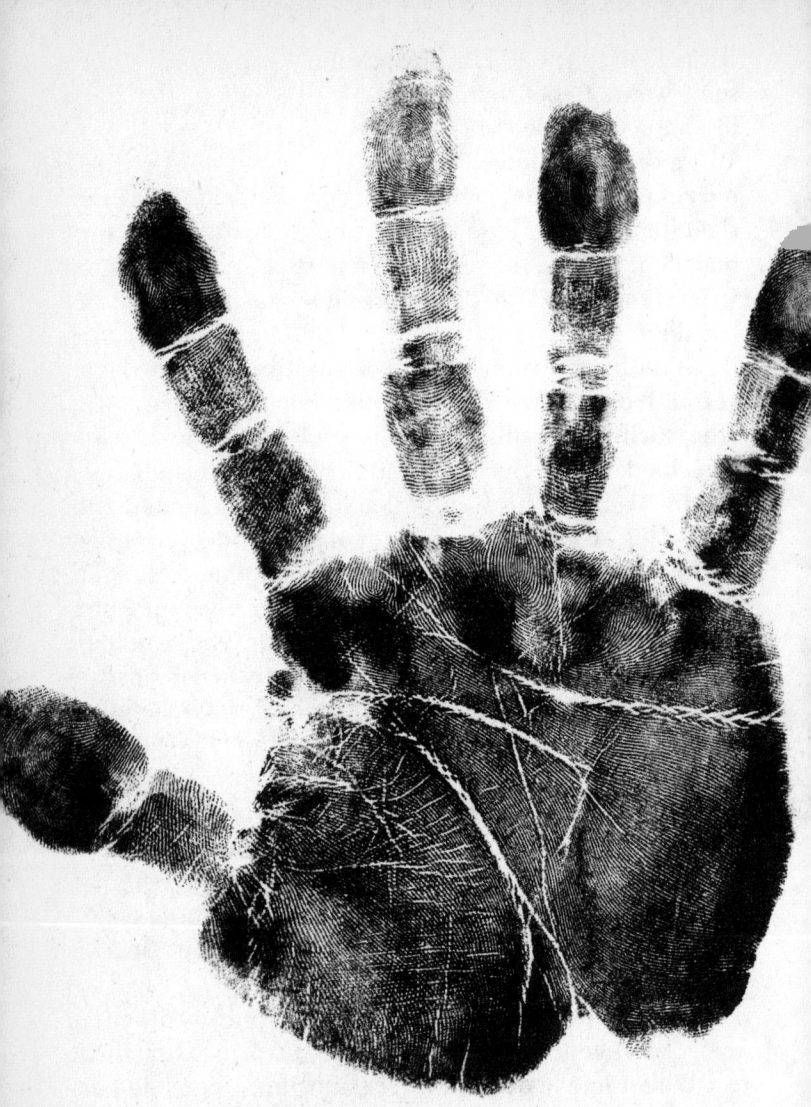

Abb. 11.5: Handabdruck mit Saturnlinie, die zu Anfang mit der Lebenslinie zusammenläuft.

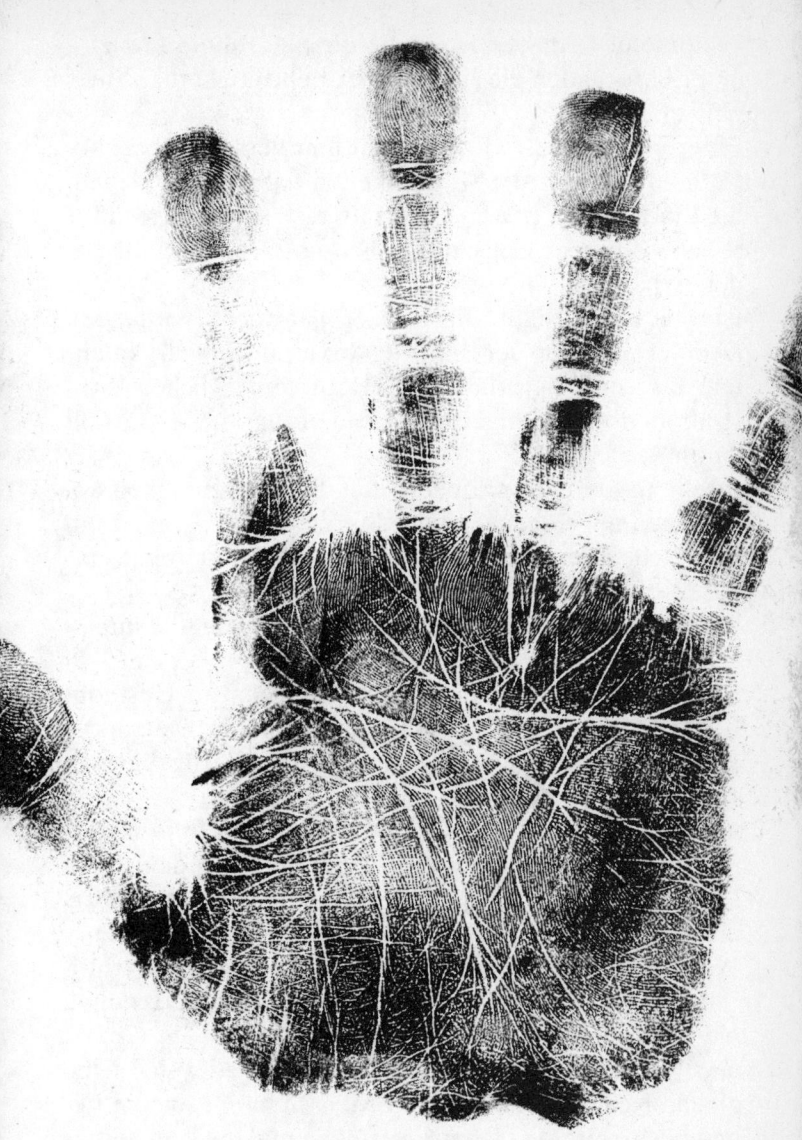

Abb. 11.6: Handabdruck mit Saturnlinie, die im Mondberg beginnt.

Zentimeter über der Herzlinie die Saturnlinie kreuzt – unter Umständen die Jahre seiner Lehrtätigkeit an einer Universität an.

Eine ausgeprägte, tiefe Schicksalslinie verrät, daß der betreffende Mensch die Möglichkeiten wahrnimmt, die ihm die Linie eröffnet. Wenn sie kräftig ist, steht sie auch für Selbstvertrauen, Entschlossenheit und Befriedigung bei der Arbeit.

Ist die Linie dünn, flach oder gar nicht vorhanden (Abb. 11.7), muß der Betreffende vermutlich hart kämpfen, um seine beruflichen Ziele zu verwirklichen. Frustrationen und mangelnde Orientierung im Leben sind häufig die Folge.

Inseln auf der Saturnlinie deuten die Notwendigkeit an, Energien und Ideen zielbewußter zu kanalisieren. Dem beruflichen Fortkommen stellen sich oft Hindernisse entgegen.

Brüche in der Linie verheißen Umstellungen und möglicherweise berufliche Unwägbarkeiten.

Eine wellige Saturnlinie ist ein Anzeichen für Unstetigkeit. Die betreffende Person ist meist ein »Hansdampf in allen Gassen«, statt sich auf ein oder zwei Sachgebiete zu spezialisieren.

Zweige, die von der Saturnlinie aus aufwärts führen, verleihen der Linie von dem Alterspunkt ab, an dem sie in Erscheinung treten, zusätzliche Kraft, während abwärts laufende Zweige berufliche Schwierigkeiten andeuten.

Wenn man die Hand unter dem Blickwinkel des beruflichen Werdegangs und Lebenswerks betrachtet, darf man nie vergessen, daß *niemand seinem Schicksal auf Gedeih und Verderb ausgeliefert ist,* sondern daß jeder sich seine eigene Realität schafft. Jeder Mensch hat in seinem Leben bestimmte Aufgaben zu erfüllen und ein Ziel, das es zu erreichen gilt.

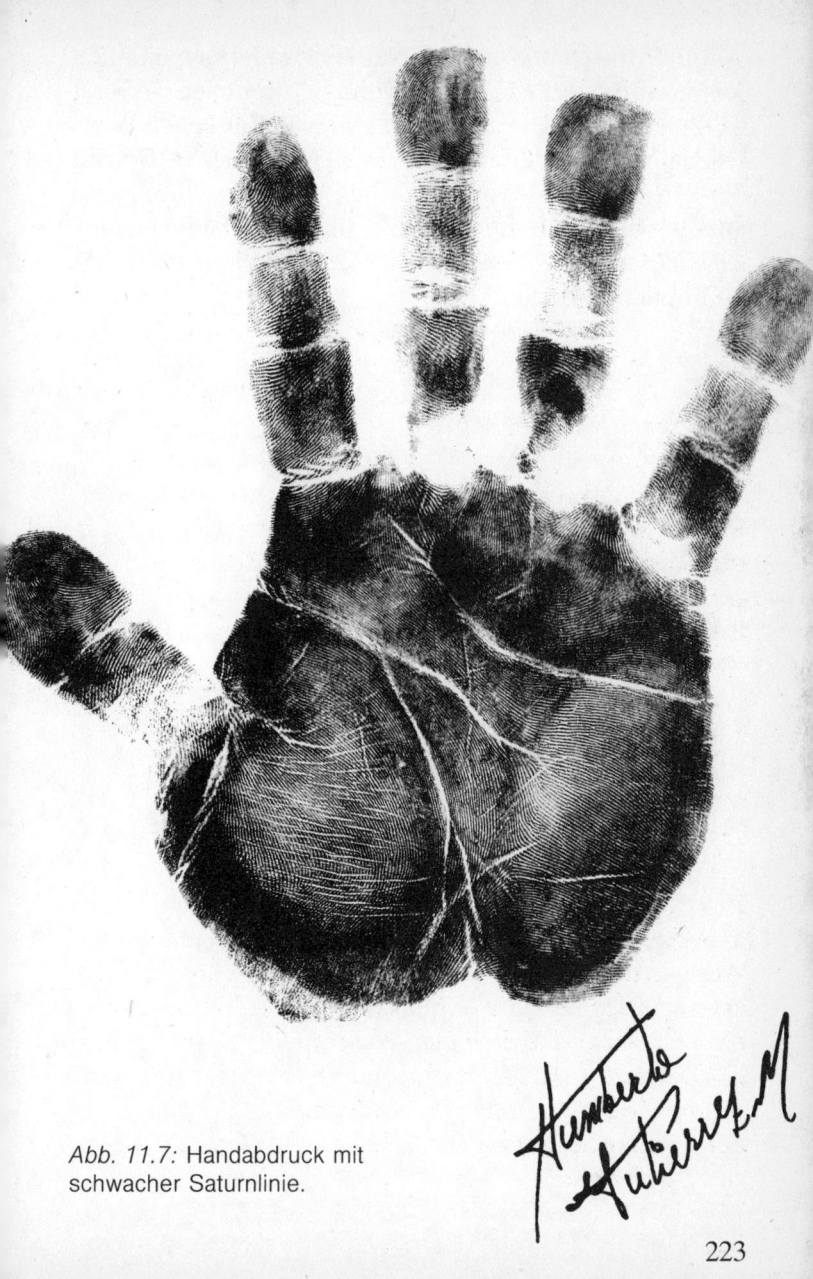

Abb. 11.7: Handabdruck mit
schwacher Saturnlinie.

Wer die Botschaft der Hand versteht, kann sich dadurch seiner verborgenen Talente und Hoffnungen bewußt werden und die Kluft zwischen seinen tiefinnersten Wünschen und der äußeren Wirklichkeit überbrücken. Sobald er sein Schicksal verantwortlich selbst in die Hand nimmt, wird ihm klar, wonach er sich aus tiefstem Herzen *wirklich* sehnt. Daraus erwachsen ihm Freude, Glück und innerer Frieden.

Teil IV: Die Praxis der Handanalyse

Inzwischen dürften Sie eine klare Vorstellung und gute Grundkenntnisse vom Wesen der Handanalyse haben. In den folgenden Kapiteln geht es mehr um das praktische Know-how des Handlesens und die Anfertigung von Handabdrücken.

12. Wie man Hände liest

Einem anderen Menschen aus der Hand zu lesen ist eine sehr ernste Angelegenheit, die einem eine ungeheure Verantwortung auferlegt. Einfach ausgedrückt, studiert jemand zum Zwecke einer Handanalyse einen Teil des Körpers eines Mitmenschen und äußert sich dann zu höchst persönlichen, heiklen Punkten. In gewisser Weise ist die Handanalyse damit vergleichbar, daß man die Privatbriefe oder Tagebücher eines anderen liest. Aus diesem Grunde muß der Handleser die volle Verantwortung tragen für das, *was* während einer Beratung und *wie* es zur Sprache kommt.

Die unterschwelligen Intentionen des Handlesers sind von einschneidender Bedeutung. Eine Handanalyse darf nie dazu benutzt werden, zu beeindrucken, zu etwas zu verleiten oder Macht und Kontrolle über das Leben eines anderen zu gewinnen. Mit aller Anstrengung muß versucht werden, so objektiv wie möglich zu sein und trotzdem während des Lesens engen Kontakt zu dem betreffenden Menschen aufzunehmen. Ehrlichkeit ist eine Grundvoraussetzung für jede Handanalyse, und doch muß jede Beobachtung und Vermutung so in Worte gefaßt werden, daß sie zwar wahrheitsgemäß, aber gleichzeitig wohlwollend ist und keinesfalls abwertend. Wenn das, was zu sagen wäre, diesen Erfordernissen nicht entspricht, ist es besser, den Mund zu halten.

Andererseits muß man achtgeben, sich nicht nur auf die positiven Aspekte der Hand zu konzentrieren. Der Ratsuchende soll sich seiner Begabungen und Fähigkeiten bewußt werden, und man tut ihm keinen Gefallen, wenn man negative Züge oder Konfliktbereiche in seinem Leben beschönigt.

Eng mit diesem Punkt verknüpft ist die Wahl des richtigen Zeitpunkts, das *Timing*. In manchen Situationen sind Informationen unangebracht, insbesondere, wenn sie wahrscheinlich unnötig Schmerz bereiten oder der/die Betreffende nicht in der Lage ist, mit dem angeschnittenen Thema oder Problem fertig zu werden.

Vorrangiges Ziel sollte es natürlich sein, einem Ratsuchenden zu helfen, aber man muß sich darüber im klaren sein, daß ein Handleser kein praktizierender Therapeut ist. Eine Therapie ist ein langwieriger, fortlaufender Prozeß, mit dem tiefgreifende psychologische Veränderungen bei dem/der Betreffenden verbunden sind, die nur ein geschulter Psychotherapeut steuern kann. Eine Beratung hingegen ist relativ kurz und zielt auf ganz bestimmte Bereiche ab, in denen der Schuh drückt, sei es die Gesundheit, das Berufsleben oder zwischenmenschliche Beziehungen. Die Aufgabe eines Handlesers kommt zwar oft einer Beratung gleich, ist jedoch eigentlich etwas anderes. Hauptziel ist nämlich die *Hilfe zur Selbsterkenntnis*, das heißt, bei einem einmaligen Besuch einfach

Informationen miteinander zu teilen. Wer sich zu einer Handanalyse bereitfindet, möchte etwas über sich in Erfahrung bringen mit dem Ziel, sich selbst gründlicher kennenzulernen und sein Allgemeinbefinden zu verbessern. Obwohl es öfters geschieht, daß ein Besuch beim Handleser sich zu einer Beratung oder Therapie ausweitet, ist dies nicht die Aufgabe des Handlesers. Deshalb unterbinden viele Chirologen allzu häufige Konsultationen (sie beschränken sie normalerweise auf ein bis zwei im Jahr) und verweisen den »Klienten« an einen entsprechenden Berater, Therapeuten oder anderen Heilkundigen.

Wohl am schwierigsten ist es für den Handleser, persönliches Interesse an dem Klienten zu nehmen und sich trotzdem immer daran zu erinnern, daß der/die Betreffende selbst für sein/ihr Leben verantwortlich ist. Dennoch sollte man seinen Klienten, wenn wichtige Lebensfragen bloßliegen und besprochen werden, nicht hängenlassen, sondern möglichst versuchen, ihn oder sie zum »nächsten Schritt« zu bewegen. Stephen Arroyo schreibt in seinem ausgezeichneten Buch *Astrologie, Psychologie und die vier Elemente:*

Man sollte sich darüber klar sein, daß es wenig Wert hat, bloß zu raten, ohne gleichzeitig zu einem tieferen Verständnis hinzuleiten, denn jede Person muß ihre eigene Arbeit tun und aus eigener Erfahrung zu einem höheren Bewußtsein kommen, durch das sie der Schwierigkeit entwächst oder sie transzendiert.

Wenn man den Klienten nicht an einen Berater oder Therapeuten verweisen will, kann der Verlauf einer solchen Sitzung auch so aussehen, daß man Reaktionen und Fragen provoziert, damit der/die Betreffende eine aktivere

Rolle bei der Lesung spielt, statt nur passiv zuzuhören. Diese Teilnahme bewirkt meist, daß er/sie selbst nach Lösungen für die anliegenden Probleme sucht. Sehr häufig kennt jeder die Antwort auf seine Fragen im tiefsten Innern schon längst selbst, nur übergeht er sie gewohnheitsgemäß und hört lieber auf einen anderen.

Oft wahrt der Handleser nicht die nötige Achtung vor der Privatsphäre seines Klienten. Ich persönlich ziehe es vor, mit dem betreffenden Menschen in ruhiger Umgebung allein zu sein, wenn ich lese, ohne daß ein Dritter zuschaut und Fragen stellt. Obgleich ein Kassettenrecorder erwiesenermaßen die Aufmerksamkeit des Klienten von der Lesung selbst ablenkt, habe ich gegen den Gebrauch nichts einzuwenden. Ich unterhalte mich nie mit anderen über eine Lesung; solange ich aus jemandes Hand lese, ist das *unsere* Sache, aber wenn der Besuch vorbei ist, ist die Angelegenheit damit für mich beendet.

Die Technik

Für das Handlesen gibt es keine spezielle Methode oder Technik. Ich rate dem Leser, selbst die Methode zu entwickeln, die ihm am besten zusagt, aber dennoch die folgenden allgemeinen Regeln für die Vorgehensweise zu beherzigen, da sie sich als nützlich erwiesen haben.

Vorbereitung

Ehe Sie einem anderen Menschen aus der Hand lesen, sollten Sie versuchen, sich des damit verbundenen Privilegs und der Verantwortung bewußt zu werden. Meditation und Gebet helfen dabei, sich im *Kern* oder höheren Selbst zu sammeln und intuitives Gespür zu entwickeln. Bevor Sie in die Hände Ihres Klienten schauen, fragen

Sie am besten, ob sie oder er schon einmal bei einer Lesung war. Erläutern Sie, daß die Hände nur Tendenzen aufzeigen, keine endgültigen Tatsachen, und daß die Linien der Hand sich innerhalb von wenigen Wochen verändern können. Ich erwähne immer beiläufig, daß ich ein paar sehr alte Menschen mit kurzen Lebenslinien kenne, aber auch von jungen Leuten mit langen Lebenslinien weiß, die bei Unfällen ums Leben kamen.

Fragen Sie Ihren Klienten nach dem Alter und finden Sie heraus, ob er Rechts- oder Linkshänder ist. Erklären Sie, daß die passive Hand so etwas wie ein Anzeiger unserer Potentiale ist, während die aktive Hand deutlicher zum Ausdruck bringt, was wir daraus gemacht haben.

Der Blick in die Hände

Wenn Sie dem Klienten gegenübersitzen, nehmen Sie seine beiden Hände und betrachten sie. Schließen Sie einen Augenblick die Augen und sprechen Sie ein stilles Gebet, damit Sie sich konzentrieren und Ihr Bestes tun können. Ich sage einfach: »Dein Wille geschehe.« Ein Freund von mir bittet, daß alles, was er sagt, zum Besten des Ratsuchenden und aller Beteiligten sein möge. Diese geistige Einstimmung braucht nicht unbedingt vor Augen und Ohren der Person, aus deren Hand gelesen werden soll, vonstatten zu gehen; es kann einfach so aussehen, als sammelten Sie Ihre Gedanken, bevor Sie mit dem Lesen beginnen.

Schauen Sie sich beide Hände genau an. Beachten Sie Größe, Form, Hautbeschaffenheit und Flexibilität. Nehmen Sie die Lage und Länge der Finger in Augenschein und berücksichtigen Sie dabei den Grundtypus der Hand. Scheuen Sie sich nicht, die Hand bei der Untersuchung zu berühren, zu biegen und sanft zu drücken.

Betrachten Sie die Finger eingehend und schenken Sie ihrer Größe, Beweglichkeit, Form und Kontur besondere Aufmerksamkeit. Welche sind markant, welche nur schwach ausgebildet? Welche Stellung haben sie an der Hand?

Drehen Sie die Hände um und betrachten Sie die Fingernägel; bitten Sie Ihren Klienten, die Hand flach auszustrecken. Jetzt können Sie die Knöchel unter die Lupe nehmen und sehen, in welchem Verhältnis die Finger zueinander und zur gesamten Hand stehen.

Wenden Sie die Hand wieder um und untersuchen Sie nun die Berge. Fahren Sie mit dem Finger über jeden Berg und beurteilen Sie danach die relative Stärke. Merken Sie sich etwaige spezielle Zeichnungen auf den Bergen wie Quadrate, Kreuze oder Raster.

Fassen Sie dann die Linien ins Auge und richten Sie Ihr Hauptaugenmerk auf deren Ausgeprägtheit, Klarheit und Länge. Wo fangen sie an und wo enden sie? Weisen die Linien Brüche, Punkte oder Inseln auf? Sind Zweige oder Farbveränderungen zu bemerken? Inwieweit unterscheiden sich die Linien beider Hände voneinander?

Wenn Sie die Hände einige Minuten lang untersucht haben, bekommen Sie ein »Gespür« für die Hand und einen Grundeindruck von dem Menschen, aus dessen Hand Sie lesen. Nehmen Sie jetzt die aktive Hand und beginnen Sie mit dem Lesen, wobei Sie aber stets auch die passive Hand im Blick behalten, um bestätigende oder gegenteilige Zeichen berücksichtigen zu können. Fangen Sie die Lesung an dem Punkt an, der Ihnen angemessen erscheint. Bei manchen Leuten entschließen Sie sich vielleicht, sofort auf Gesundheitsprobleme einzugehen, während Sie mit anderen unter Umständen erst Charakter und Berufsleben erörtern. Gehen Sie nach eigenem Ermessen vor.

Während Sie lesen, sollten Sie unbedingt alle Themen berühren, die von Interesse sind – Gesundheit, Lebensgeschichte, Intelligenz, emotionale Besonderheiten, Berufsleben, Reisen, zwischenmenschliche Beziehungen sowie Kreativität und Spiritualität. Schreiten Sie langsam voran und lauschen Sie beim Lesen auf intuitive Botschaften aus Ihrem Unterbewußtsein. Halten Sie von Zeit zu Zeit Augenkontakt mit Ihrem Klienten. Fragen können nach Belieben beim Lesen oder nach abgeschlossener Sitzung beantwortet werden.

Im Verlauf der Lesung sollten Sie die folgenden Fragen im Sinn behalten und fortwährend im stillen überprüfen:

- Wonach sucht der/die Betreffende wirklich?
- Was vermag er/sie zu verarbeiten?
- Ist er/sie aufnahmefähig für das, was ich gerade sage?
- Wie kann er/sie am besten dazu bewegt werden, Initiative zu zeigen und Verantwortungsgefühl sowie Lebenslust zu entwickeln?
- Berührt die Lesung heikle Themen, die auch mich betreffen und vielleicht meine Auslegung und Objektivität beeinflussen?
- Drücke ich mich klar und verständlich aus?

Gegen Ende der Lesung stellen die Leute oft Fragen wie: »Werde ich mich verheiraten (oder scheiden lassen)?«, »Wie viele Kinder werden wir haben?« und natürlich die klassische Frage: »Wann werde ich sterben?« Da die Hände nur Möglichkeiten aufzeigen und sich infolgedessen wandeln können, müssen Sie klarstellen, daß jede genaue Voraussage reine Spekulation ist. Wie bereits an anderer Stelle erwähnt, sollten Sie auch *niemals* den Todeszeitpunkt voraussagen.

Wenn Sie mit Sorgfalt, Feingefühl und Demut ausgeführt wird, ist die Handanalyse eine nie versiegende Quelle von Abenteuern, Lehren und unmittelbaren Erkenntnissen. Wer anderen hilft, mehr über sich selbst in Erfahrung zu bringen, lernt auch sich selbst besser kennen. Anderen beizustehen, »Steine aus dem Weg zu räumen«, entwickelt in uns selbst so wesentliche Eigenschaften wie Mitgefühl und Nächstenliebe.

13. Wie man Handabdrücke macht

Eine der besten Methoden, tiefer in die Geheimnisse der Hand einzudringen, besteht darin, eine Kartei aller analysierten Hände anzulegen. Gipsabgüsse von Händen geben zwar naturgetreu Form und Linien wieder, sind aber schwierig herzustellen und noch schwieriger aufzubewahren. Leichter ist es, Fotografien von den Händen zu machen und diese aufzuheben, nur sind damit auch beträchtliche Kosten verbunden.

Die einfachste und billigste Methode, eine Sammlung anzulegen, besteht darin, Handabdrücke anzufertigen. Obwohl solche Abdrücke nicht immer die genaue Handform abbilden, können dadurch immerhin Linien und Furchen – bei einiger Übung – naturgetreu reproduziert werden. In Verbindung mit der später beschriebenen Handanalyse-Testkarte ist eine solche Sammlung von Handabdrücken sehr nützlich. Zum einen hat man damit ein dauerhaftes Protokoll der jeweiligen Hand, und zum andern gibt der Vergleich mit später genommenen Abdrücken derselben Person Aufschluß über Veränderungen, die mit den Jahren in der Hand aufgetreten sind.

Material

Die Materialien, die zur Anfertigung eines Handabdrucks gebraucht werden, sind sowohl preiswert als auch leicht erhältlich:

1. Eine Gummiwalze von ungefähr 12 cm Länge.
2. Eine Tube wasserlösliche Linolschnitt-Tusche.
3. Papier von guter Qualität. Statt einzelner Blätter kann zur Vereinfachung der Ablage ein Ringbuch mit Zeichenpapier verwendet werden.
4. Eine dünne Schaumgummiunterlage für das Papier.

5. Eine Glasscheibe, ein Stück Linoleum oder eine Lage Zeitungspapier zum Aufbringen der Tusche.

Vorgehensweise
Zuerst wird das Papier auf die Schaumgummimatte gelegt, so daß es sich den Konturen der Hand besser anpaßt. Verteilen Sie die Tusche mit der Walze auf dem Glas, Linoleum oder Zeitungspapier (Abb. 13.1).
Färben Sie die Hand Ihres Klienten sorgfältig mit Tusche ein, so daß die gesamte Handfläche dünn und gleichmäßig schwarz ist (Abb. 13.2).
Lassen Sie den Betreffenden nun seine Hand locker und natürlich auf das Papier legen. Pressen Sie die Hand aufs Papier und achten Sie dabei besonders auf den Handteller und den Raum zwischen den Bergen unterhalb der Finger, um einen vollständigen Abdruck zu erhalten (Abb. 13.3).
Jedem Abdruck sollten Sie noch ein Verzeichnis der Hauptmerkmale der Hand wie Form, dominante Finger und Berge beifügen sowie die persönlichen Daten des Menschen, dessen Handabdruck Sie Ihrer Sammlung einfügen. Auf Seite 236 und 237 finden Sie eine Handanalyse-Testkarte, die Ihnen als Muster dienen kann.

Abb. 13.1

Abb. 13.2

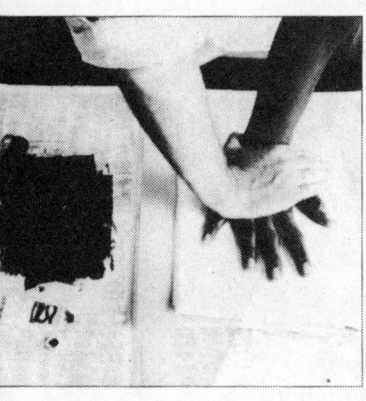

Abb. 13.3

Abb. 13.4

235

Handanalyse-Testkarte

Name:

Geburtsdatum:

Datum:

Überwiegender Handtyp:
Markanteste Berge
Schwächste Berge

Handbeschaffenheit:
Hauttextur
Hautfarbe
Flexibilität
Festigkeit

Finger:
Jupiter
Saturn
Apollo
Merkur
Markantester Finger
Die Finger sind:
länger oder kürzer als der Handteller
gerade
gekrümmt

Daumen:
Größe
Beweglichkeit
Ansatzstelle (niedrig, mittel, hoch)
Willensphalanx
Verstandesphalanx

Fingernägel:
Größe
Form
Farbe
Ungewöhnliche Merkmale

Weitere Bemerkungen/persönliche Daten:

14. Analysen von Handabdrücken

Es folgen eine Reihe von interessanten Handabdrücken aus der Sammlung des Autors mit einer Kurzbeschreibung.

Analyse 1 (Abb. 14.1)

Die Hand von Aaron Copland, dem berühmten amerikanischen Komponisten und Dirigenten. Bemerkenswert ist die lange, klare, sanft geschwungene Kopflinie, die auf hohe Intelligenz und ausgezeichnete Fähigkeiten im abstrakten Denken schließen läßt. Die kleinen, von einem kräftig ausgeprägten Mondberg aufwärts führenden Linien zeigen, daß Intuition und Instinkt eine große Rolle bei den Kompositionen des Maestro spielen. Besonders interessant sind die ungewöhnlich kräftige, klare Apollolinie (schöpferische Brillanz, Vollendung und Ruhm) sowie der lange Apollo- und Merkurfinger, die auf hervorragendes Kommunikationstalent hindeuten.

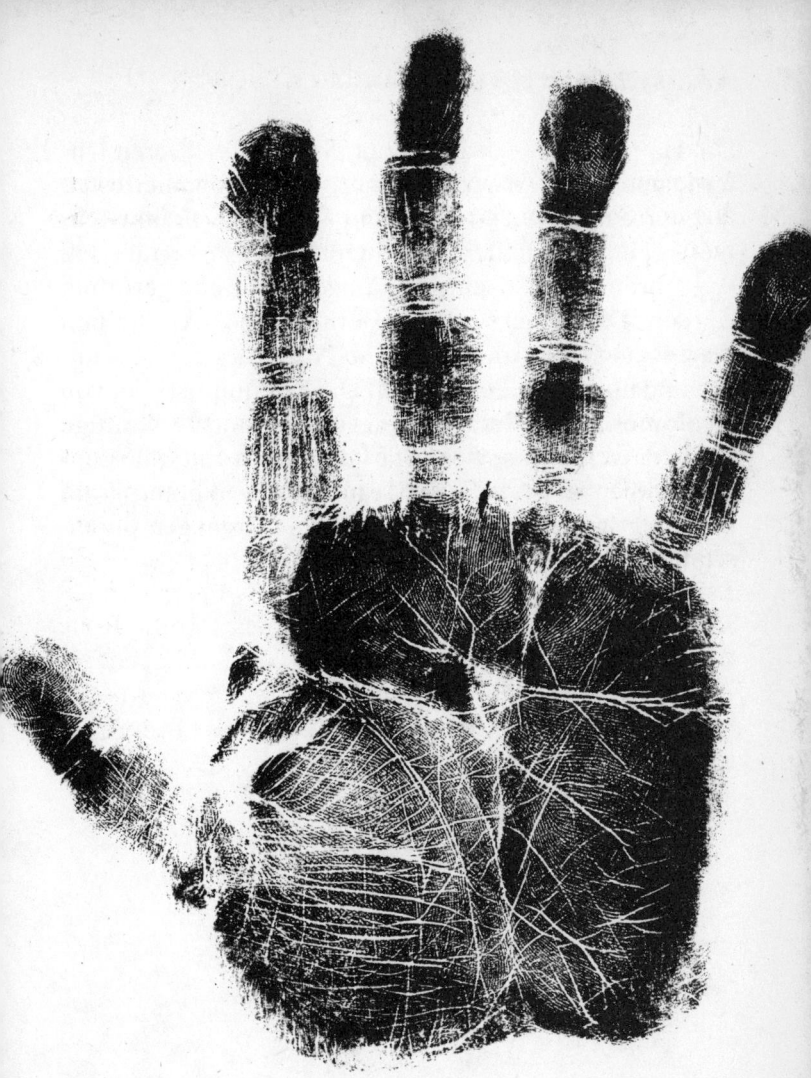

Abb. 14.1: Handabdruck des Komponisten und Dirigenten Aaron Copland.

239

Analyse 2 (Abb. 14.2)

Die Hand einer 36jährigen Frau. Sie steht mehreren Unternehmen vor, darunter einer der renommiertesten Agenturen für Architektur und Design in Frankreich. Der breite Handteller mit kurzen Fingern verrät, daß viele ihrer Geschäftsentscheidungen instinktiv getroffen werden. Die Schicksalslinie (Berufslinie) ist kräftig und klar, so auch die Apollolinie, ein Anzeichen für Leistungen und finanzielle Segnungen. Die Kopflinie ist eher von Realismus als von Imagination geprägt, und der kräftige Daumen verheißt sowohl Stärke als auch Entschlossenheit. Nebenbei ist die junge Frau noch Helikopterpilotin und fliegt geschäftlich wie auch zum Vergnügen durchschnittlich 50000 Meilen im Jahr.

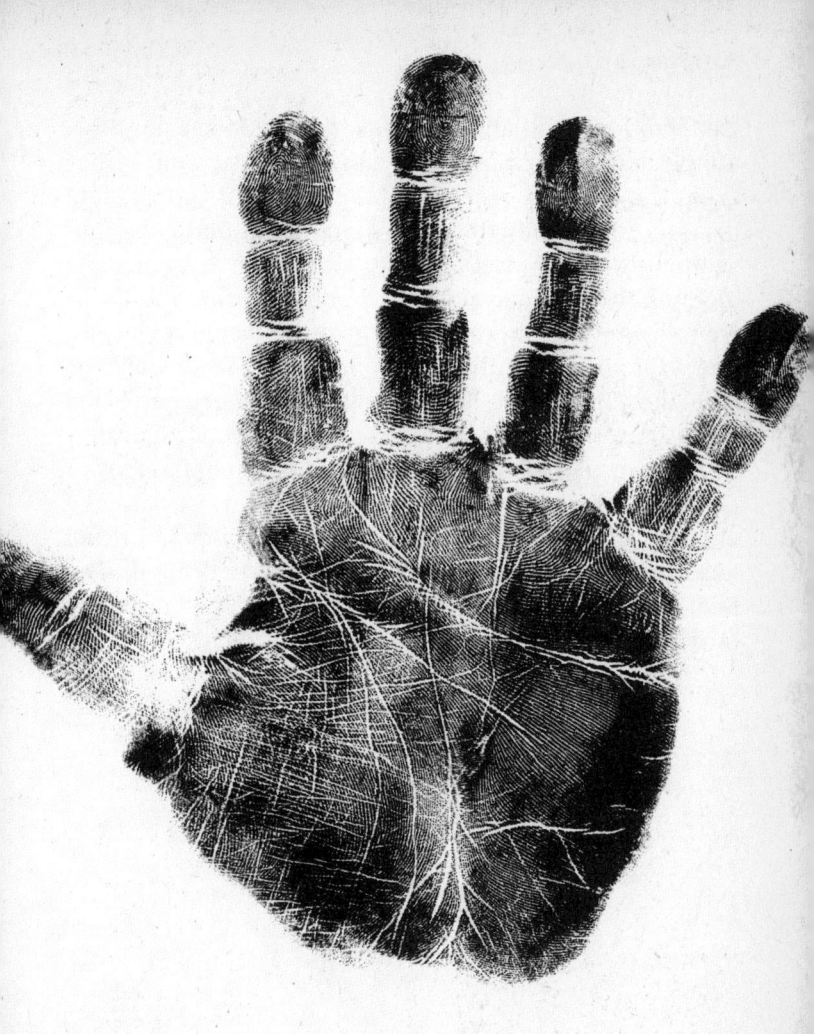

Abb. 14.2: Handabdruck einer erfolgreichen Unternehmerin.

Analyse 3 (Abb. 14.3)

Die Hand eines 24jährigen Tänzers. Er gehörte der Martha Graham Dance Company an, ehe er sich mit seiner Frau, gleichfalls eine vollendete Tänzerin, selbständig machte. Insgesamt strahlt die Hand Kraft und Ausgeglichenheit aus. Die Lebenslinie wird durch verschiedene innere Lebenslinien verstärkt, wodurch vermehrte Energie und eine noch kräftigere Konstitution angezeigt sind. Die Herzlinie offenbart Empfindsamkeit, obwohl sie nicht allzu lang ist, und wird von einem nahezu perfekten Venusgürtel begleitet, einer Seltenheit. Dieser Gefühlsüberschwang wird durch eine lange Kopflinie aufgewogen, die sich gegen Ende aufwärts krümmt, was als Zeichen für große Sportlichkeit gilt. Sein ausgeprägter, tief ansetzender Daumen zeugt von starkem Willen. Die Schicksals- oder Berufslinie nahm gerade erst Gestalt an in dem Alter, als der Handabdruck gemacht wurde.

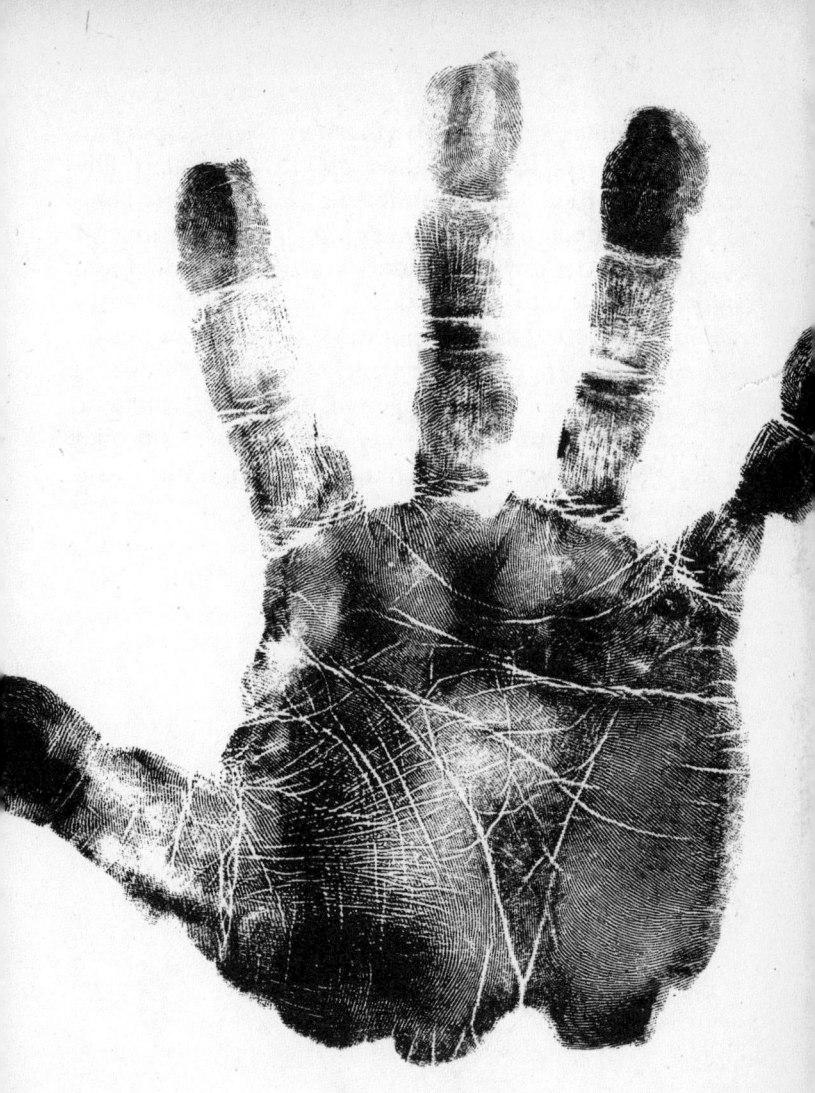

Abb. 14.3: Handabdruck eines jungen Tänzers.

Analyse 4 (Abb. 14.4)

Die Hand eines vierjährigen Mädchens. Selbst in so jungen Jahren ist die Persönlichkeit schon klar definiert. Die kräftige Kopflinie verrät Intelligenz, der markante Daumen Eigensinn und Entschlossenheit. Die Lebenslinie ist zwar klein, aber nicht besonders kräftig ausgebildet; die Saturnlinie »deckt« – zumindest teilweise – die Lebenslinie ab und kräftigt sie so. Ein Stück später verzweigt sie sich und läuft (nach einem Bruch zwischen Herz- und Kopflinie) auf den Jupiterfinger zu, ein Hinweis auf eine etwaige Berufslaufbahn in einer Führungsposition oder in der Politik. Diese Möglichkeit wird durch die Tatsache, daß der markante Jupiterfinger von den übrigen Fingern absteht, noch wahrscheinlicher.

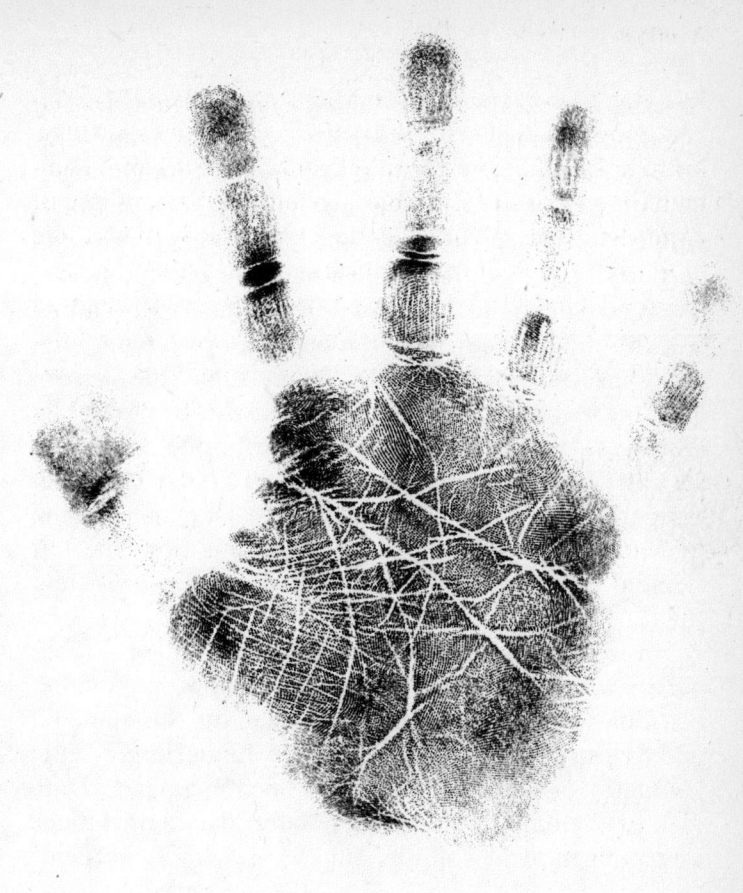

Abb. 14.4: Handabdruck eines vierjährigen Mädchens.

Analyse 5 (Abb. 14.5)

Energie und Kraft dieser Linien sind unglaublich. Die Hand gehört einem 33jährigen Mann, der als Finanzberater an Theatern und anderen kulturellen Einrichtungen tätig ist. Er widmet sich nicht nur selbst dem Tanz, Bodybuilding und Sport, sondern ist darüber hinaus spirituell engagiert und meditiert täglich mehr als eine Stunde.

Die Hauptlinien sind lang und tief. Besondere Beachtung jedoch verdient die sich überlappende Doppel-Kopflinie, die sehr selten vorkommt. Die obere Linie (die sich am Ende verzweigt) offenbart eine realistische, praktische Weltsicht, während die untere für große Phantasie spricht. Zusammen ergeben sie einen klaren Verstand, Ausgewogenheit und Entschlußkraft. Der junge Mann ist Mitglied der MENSA, einer Organisation, die nur Leuten mit überdurchschnittlicher Intelligenz offensteht.

Des weiteren sind verschiedene modifizierende Faktoren vorhanden. Die miteinander verbundenen Kopf- und Lebenslinien vermindern im allgemeinen die Spontaneität und Selbstsicherheit, und der kurze Jupiterfinger zeugt von geringer Selbstachtung. Der hoch angesetzte Daumen ist ebenfalls ein Anzeichen dafür, daß beträchtliche Begabungen nicht voll und ganz ausgeschöpft werden.

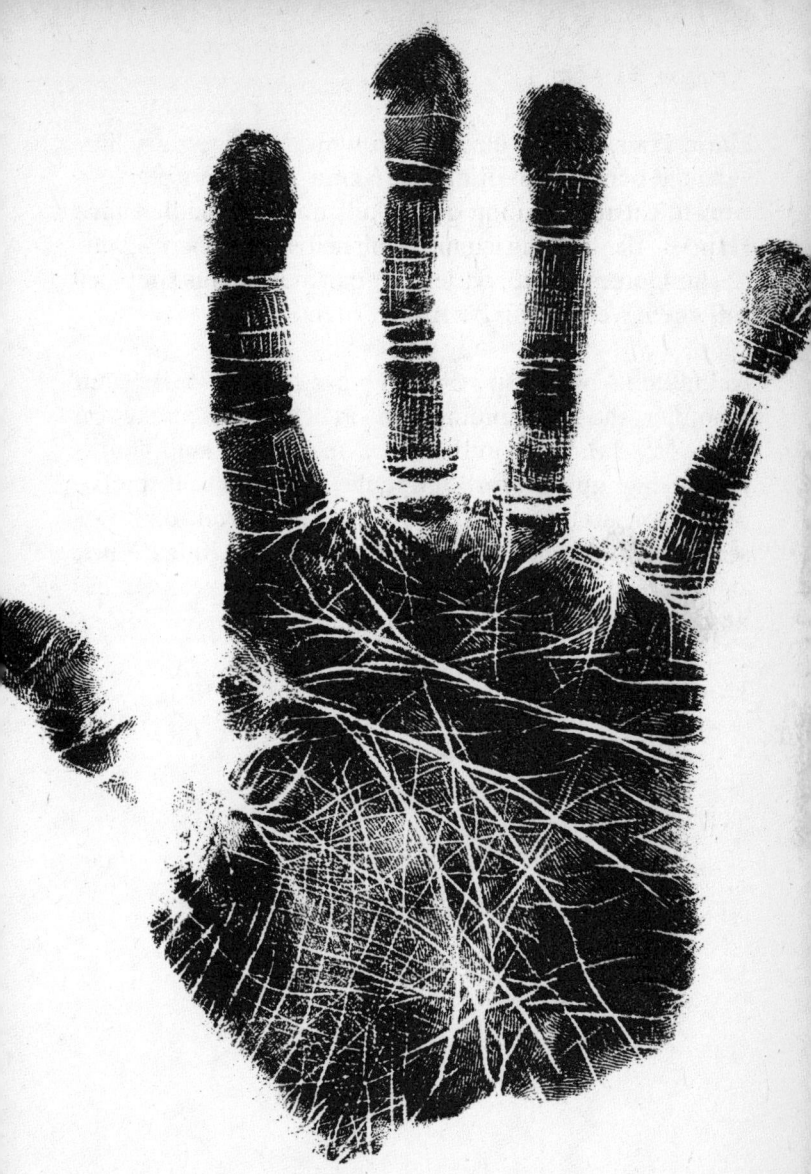

Abb. 14.5: Handabdruck eines vielbeschäftigten Finanzberaters.

Analyse 6 (Abb. 14.6 und 14.7)

Diese Handabdrücke stammen von 34jährigen Zwillingen, die acht Minuten nacheinander geboren sind. Obwohl die Brüder völlig gleich aussehen, enthüllen ihre Hände – die allerdings eine ähnliche Form haben – zahlreiche Unterschiede, was die Persönlichkeit und den beruflichen Werdegang betrifft.

Reinaldo (Abb. 14.6) ist ein fähiger Architekt. Bei ihm dominiert die Herzlinie, aber nach dem Alterspunkt von 27 und 28 Jahren wird die Kopflinie stärker und deutlicher. Seine gute Vorstellungsgabe und Intuition spielen bei seinen architektonischen Neuschöpfungen eine wesentliche Rolle. Die kräftige Apollolinie (sie ist im Druck ziemlich unklar) zeugt von Vollendung und kreativen Fähigkeiten.

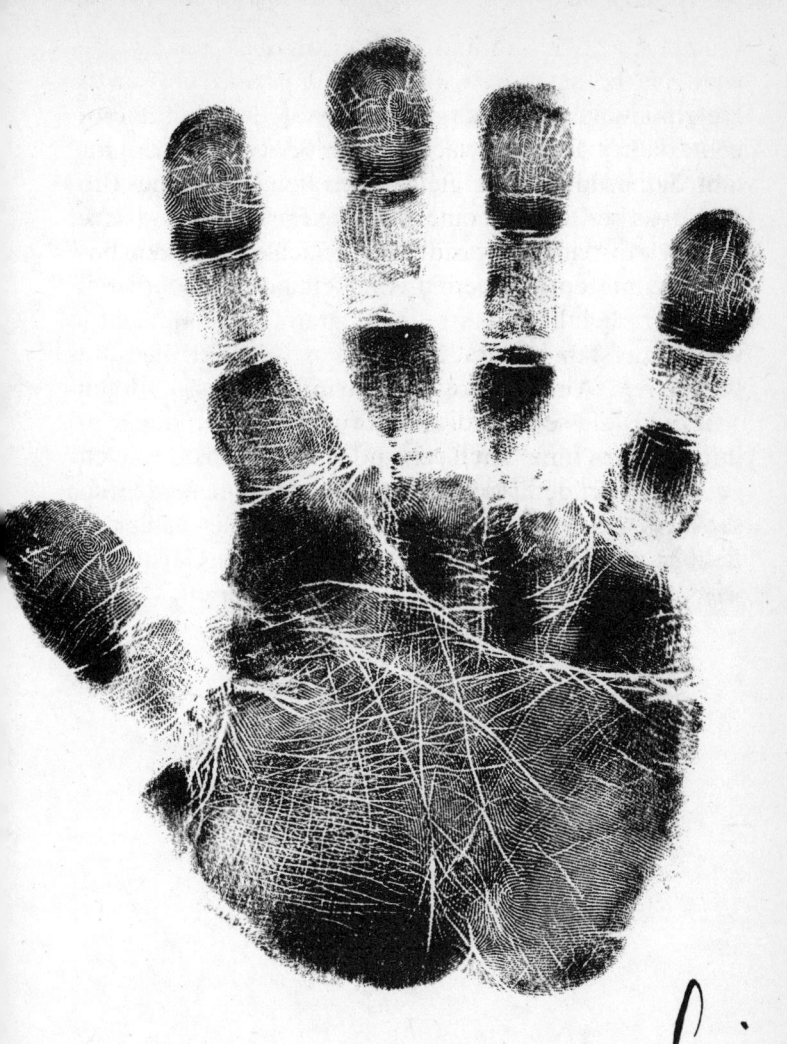

Abb. 14.6: Handabdruck eines Architekten.

Humberto (Abb. 14.7) ist ein erfolgreicher Rechtsanwalt. Wie bei seinem Zwillingsbruder ist auch bei ihm die Herzlinie sehr lang und tief eingegraben, woraus hervorgeht, daß er sich hauptsächlich von seinem Gefühl leiten läßt. Seine Hand weist mehr Linien auf als die seines Bruders, was bedeuten könnte, daß er nervöser ist und unter starker Anspannung steht. Zudem ist seine Lebenslinie nicht so ausgeprägt wie die von Reinaldo; vermutlich ist er, wahrscheinlich aus streßbedingten Gründen, nicht so widerstandsfähig gegen Krankheiten. Obgleich die Kopflinie einen Aufwärtsbogen beschreibt, ist sie »praktischer« als die seines Zwillingsbruders und prädestiniert ihn geradezu für einen Rechtspflegeberuf. Im Gegensatz zu seinem Bruder ist Humberto zugleich außerordentlich sensitiv (wie die kräftigen aufwärts führenden Linien auf dem Mondberg zeigen) und ein engagierter Geistheiler, wie die Linien auf dem Merkurberg beweisen.

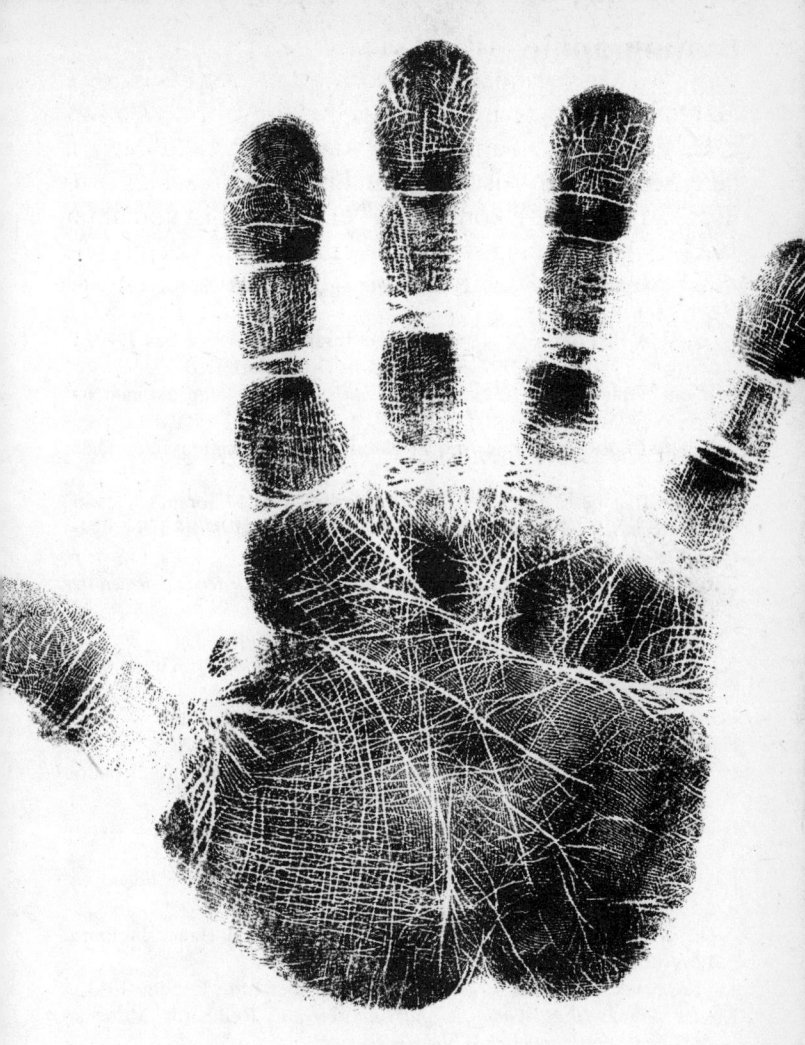

Abb. 14.7: Handabdruck eines Rechtsanwalts und Zwillingsbruders des Architekten von Abb. 14.6.

Bibliographie

Aristoteles: *Chiromantia*. Johann Reger, Ulm 1490.

d'Arpentigny, Stanislaus: *La chirognomie, ou l'art de reconnaître les tendances de l'intelligence d'après les formes de la main*. C. Le Clere, Paris 1843.

Arroyo, Stephen: *Astrologie, Psychologie und die vier Elemente*. Hugendubel, München 1982.

Ayer, V. A. K.: *Sariraka Shastra*. D. B. Taraporevala, Bombay 1960.

Batangtaris, Daim: *Hand-Dynamik*. Econ, Düsseldorf 1983.

Benham, William G.: *The Laws of Scientific Hand Reading*. Putnam and Co., New York 1958.

– *How to Choose Vocations from the Hand*. Sagar Publications, New Delhi 1967.

Brenner, Elizabeth: *The Hand Book*. Celestial Arts, Millbrae, Ca. 1980.

Butler, René: *Erfolg liegt auf der Hand. Chirologie und Beruf*. Econ, Düsseldorf 1981.

Carus, C. G.: *Über Grund und Bedeutung der verschiedenen Formen der Hand in verschiedenen Personen*. Stuttgart 1848.

Cheiro: *Die Handlesekunst*. Berlin 1927.

Fairchild, Dennis: *The Handbook of Humanistic Palmistry*. Thumbs Up! Publications, Ferndale 1980.

Gettings, Fred: *The Book of the Hand*. Paul Hamlyn, London 1965.

Hartleib, Johann: *Die Kunst Chiromantia*. Deutschland 1475.

Hutchinson, Beryl: *Your Life in Your Hands*. Sphere Books Ltd., London 1969.

Hüttner, Johann Ch.: *Das Gesetzbuch des Manu*. B. Kleine, Bielefeld 1980.

Issberner-Haldane, Ernst: *Die medizinische Hand- und Nageldiagnostik*. H. Bauer, Freiburg, o. J.

– *Die wissenschaftliche Handlesekunst* – Chirosophie. H. Bauer, Freiburg, 12. Aufl. 1978.

Jaquin, Noel: *The Hand of Man*. Faber and Faber Ltd., London 1933.

Kiener, Franz: *Hand, Gebärde und Charakter*. E. Reinhardt, München 1962 (mit umfangreicher Bibliographie).

Lawrance, Myrah: *Die Handanalyse*. Ariston, Genf, 8. Aufl. 1980.

MacKenzie, Nancy: *Palmistry for Women*. Warner Books Inc., New York 1973.

Mangoldt, Ursula von: *Die Innenhand*. O. W. Barth, Weilheim, 2. Aufl. 1968.

- *Wer bin ich? Lebens- und Schicksalsweg aus dem Bild der Hand.* Herder, Freiburg 1977.
- *Das große Buch der Hand. Die Grundlagen der Chirologie.* Hrsg. U. v. M., Neuaufl. Goldmann, München 1981.
- *Schicksal in der Hand. Diagnosen und Prognosen.* Droemer Knaur, München 1982.
- *Was sagt unsere Hand? Einführung in die Handdeutung.* Herder, Freiburg 1982.

Morgan, Jean-Michel: *Hände und Charakter.* Herbig, München–Berlin o. J.

Napier, John: *Hands.* Allen & Unwin, London 1980.

Pierrakos, John C.: *Creative Aspects of the Ego in the Core Energetic Process.* Institute for the New Age, New York 1977.

Révész, Gésa: *The Human Hand.* Routledge and Kegan Paul, London 1958.

Rosenblum, Bernhard: *The Astrologer's Guide to Counselling.* CRCS Publications, Reno 1983.

Rottauscher, Anna: *Charakter- und Schicksalsdeutung der Chinesen aus Gesicht und Händen.* Lorber, Bietigheim 1964.

Scheimann, Eugene: *A Doctor's Guide to Better Health Through Palmistry.* Parker Publishing Co. Inc., New York 1969.

Sen, K. C.: *Hast Samudrika Shastra.* D. B. Taraporevala, Bombay 1960.

Sorell, Walter: *The Story of the Human Hand.* The Bobbs-Merrill Co., Indianapolis 1967.

Spier, Julius: *The Hands of Children.* Routledge and Kegan Paul, London 1955.

Steinbach, Martin: *Medical Palmistry.* University Books, New Jersey 1975.

Wolff, Charlotte: *Die Hand des Menschen.* Scherz, München 1970 (Neuauflage: *Die Hand als Spiegel der Psyche.* Scherz, München 1983).

Aeppli, Ernst
Der Traum und seine Deutung
Der Psychoanalytiker Ernst Aeppli schrieb
dieses Traumbuch im Geiste des großen See-
lenforschers C. G. Jung. Er wendet sich an
alle, die wirklich Zugang zu ihren Träumen
und somit zu ihrem Unbewußten suchen.
416 S. [4116]

Garfield, Patricia
Kreativ träumen
Die Autorin erläutert ausführlich und
leicht verständlich jene Techniken, mit Hilfe
derer er jedermann innerhalb kurzer Zeit
entscheidenden Einfluß auf seine Träume
nehmen kann. 288 S. [4151]

Faraday, Ann
Die positive Kraft der Träume
Die Psychologin und Traumforscherin Ann
Faraday hat eine Methode entwickelt, die
jedem die Möglichkeit gibt, die individuelle
Symbolik seiner eigenen Träume zu ent-
schlüsseln. 267 S. [4119]

Schwarz, Hildegard
Aus Träumen lernen
Mit Träumen leben
Dieses Traumseminar geleitet uns über einen
Zeitraum von acht Abenden in die Welt der
Träume. Wir lernen zu verstehen, warum es
wichtig sein kann, sich an Träume zu erin-
nern und was sie uns sagen wollen. Ein Sym-
bolregister ermöglicht es, diese tiefgehende
Einführung auch als Nachschlagewerk zu
benützen. 208 S. [4170]

Hagl, Siegfried
Die Apokalypse als Hoffnung
Die Zukunft unseres Planeten im Licht von
Ökologie und Prophezeiung.
432 S. [4118]
Dieser Band enthält zwei Originalausgaben:
»Bayerische Hellseher« und »Das dritte
Weltgeschehen«.

Ferguson, Marilyn
Die sanfte Verschwörung
Persönliche und gesellschaftliche Transfor-
mation im Zeitalter des Wassermanns.
Mit einem Vorwort von Fritjof Capra.
»Eine Fülle großartiger Ideen.«
528 S. [4123]   (Washington Post)

Nakamura, Takashi
Das große Buch vom richtigen Atmen
Mit Übungsanleitungen zur Entspannung
und Selbstheilung für jedermann mit altbe-
währten Methoden der fernöstlichen Atemtherapie. Anhand des Fotomaterials sind
die Übungen sehr gut nachvollziehbar. Die
Atemschulung wird ergänzt durch Körper-
und Massageübungen.
224 S., 120 s/w-Abb. [4156]

Hayward, Jeremy W.
Der Zauber der Alltagswelt
Ein tieferes Verständnis der Wirklichkeit
durch Wissenschaft und intuitive Weisheit.
Eine einzigartige Synthese aus buddhi-
stischer Spiritualität und westlicher Wissenschaft. 480 S. [4157]

Timms, Moira
Zeiger der Apokalypse
Harmageddon und neues Zeitalter. Aufgrund
analytischer Betrachtungen kommt das
Buch zu dem Schluß, daß uns schwere Zeiten bevorstehen. Gleichzeitig wird aber
auch auf die großen Chancen hingewiesen,
die diese Zeitwende und Phase des Über-
gangs mit sich bringt. 288 S. mit 24 Zeichnungen und s/w-Fotos. [4108]

Hoffman, Kaye
Tanz, Trance, Transformation
Dieses Buch zeigt die andere, die vergessene
Seite des Tanzes – seinen transzendentalen
Aspekt. Die Übungen berücksichtigen östliche
Philosophien und westliche körperorientierte
Therapien. 400 S. [4141]

Szabó, Zoltán
Buch der Runen
Das westliche Orakel

Das Buch ist eine geniale Synthese zwischen Theorie und Praxis. Es enthält eine ausführliche Anleitung für die Orakel-Praxis und erklärt die besondere Bedeutung der Runen und der germanischen Götter als lebendige Symbole. Zusammen mit einem Satz von 18 Runensteinen in Klarsichtkassette. 256 S. [4146]

Sills-Fuchs, Martha
Wiederkehr der Kelten

Martha Sills-Fuchs ist den Spuren der Kelten nachgegangen und hat verschollen geglaubte Bräuche, Riten und Lehren wieder zutage gefördert. 176 S. [4143]

Pollack, Rachel
Tarot – 78 Stufen der Weisheit

Tarot kann Lebenshilfe, Entscheidungshilfe, Wegweiser durch schwierige Situationen und Schlüssel zur Selbstfindung sein – wenn wir verstehen, die Geheimnisse seiner Bilder und Symbole zu dechiffrieren.
400 S. mit 100 Abb. [4132]

Das Tarot-Übungsbuch

Während das überaus erfolgreiche erste Buch der Autorin, »Tarot«, eine Einführung darstellt, setzt dieses Buch gewisse Grundkenntnisse voraus. Die hier geschilderten markanten Beispiele werden dem Leser zahlreiche Anregungen für die eigene Tarot-Praxis vermitteln.
Ca. 240 S. mit s/w-Abb. [4168]

Shah, Idries
Wege des Lernens

Die spirituelle Psychologie der Sufis. Lange bevor sich westliche Psychologie mit Bewußtsein und Lernfähigkeit auseinandersetzte, waren dies wichtige Themen der spirituellen Psychologie der Sufis. Idries Shah ist seit vielen Jahren der bekannteste Vertreter des Sufi-Gedankenguts im Westen.
336 S. [4144]

Andreas, Peter/Davies, Rose Lloyd
Das verheimlichte Wissen

Tempelgeheimnisse, verschollene Evangelien und das unbekannte Leben Jesu.
Auf Fragen, die während der letzten 2000 Jahre vergessen, verheimlicht oder unterdrückt wurden, geben die Autoren mit neuen Indizien Antwort.
240 S., 33 s/w-Abb. [4152]

Arnold, Paul
Das Totenbuch der Maya

Der Kreislauf von Leben und Tod aus der Sicht der Maya. Eines der großen Weisheitsbücher, das auf dem Weg kulturhistorischer Zusammenhänge tiefe Einblicke in uralte Jenseitsvorstellungen eröffnet.
256 S. mit 8 Abb. [4121]

Blumrich, J. F.
Kásskara und die sieben Welten

Die Geschichte der Menschheit in der Überlieferung der Hopi-Indianer. J. F. Blumrich, einer der führenden Wissenschaftler bei der NASA, ist den sehr detaillierten Angaben dieses Mythos auf den Grund gegangen und kommt zu einer wissenschaftlich fundierten Geschichte der Menschheit.
400 S. mit 24 Abb. [4135]

Brugger, Karl
Die Chronik von Akakor

Erzählt von Tatunca Nara, dem Häuptling der Ugha Mongulala. Der Journalist und Südamerika-Experte Karl Brugger hat einen ihm mündlich mübermittelten Bericht aufgezeichnet, der ihm nach anfänglicher Skepsis absolut authentisch erschien: die Chronik von Akakor. 272 S., Abb. [4161]

Kersten, Holger
Jesus lebte in Indien

In fünfjähriger Detektivarbeit verfolgte der Theologe Holger Kersten die Spuren Jesu und kommt zu sensationellen Schlüssen über das wahre Leben und Wirken Jesu.
216 S., 41 Abb. [3712]